2017年第1辑（总第1辑）

FINANCIAL SCIENCE

金融科学

 对外经济贸易大学金融学院 编

中国金融出版社

责任编辑：王效端　王　君
责任校对：张志文
责任印制：张也男

图书在版编目（CIP）数据

金融科学（Jinrong Kexue）. 2017 年，第 1 辑/对外经济贸易大学金融学院编著 . —北京：中国金融出版社，2017.4
ISBN 978 - 7 - 5049 - 8964 - 2

Ⅰ. ①金… 　Ⅱ. ①对… 　Ⅲ. ①金融—文集 　Ⅳ. ①F830 - 53

中国版本图书馆 CIP 数据核字（2017）第 067163 号

出版
发行　**中国金融出版社**

社址　北京市丰台区益泽路 2 号
市场开发部　（010）63266347，63805472，63439533（传真）
网上书店　http：//www. chinafph. com
　　　　　（010）63286832，63365686（传真）
读者服务部　（010）66070833，62568380
邮编　100071
经销　新华书店
印刷　北京市松源印刷有限公司
尺寸　185 毫米×260 毫米
印张　13. 75
字数　275 千
版次　2017 年 4 月第 1 版
印次　2017 年 4 月第 1 次印刷
定价　46. 00 元
ISBN 978 - 7 - 5049 - 8964 - 2
如出现印装错误本社负责调换　联系电话（010）63263947
出版社编辑部邮箱：jiaocaiyibu@126. com

《金融科学》编委会

Financial Science

序 言

不忘初心，继续探索

在对外经济贸易大学金融学院（原中国金融学院）成立30周年之际，《金融科学》以书的形式重新与学者们见面了！

《金融科学》原是一本"老"杂志，创刊于1988年，前身是中国金融学院的学报，具有良好的办刊质量，于1998年首批被列入CSSCI期刊目录，在原对外经济贸易大学与中国金融学院合并后于2001年暂时停刊。经过一届又一届金融人的不懈努力，16年后，《金融科学》以书的形式再次出版，主要目的是汇集金融学科及相关的经济、管理、统计等领域的原创性和综述性的研究成果，促进学术交流。

30年前《金融科学》杂志诞生时，我国的金融体制改革尚处于摸索阶段，国内金融学的研究基本局限于银行业。30年后，中国改革持续深化，各种新的金融现象与金融研究领域不断涌现，极大地拓展了金融学术探索的广度与深度。随着中国成为全球第二大经济体及在世界经济与金融体系中影响力显著提升，对中国金融问题的研究，在国际学术界中已从不太被重视的边缘问题，逐渐变为越来越重要的研究问题。对广大金融学者来说，运用现代经济与金融分析方法来研究和理解中国金融问题，更是责无旁贷，急需一个高水平的学术交流平台。

30年前，时任人民银行副行长周正庆同志为《金融科学》撰写了创刊词，把《金融科学》定位为"联结金融实践、金融理论、金融教学的纽带和桥梁"，要"为金融改革服务""为金融理论研究服务"。今天，我们将坚持这个宗旨，不忘初心，继续探索，努力把《金融科学》一书办成国内外学者高水平学术交流的平台。

目　录

股债结合中商业银行
近期业务创新的风险防范

◎ 王国刚[①]

内容摘要：进入 2016 年以后，在加快"去杠杆"和"降成本"步伐的背景下，中国的商业银行等金融机构在推进股债结合过程中逐步推出了投贷联动、明股实债和债转股等运作方式，既带来了新的业务发展契机，也带来了新的金融运作风险。本文着重从投贷联动、明股实债和股转债等金融运作的风险展开分析，揭示这些金融运作方式中容易被忽视的金融风险形成机制，指出要防范这些运作风险，需要着重解决好五个方面问题：通过严格的尽职调查，选择好科创企业；制定科学周全的财务规划；确立资产组合管理思维，推进资产组合管理运作；强化公司治理，发挥程序性机制的功能；建立投贷联动项目的评估和淘汰机制。

关键词：股债结合　商业银行　业务创新　风险防范

中图分类号：F832.33　**文献标识码：**A

《中共中央关于制定国民经济和社会发展第十三个五年规划的建议》中强调指出：在"十三五"期间，要"开发符合创新需求的金融服务，推进高收益债券及股债相结合的融资方式"。进入 2016 年以后，在加快"去产能、去库存、去杠杆、降成本、补短板"背景下，商业银行等金融机构积极探索，在推进股债结合中逐步推出了一些新的金融业务运作方式，其中包括投贷联动、明股实债和债转股等。它们既给商业银行等金融机构带来了业务拓展的新契机，也给一些地方政府和相关企业带来了增加融资的新期待，因此，受到各界的广泛关注。但这些股债结合的方式尚不成熟，其中存在着一系列未曾深究的风险。如果不加以重视，将引致事与愿违的后果。为了推进这方面的研究深化，本文着重探讨这些股债结合方式中金融风险的状况，以期给相关研究者提供一个可深入探究的"靶子"。

---

①　作者简介：王国刚，中国社科院金融研究所所长，研究方向：金融市场、公司金融和经济体制改革等。

一、股债结合的经济背景

"十三五"期间实行股债结合的融资方式是由中国经济金融运行的走势决定的。2012 年以后，随着经济进入新常态，GDP 从高位增长转向了中高位增长。经济增速的下行引来了海内外各方的关注和广泛议论，所谓的"硬着陆""软着陆"乃至经济危机等说法不绝于耳。但中国的经济增速依然位于全球各主要经济体前列，新增值在各主要经济体排位中首屈一指。2012—2015 年的 GDP 绝对值从 534123 亿元增加到 676708 亿元，增长了 26%。既然经济总量还在正增长（且增速不慢），那么，经济形势就应当令人满意。但在微观经济面，众多企业却有着严冬难熬的感受，这不仅反映了经济增速的微观基础还不坚实，而且对就业、投资和金融也有着严重的负面影响。2015 年中央经济工作会议提出了在推进供给侧结构性改革中要以防范化解金融风险为金融工作的重心。

表 1　　　　　工业生产者出厂价格指数（PPI）变化（2012—2015 年）　　　　单位:%

时间	当月同比	时间	当月同比	累计值	时间	当月同比	累计值	时间	当月同比	累计值
2012.01	100.7	2013.01	98.4	99.09	2014.01	98.4	97.51	2015.01	95.7	93.32
2012.02	100	2013.02	98.4	98.4	2014.02	98	96.43	2015.02	95.2	91.80
2012.03	99.7	2013.03	98.1	97.81	2014.03	97.7	95.56	2015.03	95.4	91.16
2012.04	99.3	2013.04	97.4	96.72	2014.04	98	94.79	2015.04	95.4	90.43
2012.05	98.6	2013.05	97.1	95.75	2014.05	98.6	94.41	2015.05	95.4	90.07
2012.06	97.9	2013.06	97.1	95.06	2014.06	98.9	94.01	2015.06	95.2	89.50
2012.07	97.1	2013.07	97.7	94.87	2014.07	99.1	93.82	2015.07	94.6	88.94
2012.08	96.5	2013.08	98.4	94.96	2014.08	98.8	93.82	2015.08	94.1	88.29
2012.09	96.4	2013.09	98.7	95.15	2014.09	98.2	93.44	2015.09	94.1	87.93
2012.10	97.2	2013.10	98.5	95.74	2014.10	97.8	93.63	2015.10	94.1	88.11
2012.11	97	2013.11	98.6	95.64	2014.11	97.3	93.06	2015.11	94.1	87.57
2012.12	98.1	2013.12	98.6	96.73	2014.12	96.7	93.54	2015.12	94.1	87.85

数据来源：根据国家统计局每月公布的 PPI 数据整理。

从微观经济面的工业企业看，表 1 反映了 2012 年以来 4 年时间内工业生产者出厂价格指数（PPI）走势情况。从中可以看出，工业企业的出厂价格从 2012 年 3 月下降至今已达 50 个月（且尚难看到 PPI 增长率转为零增长或正增长的时点）。价格机制有着很强的关联性，是市场机制发挥作用的基本点。从宏观面看，工业企业创造的工业增加值是 GDP 的主要构成部分，PPI 负增长意味着它对 GDP 增长率的贡献率在降低（反过来，如果 PPI 正增长，则工业增加值上升，它对 GDP 的贡献率也随之提高）。从微观面看，PPI 负增长直接意味着按照出厂价格计算的工业增加值的减少，这对工业企业的经营运作有着至关重要的影响（微观经济学又被称为"价格理论"）。PPI 负增长的直接成因在于库存增加，即在库存数额持续增大的条件下，大多数工业企业不免选择降价销售的策略，尽力将产品卖出，由此，引致 PPI 持续负增长。从表 2 中可见，2012 年以后，工业企业的"存货"数额无论是按照月度计算还是按照年度计算都有着快速增加的趋势，"存货"的增长率超过了当年的 GDP 增长率。2011 年底，全国工业企业的"存货"为 80583.15 亿元，到 2014 年底这一数额增加到了 99565.7 亿元，增长率达到 23%。这一趋势在 2015 年并没有减弱（可从表 1 的 PPI 负增长程度中得到验证）。"存货"大幅增加所引致的 PPI 持续负增长走势，既严重影响着经济结构调整，也严重影响着"稳中求进"的宏观经济目标实现，它证明了"去产能、去库存"的供给侧结构性改革摸准了经济运行的动脉，切中了关键所在。

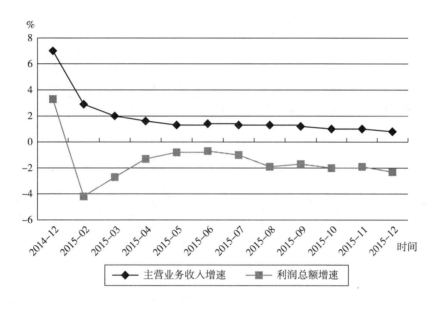

资料来源：国家统计局。

图 1 2015 年工业企业利润增速

利润是价格的一部分。PPI 持续负增长的一个主要结果是，工业企业的利润（和利润率）随之大幅减少。从表 1 中可见，与 2012 年同月相比，2015 年下半年以后工业企业的出厂价格已累计下降了 10 个百分点以上。如果舍去各工业部门之间的出厂价格降幅差别（例如，石油、煤炭、钢铁等产业的出厂价格降幅较大），那么，这意味着只要出厂价格中毛利率低于 10% 的工业企业均已处于亏损境地。进入 2016 年以后，虽然 PPI 月度环比的数据有所缩小，但从 2012 年以来的累计降幅数值还在进一步降低（其中，2016 年 3 月的累计降幅值为 87.24%）。对任何企业来说，利润数量是它们抵御市场风险的第一道防线。利润大幅降低意味着企业抵御市场风险的能力明显降低。从表 3 中可见，2011—2014 的 4 年间，工业企业的利润增长率明显回落，从 2011 年的 20% 以上降低到 2014 年的 10% 以下。另外，图 1 显示了 2015 年工业企业的利润增速转向了负数

（2015 年 12 月为 - 2.3%）。2014 年末以后有关政府部门出台了一系列企业减负措施（包括降低税收和收费，下调贷款基准利率等），其中包括从 2014 年 11 月 22 日起，人民银行连续 6 次下调从贷款基准利率，1 年期贷款基准利率从 6% 下调到 4.35%（减少了 1.65 个百分点），由此对 130 多万亿元的各类贷款（包括影子银行贷款）来说 1 年内利息减少了 1 万多亿元。考虑到在这些因素影响下，2015 年工业企业的利润依然处于负增长通道，情形就更加严重了。

表 2　　　　　　　　工业企业存货（2012—2014 年）　　　　　　单位：亿元，%

时间	数额	增长率	时间	数额	增长率	时间	数额	增长率
2012.02	79559.18	17.6	2013.02	87806.52	9.4	2014.02	93736.17	8.5
2012.03	81643.19	15.8	2013.03	89257.63	8.1	2014.03	95189.10	8.3
2012.04	83227.39	14.7	2013.04	90622.46	7.4	2014.04	96130.40	8.4
2012.05	84455.05	13.5	2013.05	91422.14	6.8	2014.05	97291.60	8.7
2012.06	84541.29	12.6	2013.06	91480.81	6.6	2014.06	97449.70	8.6
2012.07	85045.84	11.4	2013.07	92347.75	6.8	2014.07	98652.20	8.9
2012.08	85444.03	10.2	2013.08	92976.12	7.1	2014.08	99729.40	9.3
2012.09	85689.35	9.3	2013.09	93663.78	7.5	2014.09	100138.20	8.9
2012.10	86471.41	8.8	2013.10	94576.99	7.4	2014.10	101084.00	8.7
2012.11	87170.21	8.6	2013.11	95803.92	8.2	2014.11	101297.40	7.5
2012.12	86475.76	8.3	2013.12	95402.36	8.4	2014.12	99565.70	6.2

资料来源：国家统计局网站。由于该网站的数据仅截止到 2014 年，所以，本表缺 2015 年的数据。

表 3　　　　　　　工业企业利润总额变化（2011—2014 年）　　　　　单位：亿元，%

时间	利润总额	增长率	时间	利润总额	增长率	时间	利润总额	增长率	时间	利润总额	增长率
2011.02	6454.58	34.3	2012.02	6060.06	- 5.2	2013.02	7091.53	17.2	2014.02	7793.14	9.4
2011.03	10659.23	32.0	2012.03	10449.14	- 1.3	2013.03	11740.08	12.1	2014.03	12942.40	10.1
2011.04	14869.21	29.7	2012.04	14525.20	- 1.6	2013.04	16106.91	11.4	2014.04	17628.70	10.0
2011.05	19203.15	27.9	2012.05	18434.13	- 2.4	2013.05	20812.45	12.3	2014.05	22764.40	9.8
2011.06	24105.42	28.7	2012.06	23116.61	- 2.2	2013.06	25836.64	11.1	2014.06	28649.80	11.4
2011.07	28003.56	28.3	2012.07	26784.50	- 2.7	2013.07	30032.16	11.1	2014.07	33491.60	11.7
2011.08	32280.88	28.2	2012.08	30596.66	- 3.1	2013.08	34863.90	12.8	2014.08	38330.40	10.0
2011.09	36834.02	27.0	2012.09	35239.53	- 1.8	2013.09	40452.81	13.5	2014.09	43652.20	7.9
2011.10	41217.25	25.3	2012.10	40240.05	0.5	2013.10	46263.22	13.7	2014.10	49446.80	6.7
2011.11	46637.90	24.4	2012.11	46625.26	3.2	2013.11	53338.01	13.2	2014.11	56208.00	5.3
2011.12	54544.43	25.4	2012.12	55577.70	5.3	2013.12	62831.02	12.2	2014.12	64715.30	3.3

资料来源：根据国家统计局网站数据整理。由于国家统计局网站数据仅到 2014 年，所以，本表数据也截止到 2014 年。

上市公司是各类企业中的佼佼者，相比非上市公司有着许多优势，但2015年上市公司的经营情况也发生了较大程度的滑坡。具体表现在：第一，上市公司业绩增速大幅下滑。截至4月30日，2821家上市公司发布了2015年年报，合计实现营业总收入294100.97亿元，增长1.16%，低于2014年的6.18%；实现归属上市公司股东的净利润24740.57亿元，增长0.63%，低于2014年6.37%的增幅。[①]第二，减值损失大幅增加。截至4月18日，已发布年报的上市公司1762家中有1755家出现减值损失，合计8032.51亿元，占它们2015年净利润的38.4%。[②]第三，地方政府补贴大幅增加。截至4月19日，已发布年报的1856家公司中有1792家获得政府补助，占比高达96.5%；补助总额达到868亿元，比2014年同口径总补助额684亿元大幅增长近27%，2013年这1792家企业补助额为567亿元。[③]

PPI持续负增长意味着工业企业的销售回款更加困难，由此，影响到了商业银行等金融机构的到期本息收回和金融市场的流动性。另外，随着利润增速的降低，工业企业的利润率持续下行，给投资运作和金融运作都带来了不可小觑的负面影响。

为了缓解实体企业经营业绩持续下滑给经济金融运行带来的各种关联性影响，2014年以后有关部门先后出台了一系列措施。进入2016年以后，各金融监管部门更是想方设法出台各种政策以加大金融对实体企业的支持力度。其中一个重要方面是推出各种股债结合的运作方式，以提高实体企业的股权资产比重，降低它们的负债率，在实现"去杠杆"的预期目标的同时，实现"降成本、补短板"的期望。

二、投贷联动的运作特点和风险

2016年4月15日，中国银监会、科技部和中国人民银行联合出台了《关于支持银行业金融机构加大创新力度开展科创企业投贷联动试点的指导意见》（以下简称《意见》），强调指出："投贷联动是指银行业金融机构以'信贷投放'与本集团设立的具有投资功能的子公司'股权投资'相结合的方式，通过相关制度安排，由投资收益抵补信贷风险，实现科创企业信贷风险和收益的匹配，为科创企业提供持续资金支持的融资模式"；在此基础上，对投贷联动的基本原则、试点目标、适用对象、业务管理与机制建设等都作出了明确规定，同时，公布了5个试点地区和10家试点商业银行。

从市场运作角度看，投贷联动已存在多年。它的主要表现方式有三种：第一，商业银行在境外设立的从事直接投资业务子公司进入中国境内设立投资公司并进行股权直接

---

① 参见《上市公司一季度净利下降0.45%》，载《中国证券报》，2016年5月3日。
② 参见《上市公司大额计提频现》，载《中国证券报》，2016年4月19日。
③ 参见《A股超九成上市公司吃政府"补药"》，载《羊城晚报》，2016年4月21日。

投资过程中，该商业银行从贷款方面予以配套，从而形成"股权投资＋贷款"的联动业务模式。第二，商业银行与股权投资机构（如 PE）的合作模式，即商业银行通过与股权投资机构签订合作协议（协议中包括商业银行对 PE 投资企业的贷款约定、商业银行与 PE 机构的股权收益分享约定等）基础上实现 PE 机构股权与银行债权之间的联动模式。在这种模式中，根据协议内容的具体约定，又可分为投贷联盟模式和选择权贷款模式。其中，投贷联盟指的是在商业银行与 PE 机构签订的协议中包含有对 PE 机构投资企业予以一定比例的信贷支持方面的条款；选择权贷款指的是商业银行与 PE 机构签订的协议中包含有在一定条件下可以将商业银行的贷款作价转换为一定比例股份期权的条款（据此，在 PE 投资的企业实现 IPO 或股权转让时，商业银行可以按照预先的约定，与 PE 机构分享股份溢价收入）。第三，直接向 PE 机构发放贷款的模式，即商业银行在审贷的基础上直接向 PE 机构发放专门用于科技创新型企业的贷款。这是一种投贷间接联动模式。

与这些模式相比，此次中国银监会等监管部门推出的投贷联动特点有三个：一是投贷联动的组织机构由进入试点的商业银行和由其投资设立的投资子公司构成，由此形成了母子公司之间的投贷联动机制。二是对投资对象（即科创企业）做出了明确界定。《意见》指出：科创企业是指试点地区内符合下列条件之一的科技型中小微企业：满足高新技术企业认定条件、获得国家高新技术企业证书，或者经试点地区政府认定且纳入地方政府风险补偿范畴，或者经银行业金融机构审慎筛查后认定。由此，既限制了试点地区之外的各类企业进入投贷联动范畴，也限制了试点地区中的非科创企业进入投贷联动范畴。三是投贷联动的目的在于探索符合中国国情且与科创企业发展相适应的金融服务模式。《意见》指出，推出投贷联动旨在"推动银行业金融机构基于科创企业成长周期前移金融服务，为种子期、初创期、成长期的科创企业提供资金支持，有效增加科创企业金融供给总量，优化金融供给结构，探索推动银行业金融机构业务创新发展。"

对商业银行来说，投贷联动扩展了业务范围，使得它们一方面可以通过具有投资功能的子公司直接介入股权投资领域，分享投资收益（包括股份上市交易的收益、股份转让收益和股份分红收益等），既达到由投资收益抵补信贷风险的目的，又可扩展经营收益的新来源；另一方面，可以扩大对科创企业的信贷规模，支持科创企业的发展，提高金融服务质量和程度；再一方面，可以以此展开一系列相关的金融创新，介入资本市场运作，扩展综合经营。因此，是一个有着多元效应的金融创新。

对科创企业来说，投贷联动扩展了资金来源，使得它们可以获得股权性资金，支持长期性科研开发和市场开发；可以对应地获得贷款资金，保障经营活动的流动性需求；可以借助投贷联动的市场信誉吸引其他多方面的投资和扩展销售渠道。因此，也有着多元效应。

但是，投贷联动也存在一系列值得关注的风险，其中包括：

第一，投资风险。投贷联动以投资为贷款的先导。投资从项目选择、项目运作和投资收回是一个长期且复杂的过程，不易简单把握。尽管《意见》规定了"试点机构投资功能子公司应当作为财务投资人"，但财务投资与战略投资之间并无严格的法律界定和金融运作界定（在期限上，受制于各种条件，有时财务投资的实际期限可能长于战略投资），由此，投资风险有可能成为影响投资子公司从而影响商业银行自身的严重隐患。尤其是，投资与放贷虽同属金融范畴，但为运作机理、资金性质和法律关系等的差别甚大所决定，在业务层面上几乎是两种完全不同运作。商业银行拥有放贷的优势，也有着丰富的经验和完善的机制；一旦迈入其知之甚少的投资领域就可能露短显怯，由此，引致的运作风险将加重投资风险。

投资项目的选择状况对防范投资风险至关重要。如果在试点地区内存在大量有着良好发展前景且尚未有股权投资机构介入的科创企业，那么对商业银行的投资子公司来说，选择一些合意的投资对象、展开股权投资相对容易。但现实情况是，全国有着数以万计的 PE 机构、上市公司及其他投资机构（如投资公司等），它们在寻求合意的投资对象方面已历经 10 多年的历史。具有较好投资价值的科创企业只要稍露苗头，众多投资机构就蜂拥而至。在这种背景下，商业银行的投资子公司即便引入了尽职调查团队和投资运作团队，要选择合意的投资对象也不是一件容易之事。这从一开始就决定了防范投资风险不是一厢情愿所能达到的。

第二，收益风险。投贷联动使得商业银行有可能通过投资子公司的股权投资获得股权溢价收益（如该科创企业发股上市）。在假定被投资的科创企业可能发股上市的条件下，这似乎是一项只挣不赔的买卖。但实际情形并不如此。其一，投资收益可能难以充分抵补贷款利息的损失。按照《巴塞尔协议》的规定，商业银行发放贷款的规模应受到资本数额的限制。中国银监会规定，一般商业银行的资本充足率应达到 10.5%（系统重要性商业银行应达到 11.5%），由此，如果某家商业银行设立的投资子公司注册资本为 10 亿元（假定均由该商业银行出资），那么，对应减少该商业银行记入资本充足率范畴的资本 10 亿元，受此制约它的放贷能力缩减近 100 亿元。在存贷款净利差为 3 个百分点左右的条件下，对商业银行来说，减少 100 亿元贷款就意味着减少 3 亿元左右的利息收入。几年下来，利息收入的累计减少数额就可能不是投资股权的溢价收入所能抵补的。其二，股权分割引致收益分割。既然商业银行创设的是投资子公司，那么它就应是由多个投资方共同投资发起设立的，不可能是某家商业银行独资的（否则就是分公司）；既然是财务投资者，那么该投资子公司投入科创企业的资本占科创企业股份比例就不会太高（通常在 5% 左右，达到 10% 就容易进入前 5 大股东范畴）。在这种条件下，且不说投资子公司和科创企业两层的各家股东持股结构、公司治理状况、各家股东的权益诉求等一系列问题已不是该商业银行可以独断的，就是发股上市（或协议转让及其他的股权退出方式）后，股份的溢价收入也不是该商业银行可独家获得的（但前述的利息收入减少却是该商业银行独自承受的）。这将引致收益风险复杂化。

第三，关联交易风险。在投资子公司投资于科创企业之后，作为母公司的商业银行可以给被投资的科创企业发放贷款，由此形成了该商业银行贷款与子公司投资之间的关联交易。虽然《意见》明确指出投资子公司"不得使用负债资金、代理资金、受托资金以及其他任何形式的非自有资金"投资于科创企业，但因该投资子公司背后有着商业银行贷款跟随，所以，"贷款"与"股权"之间的价格、数量乃至机制等安排所形成的关联交易还是可能发生。其一，从价格关联看，因有着后期的贷款支持，投资子公司进入科创企业的股份价格可能较低。虽然贷款和投资分属不同渠道，也不同时展开，但这种较低价格购买的科创企业股份实际上以贷款价格较低或其他条件放松为交易对价，因此，关联交易的直接结果是，一方面投资子公司以较低价格投资于科创企业，获得了股份权益上的便宜；另一方面，其他投资机构因缺乏后期贷款支持，与商业银行的投资子公司相比，在向科创企业投资入股中处于劣势，使得市场竞争的公平程度发生变化。其二，从数量关联看，投资子公司向科创企业的投资入股数额与后期商业银行贷款数额将形成一定的比例（联动）关系。对一些科创企业来说，只要能够有效保证后期贷款数量满足经营发展的需要，投资子公司占有的股份多点或少点是不重要的；但对投资子公司来说，在其他条件相同的场合，占有股份的多少直接关系着未来股份溢价收入的多少，所以，利用贷款优势争取股份的特殊地位和特殊权利可能成为这种数量关联的落脚点。与此对应，其他跟投的 PE 机构也乐于借助投资子公司的优势"搭顺风车"获得自己的利益，由此，通过数量关联，投资子公司对科创企业的有关决策影响力大为增强，甚至可能成为实际控制人的一部分。其三，从机制关联看，投资子公司的财务投资目的在于，加快科创企业的发股上市（包括新三板等，下同）进程，获得股份的溢价收入，由此，在投贷联动之后，不论是投资子公司还是作为母公司的商业银行都将利用各种资源来尽力争取被投贷联动的科创企业早日发股上市。在这个过程中某些不规范的操作，不仅将形成接受投贷联动的科创企业与未接受投贷联动的科创企业之间的不公平竞争，而且也会给投贷联动带来意想不到的风险。

投贷联动只是股债结合中的一种方式，如果将后续的几种股债结合方式一并考虑在内，投贷联动、明股实债和债转股等相互串通、连为一体，那么，它们结合起来的总体风险将可能大于单个相加之和。

三、明股实债的特点和风险

明股实债，是指投资方在将资金投入目标企业形成股份的同时与该目标企业的大股东（乃至主要原股东）签署一系列相关协议，这些协议中规定在一定期限内（如 3 年左右）若不能实现预期目标（如发股上市）则由大股东（或者主要原股东）按照投资方入股价格全额回购股份并附加利息的股份投资情形。明股实债的运作有三个要点：第一，"明股"是指在明面上（即法律关系上）是投资入股。如果目标企业的经营状况能够达到相关协议中商定的业绩并且能够实现预期目标（如发股上市或在新三板上市等），则投资方乐于持有股份。内在逻辑是，当目标公司发股上市或在新三板上市后，投资方可以将手中持有的股份溢价卖出，获得溢价收益。这种溢价收益率将明显高于协议中商定的利率。第二，目标公司的经营业绩。在实行"明股实债"中，投资方与目标公司大股东（或主要股东）签署的协议中包含了投资方入股后若干年内每年应实现的税后利润指标（这一数额逐年增加）。这个利润指标瞄着发股上市或在新三板上市的盈利水平要求而定，因此，有着明确的指向。如果在最初年份，目标公司不能实现预期利润指标，则下年应将缺额补回，以保证发股上市的需要。第三，"实债"是指一旦目标公司在协议商定的时间内不能达到发股上市或在新三板上市的条件，则投资方的入股资金转为投资方对目标公司的借款，由此，目标公司的大股东（或主要股东）就要承担偿还这些资金本息的义务。

在中国，明股实债方式的运用已有 10 多年的历史。它最初发生在上市公司收购非上市公司股份的"对赌"交易中，此时的明股实债更强调"明股"，"实债"只是投资方在"明股"的意图难以实现后采取的一种保护资金安全、防范风险的机制。但 2013 年以后，随着 PPP 的展开，在这一领域内"明股实债"更多地成为一种融资机制的安排，"明股"常常转化为"名股"，即名义上是投资入股，实际上是一种借款安排，由此，"明股实债"的重心从"股"转变为"债"。

作为一种股债结合的方式，明股实债以投资入股为先导，投资方在进行股份收购以后，通常有一个增资扩股的过程，这有利于增加目标公司的股本金数额、降低负债率，因此，是一种"去杠杆"的方式。另一方面，投资方通过股本资金的支持和协议安排的其他方面支持，积极推进目标公司的发股上市进程，无论对目标公司的原股东还是投资方来说都是有利的。但是，明股实债也存在一系列运作风险，主要表现在：第一，法律风险。在明股实债运作中，投资方的资金是以投资入股方式进入目标公司的，这些资金在法律上被认定为购股资金；同时，在工商注册、目标公司的资产负债表及其他相关文件中这些资金都被界定为股东权益范畴，由此，在目标公司难以实现协议商定的预期目标时，将这些资金从股本性资金转为债权性资金存在着法律风险。如果协议签字方的大股东（或主要股东）能够并且愿意支付这些资金的本息，则法律风险还只是一种潜在的担忧。但如果他们不愿意支付这些资金的本息并且对簿公堂，则法律风险就将成为现实。从法律角度看，股本性资金和债权性资金分属不同的法律调整范围，由此，在法庭上能否认同有关协议中的"股转债"条款还是一个不确定的因素。一旦法庭不认同"股转债"，则投资方的投资资金要收回就将困难重重。近期，一些地方以明股实债方式运作的 PPP 项目已经出现了法律纠纷，法院对其中的"名股"转为"实债"尚未予以认同。第二，运作风险。在上市公司收购非上市公司股权的对赌过程中曾发生一些目标公司采取非规范操作（包括虚假交易、业绩造假等）以实现协议中业绩指标的情形。如果这些情形在明股实债中展开，一旦曝光，那么不仅将严重危及目标公司的长期发展，而且将给投资方带来更加严重的损失（绝非仅仅投资资金的损失，甚至可能面临市场信誉和社会声誉损失）。第三，政策风险。明股实债的运作以已有的制度和政策为投资方和目标公司大股东（或主要股东）之间制定各项协议的前提。但在随后几年的运作过程中，这些政策可能发生一系列重要变化，致使投资方的预期目的难以实现。一旦此类风险发生，投资方就将处于进退两难的境地。

在推进投贷联动过程中，如果投资子公司以明股实债方式操作投资，那么，可能引致的风险不仅将给投资子公司的运作带来严重的负面效应，而且可能给对应商业银行带来市场声誉乃至财务方面的更大风险。

四、债转股的特点和风险

债转股，是指将商业银行贷款所形成的对实体企业的债权通过金融资产管理公司的处置机制转化为金融资产管理公司对实体企业的股权。债转股有五个要点：第一，确认需要处置的商业银行贷款数额和实体企业的经营状况。在中国，接受商业银行放款的实体企业为数众多，其中，有些经营状况较好、能够按时偿付贷款本息，有些经营状况较差、难以按时偿付贷款本息。如果是以处置不良贷款为对象展开债转股，那么，就需要对经营状况较差的实体企业所接受的贷款数额进行清理，弄清楚数额、利息、逾期期限、可能的解决方案等一系列问题。第二，确定处置不良资产的机制。处置商业银行不良贷款有着多种机制，既可以是商业银行自己处置，也可以是商业银行以招标方式委托其他金融中介机构（如资产管理公司、信托公司和投资银行等）处置，还可以是成立专门的金融资产管理公司进行处置。每种方式的内在机制不同，进行资产处置的前提条件、资产处置活动状况和资产处置后的结果也不尽相同，因此，需要确定选择哪种机制展开不良资产的处置。第三，确定商业银行不良资产的转移方式。如果选择商业银行自己处置不良资产，那么进入处置范畴的不良资产一般没有转移问题；但如果选择的是由其他金融中介机构处置不良资产，那么，这些不良资产是通过由这些金融中介机构从商业银行手中直接购买还是商业银行以委托方式划拨就成为需要明确的事项。第四，设立不良资产处置的评判机制。同一不良资产选择不同的处置方式所面临的风险不同、处置后剩余的资产净额也有着很大差别，同时，在不良资产处置过程中政策变化、市场走势变化等诸多因素也将影响处置后的资产净额的多少，那么，哪种处置方式是稳妥的？这需要设立一套不良资产处置的评判机制。可选择的评判机制包括：由资产评估事务所进行背对背的资产价值评估、由相关各方建立不良资产处置的监督机制、招标方式中承诺机制等。第五，债转股的对价。在不良资产处置中，资产净额明确后，债权转为股权的数量受到转股价的直接影响。在资产净额不变的条件下，转股价越低则债权转为股权的数量越多，反之亦反。例如，10 亿元不良资产处置后的资产净额为 4 亿元，在转股价为 4 元/股的条件下，这笔债权转为股权的数量为 1 亿股；在转股价为 2 元/股的条件下，这笔债权转为股权的数量为 2 亿股。

债转股将实体企业因接受贷款所形成的债务转变为股权，在其他条件不变的场合，有着增加实体企业所有者权益数额、降低负债率的积极效应，因此，是"去杠杆"的一个重要机制。同时，在债转股条件下，实体企业原先以利息方式支付给商业银行的财务成本转变成了利润，所以它有利于降低实体企业的财务成本，提高它们盈利水平，是一种"降成本"的重要机制。

对中国而言，债转股在 1999 年之后的一段时间内曾经展开过，有着一定的机制积累和操作经验。但时过境迁，在如今的条件下展开债转股与 20 世纪 90 年代末的债转股相比，既有着一些有利条件的变化，也有着一些不利条件的增加。从有利条件看，经过 10 多年的发展，中国金融市场的规模、机制和成熟程度明显提高，金融产品的多元化复杂化程度大幅增强，金融机构的操作水平也有了长足进步，因此，与 20 世纪 90 年代末相比，债转股的市场条件和技术条件更加充分。从不利条件看，20 世纪 90 年代的债转股处于经济增速快步上行的区间（1999 年 GDP 增长率为 7.6%，2000 年为 8.4%，2003 年以后就突破了 10%），各种资源价格从而资产价格的上行促进了股权价格的上行，由此，转股后的资产比较容易处置；与此相比，如今的经济增速正处于减缓区间（从高位步入中高位区间），产能过剩、库存增加、PPI 持续负增长等一系列因素都使得资源价格从而资产价格面临着严重的下行压力。另一方面，在 20 世纪 90 年代末处置不良资产中，工、农、中、建等都还是国有独资商业银行，由国家财政来承担这些商业银行自改革开放以后因政策性因素引致的不良资产处置后果，比较容易为社会各界所接受；但在经历了 2004 年以后的股份制改革、不良资产剥离和发股上市以后，这些商业银行已成为公众公司，在财务硬约束条件下，再将它们因经营不善引致的不良资产以债转股的方式进行处置，可能就没有那么容易让各方达成共识了。这也决定了拟进入债转股的不良资产处置处于较为困难的境地。如果将国际环境考虑在内，那么，如今债转股的国际条件就更加严峻。不难看出，受各方面条件制约，如今的债转股运作风险将大于 90 年代末的债转股。

债转股的机制设置对处置不良资产和债转股运作都有着至关重要的影响。90 年代末的不良资产处置通过设立金融资产管理公司的机制并由央行给金融资产管理公司提供再贷款来展开，但如今再以此展开不良资产处置已不再容易了。不仅将商业银行的不良资产以账面价格直接卖出，金融资产管理公司不容易接受（因为如果接受，就意味着金融资产管理公司要承担这些不良资产处置后的损失），而且将不良资产处置限定由金融资产管理公司操作有着"政策性垄断"的色彩，不容易为各类具有处置不良资产能力的金融中介机构所接受；更不用说，有的金融资产管理公司已发股上市，相关信息处于公开披露状态，其董事会等高管层是否会接受此种方案也还带有不确定性。如果换一种机制，即由商业银行投资设立资产管理公司来处置对应的不良资产，则情形也未必乐观。第一，新设资产管理公司需要投入数百亿元计的注册资本，对贷款快速增加从而按照资本充足率规定资本数额处于捉襟见肘的各家商业银行来说，这不是一件轻松之事。第二，如果将眼界局限于不良资产处置，相关商业银行每家设立1家资产管理公司也许还能操作的话，那么将眼界扩展到投贷联动，就将提出1家商业银行究竟将设立多少家子公司来运作不同的股债结合方式问题，由此，单设资产管理公司子公司的模式可能难以达成共识。但如果将处置不良资产的职能交给投贷联动中设立投资子公司来承担，不仅将与前述《意见》中的相关规定冲突，而且将使投资子公司的业务范围（从而职能）处于混杂状态，引致新的运作风险。第三，拟处置的不良资产如何进入资产管理公司依然是一个在机制上不易解决的难题。如果由作为子公司的资产管理公司向作为母公司的商业银行按照账面价格购买，则子公司可能缺乏足够的资金；如果由母公司直接将不良资产划拨给子公司，则双方的财务账面都不好处理，日后也难以算清财务得失。机制设置上的各个难点强化了此轮债转股的不确定程度，也意味着相关风险的不可预测程度。

五、股债结合中的风险防范

股权和债权是金融运作的两个基本机制。股权通过投资而形成，在金融资产关系中处于基础性地位，是承担各种债务性资产的物质条件和数量边界，也是防范债务风险的物质基础。债权的对应面是债务，债权通过债权人向债务人放出资金等的借贷关系而形成，是债权人运作资金等资产的一种方式。在金融运作中，债权债务工具种类繁多，既包括银行存贷款、债券、租赁等，也包括保单、货款、实物等。股债结合试图将股权与债权相结合，拓展商业银行等金融机构支持实体企业的资金力度，这是一个良好的初衷和期待。

在金融运作中，已有的股债结合大多发生在金融产品层面上，如优先股、可转债、参与债和基金证券等。每种产品中均设定有防范风险的机制。优先股是股权特点与债权特点的结合物，在股份公司（发行人）能够按时付给股息的条件下，优先股股东通常不行使股东权；但在不能按期支付股息的条件下，优先股股东就可行使特别股东权，否定或限制普通股股东大会的决定。因此，行使特别股东权，召开优先股股东会议，就成为优先股股东维护他们权益、防范风险的基本机制。可转换为股票的公司债券（简称"可转债"）是股权机制与债权机制在时间延续中结合物，在实现转换前它就是债券，在实现转换后它成为股票，其中，转换价格和公司发展前景成为债权人决定是否将债权转换为股权的主要因素，也是债权人防范运作风险的主要机制。可参与公司债券（简称"参与债"）是债权权益与股权权益在收益分配中的结合物，参与债的利率由固定利率和浮动利率两部构成，当公司（债务人）分配的股息率低于或等于固定利率时，债券持有人只能获得固定利率，但当公司的股息率高于固定利率时，债券持有人就可以参与股息分配，获得固定利率与股息率之间的差额（即浮动利率），因此，浮动利率成为债券持有人防范风险的主要机制。开放式基金证券是股权与活期存款（债权）的结合物，基金持有人既可以参与基金运作收益的分配（以体现股权）又可以随时赎回基金份额（以体现债权），其中，"赎回"成为防范风险的主要机制。与这些股债结合的产品方式不同，在投贷联动、明股实债和债转股等运作方式中，既无股债结合的产品也看不出资金供给方（如商业银行）防范运作风险的主要机制。

在商业银行的股债结合运作方式中，不论选择何种方式，资金均来自商业银行。虽然就单笔交易而言，它所发生的风险可能不至于影响到提供资金的商业银行自身正常经营运作，但如果不予以充分重视，投贷联动、明股实债和债转股等项目累加的风险将给该商业银行带来严重的经营运作风险。要有效防范股债结合运作方式中的风险，对商业银行和金融监管部门来说，至少需要注重解决好五个方面的问题：

第一，通过严格的尽职调查，选择好科创企业。科创企业为数众多且位于不同产业部门，它们各自的技术、产品、市场、成本和发展前景等差别极大。要能够达到通过股权投资来获得股权的溢价收益，首先，需要选择那些具有良好发展前景且市场潜力巨大的科创企业，因此，尽职调查成为股权投资的"可行性研究"首要步骤。其次，在对多家科创企业进行尽职调查的基础上，通过复合对比（包括同类上市公司）选择出那些可能进入投资入股范围的科创企业，然后，再次进行更加深入的市场化尽职调查。由于投资入股的科创企业选择结果直接决定了投贷联动的风险和运作结果，所以，这一环节应当慎之又慎。

第二，制订科学周全的财务规划。投贷联动是一个连续性过程。一次投资入股可能有着多次的贷款投放跟进，在运作中也可能发生投资入股与贷款跟进的交叉运作，或者除投贷联动外，又借助其他金融机制（如金融租赁、发行债券、担保等）推进科创企业的业务发展和市场拓展。要使得各种金融机制能够在运作过程中协调运用，从一开始就要有一个符合各项金融监管要求且符合市场运作机理的财务规划，对各种金融机制运用的条件、时点、规模、风险、效应和协同等进行周全的分析安排，形成一套具有较强操作性的财务方案，以此，防范运作过程中因考虑不周或程序失误引致的风险。

第三，确立资产组合管理思维，推进资产组合管理运作。对投资入股而言，理想的结果当然是"每单必中"，但科创企业的运作风险常常难以预期（更难预先选择充分的方法予以完全防范）。在海外创业投资领域有着"十投一中就可满意"的说法，它的含义是，投资10家科创企业，有1家能够发股上市获得股权的溢价收益就足以补偿另外9

家的投资损失。中国的股票市场不如海外成熟，科创企业发股上市也不那么容易，这决定了对商业银行及其投资子公司来说，从一开始就要有进行资产（包括股权资产、贷款资产及其他资产）组合管理的思维，避免急功近利式的冲动和追求每一投资项目的成功。

第四，强化公司治理，发挥程序性机制的功能。投贷联动涉及商业银行和投资子公司两层的公司治理，要避免因信息不对称、道德风险和逆向选择等引致的投资运作风险或贷款运作风险或二者的联动风险，就需要发挥商业银行和投资子公司各自公司治理的独立性。这既包括项目选择、尽职调查、财务安排、信息分析等方面的独立性，也包括投资决策（或贷款决策）、项目跟踪、运作评价和风险防范等方面的独立性，杜绝因内幕交易可能引致的重大风险。

第五，建立投贷联动项目的评估和淘汰机制。科创企业属于创新型高风险企业范畴，其中相当多企业的技术、产品、成本、价格和市场等均处于尚未成熟状态，与此对应，它们的资产规模、管理模式和运作方式也尚未定型，这决定了即便予以投贷联动的支持，也不见得能够每项均成功如意。鉴于此，在跟踪分析中，需要及时地对已展开投贷联动的项目进行系统评估，对那些难以达到预期目标的项目应及时转让已持有的股权和退出投贷联动运作。

与此对应，对那些确实已经失去发展前景的科创企业，即便前期已有较多的投资和贷款，也应坚决退出，不应再展开所谓的债转股等运作。另一方面，对那些虽然还有发展前景但空间不大或与其他同类企业相比劣势明显的科创企业，也应考虑逐步退出股权，不应简单选择"明股实债"的方式运作。

参考文献

［1］中共中央《关于制定国民经济和社会发展第十三个五年规划的建议》。

［2］2015 年中央经济工作会议公报。

［3］中国银监会、科技部和中国人民银行《关于支持银行业金融机构加大创新力度开展科创企业投贷联动试点的指导意见》。

［4］魏国雄．投贷联动的风险防控［J］．中国金融，2016（5）．

［5］王国刚．资本市场导论（第二版）［M］．北京：社科文献出版社，2014.

［6］张小松，叶军．商业银行多渠道多模式尝试投贷联动业务［J］．中国银行业，2015（7）．

The Risk Prevention of Commercial Banks' Recent Business Innovation with Combination of Bond and Stock

Wang Guogang

(*Institute of Finance and Banking*, *Chinese Academy of*
Social Sciences, *Beijing* 100028, *China*)

Abstract: After entering in 2016, in the context of accelerating the "deleveraging" and "reducing costs", China´s financial institutions such as commercial banks have gradually introduced many modes of operation in the process of combination of bond and stock. For example, linkage of investment on debt, stock and bond, seeming stock and virtual bond, debt – to – equity swap and other modes of operation, whichnot only bring new business development opportunities, but also bring new financial operational risks. This paper focuses on the analysis of the risks of above modes of financial operation, and reveals the financial risk formation mechanism which is easy to be neglected in these financial operation modes. It is pointed out that it is necessary to guard against these operational risks from five aspects: to select good innovative enterprises by strict due diligence, to establish a scientific comprehensive financial planning; to establish a portfolio management thinking and promote the operation of asset portfolio management, to strengthen corporate governance and develop the function of a procedural mechanism, to establish evaluation and elimination mechanisms of linkage project of investment on debt, stock and bond.

Keywords: combination of bond and stock, commercial bank, business innovation, risk prevention

昔时中国货币金融业的成就与缺憾

——《中华帝国的银行、通货和土地产权》读后感

◎ 贺力平[①]

内容摘要：佑尼干的《中华帝国的银行、通货和土地产权》将古代和近代中国的货币、银行、土地产权等多种事物联系起来，并不时触及政府体制对它们的深刻影响。佑尼干指出，造纸业、印刷术和印章法是纸币发明和使用的三个技术条件，这或暗示了纸币在中国的发明与官府体系有关，从而遵循着一条与欧洲截然不同的路径；另一不同之处表现在满清时期的银本位缺乏统一的货币单位和纸币发行规则，其货币制度实际上是自发性民间货币行为与不连贯政府货币行为的混合，由此也造成国内货币体系易受贸易收支影响和缺少应对短期国际收支失衡的调节手段等问题；此外，尽管佑尼干认为近代中国钱庄的经营已十分成熟，但实际上其与现代银行仍迥然有别。本文认为现代银行在晚清出现迟缓，主要由于当时缺少适宜的经济和法制环境，以及钱庄和票号等本土企业升级的相对不成功；最后，晚清中国在货币事务上的"放任自流"和"对外开放"使中国出现了劣币和良币的长期并存。本文认为其原因在于：格雷汉姆法则应具有的一个前提条件，即"卖方对劣币支付和良币支付是不加区分的，同一物品的价格对不同的支付用币是无差别的"在当时并不满足。

关键词：纸币　银本位　钱庄　格雷汉姆法则
中图分类号：F822　**文献标识码**：A

进入 21 世纪以来，随着中国经济的高速增长和金融业的繁荣，国内学术界日益重视历史研究，经济史和货币金融史领域出现了新一轮景气。中国金融出版社于 2002 年出版了李飞等主编的六卷本《中国金融通史》，汇集了多位长期研究中国古代和近代货币

---

① 作者简介：贺力平，北京师范大学经济与工商管理学院，教授，研究方向：金融学。

金融史国内资深学者的丰硕学术成果。湖北人民出版社于 2001 年出版了张家骧主编的《中国货币思想史》上下卷，篇幅达 127 万字之多。不仅如此，一些早年出版的学术著作也重印出版，其中包括彭信威著《中国货币史》（初版 1954 年，上海人民出版社 2007 年重印），杨端六著《清代货币金融史稿》（初版 1962 年，武汉大学出版社 2007 年重印）等。学术期刊中也不时有见使用现代方法分析和探讨古代和近代中国货币金融问题的论文发表。对历史问题的兴趣复兴可以说是学术繁荣的一个反映。

佑尼干（Thomas R. Jernigan）撰写的《中华帝国的银行、通货和土地产权》成文于十九世纪末，现在看来也应视为一篇"历史文献"。而且，与多数已见文献不同的是，这是一篇由当时的外人依据自己的观察和钻研而形成的记述，具有一些特别的视角。这篇综述文章纵横交错，把古代和近代中国的货币、银行、土地产权等多种事物联系在一起，不时触及这些事物所受到的来自政府体制的深刻影响，论述上与许多同类文章有不同之处。

严格地说，这篇仅有 16000 字的文章叙说了长达千年、横跨数洲的大历史，并不可能说出多少当时或现在的国内读者们所不知道的事情。这篇文章究竟能有多大"史料价值"，有待于读者去判断。当然，已有一定相关知识背景的读者会发现文章的写作风格是简略而具体，既不是大而空，也不是拘泥细节而不出的那种。作者在文章中实际上做到了旁征博引，对一些事情有亲身经历，并在形成自己的知识过程中利用他的有利条件访谈过当时国内许多专家。不用说，他在当时的国际背景知识方面也有一定优势。总的来看，佑尼干对古代中国金融业有许多赞誉之词，既有中肯之处，也有从现代观点看值得商榷或重新认识之处。

从更加宽广的角度看，这篇文章涉及中国乃至世界货币金融史上的若干重要问题，其中一些学术界或不一定有共识，而且也为货币金融研究者所感兴趣。下面略做陈列和阐述。

一、纸币为何在世界上首先在中国出现？

国际学术界现在已公认纸币最早出现于中国。在花旗银行赞助大英博物馆的"货币"（Money）陈列室里，特别提到了明朝的"大明宝钞"（马汀，2015 年，第 31 页）。纵观国内外货币史著作，可以说有关纸币在中国出现的年代分别有"元朝说""宋朝说"和"唐朝说"。

佑尼干的文章以及他引述别人的见解都认为，纸币在中国最早出现于唐朝，具体例证就是"飞钱"。文中还提到一个叫做"Sian"的自发性纸币（英文词 voluntary money），尽管尚不清楚该词的确切中文对象。

"飞钱"算不算货币，这可能是中国货币史上的一个疑点。一种说法是，唐朝飞钱

（也叫"便换"）是宋朝交子的前身，已具备纸币的基本特征（汪圣铎，2004 年，第 142～143 页）。另一个看法是，飞钱仅仅是一种汇兑工具，唐朝流行的多种货币中不涉及飞钱（叶世昌，2002 年，第 164～165 页）。

一个比纸币具体起源时间更加重要的问题或许是如何理解中国早于世界其他国家而发明了纸币。这在多大程度上应归功于古代中国金融业的发达？或者说，纸币的发明和使用与金融业的发达有关系吗？

佑尼干文章指出了纸币发明和使用的三个技术条件：造纸业，印刷术和印章法。不用说，造纸和印刷术都属于古代中国四大发明，其出现年代分别在东汉（公元一世纪到三世纪）和北宋（十一世纪）。如果印刷术也是纸币的技术条件之一，那么据此而言纸币不会出现在唐朝。但这里的一个关键事情是佑尼干提到的第三个事项，即印章法。他认为印章法出现在汉朝（东汉时期），由西亚（很可能是波斯）引进。而这与纸币的关系在别的文献中很少有提及。佑尼干的论述或许更加深刻地触及另一个相关问题，即纸币在中国的发明与官府体系有关。印章是官僚体系内部文书往来必不可少的技术支持，将其应用于纸币这样的事物从现代观点看或许仅仅是"一步之遥"的事情。换言之，在这样背景下的纸币发明不一定要求社会上金融业或银行业的发达。

沿着这样的思路，我们可以认为，纸币在古代中国的出现，事实上遵循了一条迥然不同于在欧洲的路径。在欧洲，纸币的出现和普及与私人银行业有密切关系。一个说法是，1609 年在荷兰开业的阿姆斯特丹汇兑银行尝试性地创建了可转让的票据，成为现代纸币的一个先声。随后在欧洲其他地方出现了模仿阿姆斯特丹汇兑银行的机构和实践。其中，1656 年成立的瑞士银行于"1661 年在欧洲第一次发行了真正的纸币"（乔恩，2002 年，第 213 页）。对欧洲货币金融史素有研究的学者金德尔伯格则认为，纸币在欧洲（主要是英格兰）的起源直接得益于金匠们（goldsmiths），他们是一些专业化的金器和金币加工者，其中一些逐渐转化为金币存放和转让中心。金币持有者从金匠那里得到存款证书，当这种证书可转让给第三方并作为一种支付凭证或流通手段时，纸币概念便出现了。当然，金德尔伯格认为，纸币在英格兰的正式推广要归功于 1694 年成立的英格兰银行（金德尔伯格，2007 年，第 60 页）。总之，欧洲的历史表明，纸币在那里出现的首要因素是贵金属货币使用的普及及其所享有的充分可兑换性，另一因素是私人银行业和金融业的发达。这或与古代中国的情形形成了鲜明的对比。在古代中国的多个朝代，纸币的出现和使用似乎可仅仅由一个专门负责纸币发行功能的政府机构来推动。

毋庸赘言，自宋朝以来，元、明、清每个朝代都曾在尝试发行纸币时很快遇到严重的通货膨胀问题。纸币使用在古代中国呈现高度的断裂性情形。

另外，在欧洲，活字印刷术的普及始于十五世纪中期德意志人古登堡的发明。在这之前，尽管东方的中国已经有相对普及的印刷术，但在欧洲却未流行。因此，纸币在欧洲开始的时间不可能早于十五世纪。

二、满清中国实行过怎样的银本位？

"明清以来中国实行银本位制"这个看法似乎越来越流行了。佑尼干文章和许多国内著作都提到，自明朝以来，银作为货币在中国大量使用。朝廷岁入和大宗交易都用银了。众所周知的一个事实是，中国在整个十八世纪几乎都是外贸顺差（出超），年年皆有外银净输入。在这个世纪，已不再出产黄金的不列颠转向了货币用金，而产银很少的中华帝国转向了货币用银。两件事情用现在的眼光看很有戏剧性，并且可能相互间还有着某种双方当时都未意识到，但却有一定经济意义上的联系。一位当代作者（贡德·弗兰克）的著作《白银资本：重视经济全球化中的东方》（中央编译出版社，2005 年）似乎提供了这方面的某些暗示。

但是，任何人只要稍进一步对比光荣革命后的不列颠与满清当局在十八世纪和十九世纪的货币行为，就会发现两者之间有许多重大区别。前者委任知名学者伊萨克·牛顿担当全国铸币主监，通过他的作为统一了国内货币单位及其辅币制，并对银行券发行事务逐渐确立明确规则。在这个时期，英格兰议会于 1694 年通过决议成立一家大型股份制银行即英格兰银行，促使其代表政府成为主管货币与黄金储备事务的专业化机构。英格兰银行随后逐渐演变成为一家现代中央银行。

同时，在满清中国，每个年份都有许多有关货币事务的奏折和朝廷批复，却难见有任何试图统一全国货币单位和纸币发行规则并具有长时间效力的法律文件。如佑尼干所说，在北京的朝廷机构使用"库平银"，在江南的中央粮食收购机构使用"漕平银"，可见中央政府各部门在使用货币银上就不统一。货币用银的不统一，难怪更频繁地见于中央政府与地方政府之间，政府系统与民间社会之间，以及民间社会与民间社会之间。佑尼干在文中引述的一段说，"银锭有一定重量，在一定限度内有不同成色，按照升水或溢价对其价值进行调整，任何银锭的价值都根据某一随意制定的标准和习惯来确定。之所以称之为随意制定的标准，是因为中国人从未明确制定银锭的标准成色。"这可算是对那时情况的一个准确概括了。

皇室和朝廷当然都有自己的白银财富储备，但那显然不是用来担当全国货币体系储备基础的功能。清王朝显然没有公共财政的概念。这应是问题的根本症结所在。现在的读者可能很难不同意佑尼干的这个看法："如果我们联想到中国是世界上几乎唯一一个没有公共财政的国家，这种在货币事务上不行使至关重要主权的情形也就不足为奇了。"

"主权"是满清官员对外交涉事务中口口声声的用词，但是，满清朝廷的实际作为——至少在货币事务上——显然不代表中华民族的主权和利益。谈论这样的事情超出了货币研究的主题，但这的确也涉及货币学和货币史上的一个基本概念，即"货币本位"。

不管是金本位（gold standard）还是银本位（silver standard），过去的一些使用者似乎将注意力主要放在了一国是用金还是用银作为本国货币。实际上，这个概念的另一个重要方面在于货币规则（standard）及其确定。也就是说，货币本位是个复合概念，它首先指使用什么材料作为货币，其次指统一货币单位和规则的确定。在中华民国政府于1933年实行"废两改元"币制改革之前，可以说，近代中国并没有充分意义上的货币本位。晚清王朝有过的货币制度不过是自发性民间货币行为与不连贯政府货币行为的混合物。

这种愈到后来愈显奇特的货币体系给后来的中国经济带来了为经济史学者们所熟知的一系列不利影响。首先，国内货币供给很大程度上取决于对外贸易收支平衡（这本身不必然是重大缺陷，如十八世纪和十九世纪中的联合王国）；其次，在遇到国际收支短期性失衡时，国内货币体系缺少应对和调节的缓冲手段；再次，宏观经济没有透明度，所有问题都得等到高度严重时才为中央政府所知晓。

佑尼干根据自己的背景知识在文章中提到了这个事情，他的意见（有此意见的人士肯定也不止他一人）也很可能传给了当时他所接触到的国内人士。显然，这种意见在那时和那时以后的很长时间中都没成为被中国中央政府所接受或所了解。佑尼干当然不会是那种主动要为中国发展着想的"友好国际人士"。他作为外国政府派驻华商务参赞至多不过是看到了中国统一货币制度有利于中国及其贸易伙伴的可能性。

三、"钱庄"与"银行"的区别以及银行在近代中国的迟缓出现

佑尼干文章的重点是"银行"。他谈到了这几类金融机构："银行"（banks），"放款社"（money - lending companies），"典当行"（pawnbrokers as bankers）。在银行方面，文章提到各省都有一个属于省督的银行机构（应指当时流行的"官钱局"）。另外，文章引述卫三畏话说，银行公司（banking corporations）这个概念在那时的中国还没有出现。

按照专业看法，"银行公司"（banking corporations）应该对应于现代汉语中的"银行"，而佑尼干文章的讨论对象主体——"银行"——应被视为"钱庄"。国内许多著作通常也这样认为：将成立于1897年的中国通商银行之类的金融机构称为"银行"，而将那个时候之前和之后广泛活跃于大江南北的货币经营机构称之为"钱庄"。很多国内学者都认为——晚清官员们和民国政府的部分官员们实际上也都是这样认为：银行与钱庄不仅有区别，而且有很大区别。如果要列举出"区别"，人们轻易就可说出七八条。民国时期同一城市分别有"钱业公会"与"银行公会"。这个事实本身也可以视为这种行业内自我区别的一个表现。

按照这个观点看，佑尼干文章肯定犯了一个重要错误。他应该知道英文里可有更贴切的词语来泛指那些与现代银行有区别的金融机构，如 money houses（钱庄或钱号），

native banks（当地银行，土生银行）等。但他没有使用这些词汇。他的文章前后都用 banks 这个字眼。这算是一个不经意的错误吗？

一个可能的解释是，在佑尼干写作的时候，中国尚未有关于包括钱庄银行在内的商业性企业机构和金融机构设立的正规立法，有关兴办银行的专门法规出现在清王朝快要结束的时候和民国时期。在这些银行法规之前成立的货币经营机构或者其成立不受这些银行法规约束的货币经营机构逐渐被国内人士习惯性地称之为"钱庄"，同时将那些按照新法注册的货币经营机构称之为"银行"（官方在机构名称上也有这样的要求）。

但是，从两类机构的业务内容上看，其实并没有多大区别。一般地说，"钱庄"的经营规模比"银行"小；很多"钱庄"分布在中小城市，而"银行"相对集中在大城市；在口岸城市，"银行"可因积极参与国际汇兑业务或外汇业务而比"钱庄"的经营范围大一些，但实际上也有一些"钱庄"从事这类新业务。当然，人们也可以认为，钱庄主要经营传统的存贷款业务，尽管其中一部分也有涉及转账甚至外汇业务；银行则除了传统的存贷款业务之外，还有通过支票和信用证等形式提供的支付和国际汇兑服务。佑尼干文章在两处地方对比了钱庄与国外银行。在一个地方，他说，中华银行机构（实为"钱庄"）过去流行的长期汇兑票证由于外资银行在口岸城市的出现而变得不流行了，因为国外商界不接受这种长期限票证（可能是出于风险控制的缘故）。在另一个地方，他说，国内银行机构（实为"钱庄"）之间的结算方式——允许往来方有 10 到 15 天的支付宽限——使它们比外资银行在经营上更有优势，而且这种方式较能减少金融市场风波的冲击。这些情况表明，钱庄与银行在经营业务上的差别并非泾渭分明的那种。

此外，钱庄通常采用合伙制，银行则按照股份制设立；钱庄很少有分支机构，银行则在同城和异地皆设有分行或其他分支机构。

尽管"钱庄"与"银行"在概念上的区别是明显的，但在实践中两者也有相似性。文献已有记载，钱庄在十九世纪已开始发行"庄票"，一种见票即付的支付票证（李一翔，2005 年，第 31 页）。这虽然不同于支票，但也具有支付功能，并超出了传统的存贷款业务概念。佑尼干文章中提到的"汇票"和"期票"实际上就是国内文献中的"庄票"。

佑尼干文章中还详细描述了钱庄之间的同业往来和清算程序，并认为当时中国的清算体系"可与伦敦、纽约及其他重要中心流行的清算所相媲美"。他十分赞赏事实上由钱庄的同业往来所形成的那时中国清算体系的高效率。既然如此，就那时的中国金融业而言，"钱庄"与"银行"的区别似乎主要就是名义上的了。

但如果人们仍然坚持认为现代银行机构在中国的出现以 1897 年成立的中国通商银行为标志，那么，这应该引出另一个相关问题：为什么"银行"概念在已为国人知晓很久之后，更加接近现代意义的银行机构才得以出现？

鸦片战争结束后的几年中，陆续有外资企业和金融机构进入中国大陆。上海作为新开放的大城市，成为外资进入的聚集地。英资丽如银行（Oriental Bank）于 1847 年在上海开办分行，被认为是进入中国的第一家外资银行。1857 年有另一家英资银行即麦加利银行（现在渣打银行的前身）在上海开办分行。这两个时间点分别早于 1897 年中国通商银行成立年四十或五十年。为何在这四十至五十年时间中未见国人创办银行的成功事例？

在整个十九世纪后半期，不断有新的外资银行进入中国，并在中国的对外贸易和国内经济金融中发挥着日渐增大的作用。"银行"这个概念应为当时的国人所知晓。

事实上，文献记载，在那期间，不断有一些尝试和努力创办本土银行，但直到 1897 年盛宣怀开办中国通商银行之前，无人取得成功（张国辉，2002 年，第 295~298 页）。从直接因素看，国人创办银行不成功的原因要么是资本金不够，要么是官府不批准。但从更深层的角度看，人们或可认为是当时中国缺少现代银行得以立足的经济和法制环境。如果银行与现代企业一样必须采取股份制形式，那么这就需要有相应的商法或公司法。同时，如果政府审批也是市场进入的一个条件，那么，现代银行的设立需要政府系统首先有一个事先公布的准入规则。显然，这两者在满清中国都是未有之物。

档案材料显示，中国通商银行之所以能顺利创建，乃是因为此前得到了清廷军机处的特别批文。光绪皇帝也曾为此亲自谕旨，指示军机大臣、总理各国事务衙门和户部合议促办（陈旭麓等，2000 年，第 8、第 35 页）。

再进一步说，就资本金不足而言，既然当时的钱庄业以及工商业已经十分繁荣或至少开始繁荣，创办股份制银行在理论上应有可能筹集到必要的资金。一些经营良好的钱庄也应该成长壮大起来，拥有足够资金实力转化为现代银行。也就是说，只要有市场需求前景，资金应不成为障碍。从这个角度看，现代银行在晚清中国的迟缓出现，在一定意义上也应归因于钱庄和票号等金融机构和其他本土企业在升级换代上的不成功，至少是相对不成功。

在民国时期，钱庄作为一类金融机构继续存在，并在一些地区还是当地金融业中的重要角色。与此同时，银行机构普遍设立，其中一些甚具规模。就资本来源而言，钱庄多数是纯粹私人性质的，银行则或多或少带有官股，至少与官方机构具有密切关系。或许正是这种差别，影响到了这两类机构的服务对象和发展前景。

因此，考虑到以上背景情况，可以认为佑尼干对晚清中国"钱庄"和"银行"的不区分反映了他对那时中国金融业现状中的"中国特色"的一个认同，同时也反映出他对在那时市场环境中自发生长的中国金融机构发展前景的乐观看法。

四、"劣币驱逐良币"在昔时中国出现过吗？

佑尼干的记述表明，迟至晚清时期，中国经济中流行的多种多样的银两钱币。在这个时期，位居北京的中央政府事实上很少对货币事务实施有效的统一化的管理。由于统一管理的缺位，日常经济中各式各样的土产或外来的银两钱币大行其道。在这方面，国内学者的记载比佑尼干文章更加详细（如张国辉，2002 年，第 74 ~ 90 页）。

类似的情形其实在中世纪欧洲也出现过。一位当代学者这样说，"在十三世纪四分五裂的（神圣罗马）帝国内，硬币发行者的数目似乎多得无法计算，而且其中很多是无足轻重的小人物"（施普福特，2002 年，第 676 页）。这种情况一直持续到中世纪晚期。随着小公国和小领地的逐渐消失以及各国中央政府"回收"铸币权，币制紊乱的情况才逐步好转。十六世纪，英格兰人士格雷汉姆①针对流通中多种钱币并用的情况提出了一个看法，即"劣币驱逐良币"。后来的人称之为"格雷汉姆法则"并将之运用于对复本位制货币环境的分析中。《新帕尔格雷夫货币金融大辞典》对此有专门条目的介绍。

但是，近来有学者对此提出了尖锐批评，认为"劣币驱逐良币"是一个神话，在逻辑上不成立（张五常，2011 年）。这位学者说，这个说法"只考虑到支付货币一方（买方）的精明（劣币付出去，良币收起来），却完全忽视了收取货币一方（卖方）也不是笨蛋（劣币不肯收，除非加价；良币乐于收，甚至愿意减价）"。他还举出古代中国（唐朝）"乾元重宝"事例，说明这个"劣币"由于受到使用者的排斥而迫使发行当局改变初衷，允许"价格双规制"的流行。

晚清中国在货币事务上的"放任自流"和"对外开放"事实上让那时的中国经济在长时间中出现了"劣币"和"良币"并存的局面。这种局面显然有增加交易成本、降低交易效率的一面，但从研究的角度看可能也为探究"格雷汉姆法则"提供了很好的素材。佑尼干文章一开始就提到了这个情况，由于铜钱价值的频繁变动而引发的"显而易见的商业困惑还表现在，有人专门挖空心思发明种种技巧去降低铜钱的成色，使得人们在辨认铜钱真假和成色时不得不格外小心。市场上流通的商品，有的只能用成色纯正的铜钱购买，而另一些商品则可用成色不足的铜钱购买，交易者们常常要同时持有成色纯正和成色不足的铜钱以方便购买。"这里，我们看到，价格分化（卖者针对持有不同成色货币的买者而实行差别定价）已经出现；同时，买者们只要有可能就努力用劣币支付，"投机取巧"的空间依然存在。在这样的环境中，"格雷汉姆法则"应当是已经发生了。

顺便说一下，在张五常先生对"格雷汉姆法则"的批评中，他或许认为这个法则是一个无条件的命题。实际上，这个法则有一个前提条件，即卖方对劣币支付和良币支付是不加以区分的，同一物品的价格对不同的支付用币是无差别的。如果这个条件不满足，那么，卖方可依据钱币的优劣程度实行差别化价格，例如，买者使用碎银时得到的价格与使用完银时得到的价格不一样。不满足这个条件，格雷汉姆法则就不起作用。

有关格雷汉姆法则的应用性探讨中一个更重要的问题是，支离破碎的货币制度究竟

---

① 国内文献亦翻译为"格雷欣"。

会在多大程度上妨碍经济发展？各式各样的、非标准的银两钱币共同在社会中流通，不仅会提高交易成本、降低交易效率、增加交易摩擦等，而且还可能导致人们的"良币"储藏行为，进而引起货币供给不足。晚清最后二十年中，铜钱大量铸造发行。铜钱加入到货币流通中是货币供给增加的一个表现。十九世纪最后二十多年中，中国出现持续性的对外贸易逆差。这或是导致白银货币供给增长减缓的一个因素。同时，中国对外贸易总量快速增长，国内经济也由于太平天国事变后的恢复性人口增长以及随后的洋务运动出现一定的加速增长势头。国内货币需求在这个时期肯定是大大增加了。在这个背景下，货币供给中新加进铜钱铸造和使用自然是缓解货币供求缺口的一个途径。但是，如果"格雷汉姆法则"出现了，那么，在这个过程中，存在这样一种可能性，即社会中增加一种低价值的货币供给（铜钱或者说"劣币"）反而会导致原有的高价值的货币供给（白银或者说"良币"）的减少。至于货币总量（铜钱加白银或者说"劣币加良币"）在这种背景下究竟会有怎样的变化，显然值得进一步探究。

已知的一个历史事实是，铜钱在十九世纪最后二十年到二十世纪最初十年的时期中，其与白银的比价不断下跌。大量持有和使用铜钱者是社会中的低收入者。理论上，这个群体的经济利益会由于铜钱贬值受到较多的损失，他们面临的货币价值减损的风险也较大。佑尼干文章实际上已经触及这个问题。如何看待复杂币制环境中的"格雷汉姆法则"应该是一个值得深入探讨并具有宏观经济学意义的问题。

参考文献

［1］陈旭麓，顾廷龙，汪熙主编，谢俊美编. 中国通商银行（盛宣怀档案资料选辑之五）［M］. 上海：上海人民出版社，2000.

［2］查尔斯·P. 金德尔伯格，徐子健、何建雄、朱忠译. 西欧金融史（第二版）［M］. 北京：中国金融出版社，2007.

［3］李一翔. 近代中国银行与钱庄关系研究［M］. 上海：学林出版社，2005.

［4］菲利克斯·马汀，邓峰译. 货币野史［M］. 北京：中信出版社，2015.

［5］约翰·F. 乔恩，李广乾译，货币史：从公元800年起［M］. 北京：商务印书馆，2002.

［6］彼得·施普福特. 铸币和通货［M］. 剑桥欧洲经济史（第二卷），北京：经济科学出版社，2002，第十二章，第654～734页

［7］汪圣铎. 中国钱币史话［M］. 北京：中华书局，2004.

［8］叶世昌. 《中国金融通史》第一卷：先秦至清鸦片战争时期［M］. 北京：中国金融出版社，2002.

［9］张国辉. 《中国金融通史》第二卷：清鸦片战争时期至清末时期（1840—1911年）［M］. 北京：中国金融出版社，2003.

［10］张五常. 劣币驱逐良币的神话［J］. 原载《国际财经时报》，2011年7月2日，网络链接http://www.cnstock.com/index/gdbb/201107/1389183.htm.

附录　中华帝国的银行、通货和土地产权①

佑尼干（Thomas R. Jernigan）②

一、通货

（一）公元前 524 年到现在

我曾在中国上海旁听过一次可审判中外人士法庭的开庭审判，看到那里的法官在与本国证人问答时还需要翻译。我向他们询问这是否是中国法官获取证词的惯例，后来有些惊奇地得知这是由于证人来自外省，而法官不熟悉该省的方言。谈到中国的货币，其多样性与特殊性不亚于中国不同省份的各种方言。因此，有条理地叙述中国货币其难度是显而易见的。这里仅希望能对这一主题作一个清楚的概述。

（二）铜钱

中国人在全国范围实际使用的硬币叫做铜钱（cash）。它呈圆形扁平状，直径约一英寸，中间有方孔以便于成串携带。它可能是由等量的铜与锌铸造的，每个应重 58 金衡格令（grain troy）。但在过去五十年中，这种唯一具有全国流通性的铜钱成色降低，尺寸也变小了，现在绝大多数流通中的铜钱重量已不到 30 金衡格令。铜钱的情况很好地说明了中国人商业交易的规模，省际间铜钱价值的波动反映了交易价值的不可靠性。通常一美元大约能换一千个左右的铜钱，但在有的省份却能换一千八百个。在某些省份，铜钱的价值经常是如此地不确定，以至于人们今天不能肯定明天它的购买力会是多少。显而易见的商业困惑还表现在，有人专门挖空心思发明种种技巧去降低铜钱的成色，使得人们在辨认铜钱真假和成色时不得不格外小心。市场上流通的商品，有的只能用成色纯正的铜钱购买，而另一些商品则可用成色不足的铜钱购买，交易者们常常要同时持有成色纯正和成色不足的铜钱以方便购买。

有确凿证据显示在很久以前人们已经开始使用铜钱。中国的作家们在讨论时能列举详细精确的记载，说明几千年以前铜钱使用的事件。对于年长人士的尊重，世界上没有

---

① 本文原载《世界主要国银行史》第 2 卷（A History of Banking in All the Leading Nations）。该书分 4 卷由"商业与通商公告会刊"（Journal of Commerce and Commercial Bulletin）编辑部编辑，1896 年纽约出版。全书汇集 13 位作者的分国撰述，分别涉及合众国、大不列颠、德意志、奥地利—匈牙利、法兰西、意大利、比利时、西班牙、瑞士、葡萄牙、罗马尼亚、俄罗斯、荷兰、斯堪的纳维亚诸国、加拿大、中国和日本。译校者特别感谢汪敬虞先生在一些疑难词语翻译和背景知识上给予的帮助。任何误译或漏译由校者负责。本文脚注为译校者添加。

② 作者为合众国驻上海总领事，任职期为 1894 年 5 月至 1897 年 8 月，其间一度兼任驻温州领事，中文名为佑尼干（据中国第一历史档案馆、福建师范大学历史系合编《清季中外使领年表》，中华书局，1985 年第 1 版，1997 年第 2 次印刷）。

一个国家能够与中国相比。尽管如此，中国人对时间的重要性却普遍重视不够，而这本来是人生的一个重要因素。当地的历史学家们并不总是能充分领悟现代学者们所要求的严谨研究，并将之作为准确可靠地叙述远古事件的首要条件。从钱币学者的收藏品来看，中国的钱币可能早在公元前 524 年就出现了，它中间的方孔形状与今天所见的日常使用的铜钱相似。另有论述将铜钱的出现归功于汉朝一位丞相，时间是 12 世纪①。不管这个问题——究竟铜钱何时首次成为硬币——会有何种结论，可以确定的是，很早以前铜已经开始作为一种购买力而存在了，这种情形或多或少在中国已有数世纪的历史。

小小铜钱，其价值仅为一美分的十分之一，却是中国劳动者辛勤劳作的主要追求，以此来满足他们的愿望和抱负。使用如此小面额的铜钱表明，与西方劳动者相比，中国劳动者的需要显然更容易得到满足。与世界其他地方一样，东方劳动者的报酬需要一天的辛勤劳作，但中国劳动者必须从早到晚忙碌一天才能获得仅够购买其生活必需品的铜钱。王朝不断更迭，但铜钱所承担的货币职能一直未变。中华商人们在今天的交易中斤斤计较的微小价差，与原始记载中的商业交往情形别无两样。

（三）纸币

中国开始采用纸币似乎被人们归因于印章的使用，并与印刷术的历史有密切联系。当某些中国官员通过在一些物品上盖上其印章以赋予这些物品一定货币价值的行为成为一种惯例时，纸币的想法自然就被提出了。印章做法原来自西亚。中国人自己制作印章，刻上自己的字体，用于赋予官方文件效力并证实文件的真实性。后来有规定要求每位官员配备一个印章，官员的阶位可由其印章的制作材料加以区别——大臣督抚们使用银制印章，道台们则使用铜制印章——这一古老规则始自公元前 221 年。印章的使用范围由此大大地扩大了。印章的使用也可能是作为封建制转变到中央集权制的一个直观标志。持有印章的官员既承认自己的代表资格，同时也认可了授予他印章的政权皇首。

中国出现纸张最可靠的年份据说是公元 200 年，但在此七个世纪之后才出现了书籍印刷，八个世纪之后纸币才被中华政府系统地采用。使用纸张与开始采用纸币之间相隔如此长的时间，其原因被归于工匠们的雕刻习惯。他们最初的雕刻习惯是将文字刻入印章内，而不是使其凸出。但是当人们想到通过使所刻的文字凸出可以留出白色的底色，并得到红色或黑色的文字时，凸版印刷术的发明以及书籍印刷也就随之开始了。

（四）"飞钱"

公元 806 年是纸币出现最可靠的年份，那时出现了一种被称为"飞钱"的汇票。根据皇室法令，商人可在首都用铜钱换取政府票据，然后凭票在省财政处换取票面所示金额。这种银行体系是政府向商人提供的一种便利。公元 960 年这一体系再次被使用，并在那时为此汇兑业务在首都专门设立了一个机构。公元 1023 年，四川省出现铜料紧缺，

---

① 原文如此。

政府试图通过铸造铁钱来缓解对铜钱的需求，但这个尝试很不成功，因而纸币又开始在成都流通。当地富商们提出，每过三年回收一次这些纸币。政府认可了这个想法，并由当地商人实行。公元 1150 年鞑靼人占领中国北方时，他们也由于铜料稀缺而采用一种纸币，并在随后一个世纪的统治中为维持纸币流通付出了极大努力，如同蒙古人在其统治的一个世纪中一样。

下面有关纸币进程的情况来自马丁（Martin）关于中国历史的著作：中国人在公元前 119 年开始使用纸币。有时会发行一种用一英尺见方的兽皮或硬纸板做的货币，用来进行小额交易活动。到公元 807 年的唐朝，纸币已比较常见了，而铜币仅被用做辅币。纸币发行人必须向政府财政部门交款，一种叫做"Sian"的自发性纸币正是这样出现的。公元 960 年，对那些在政府财政机构有存款的商人们发行了纸票，类似于典当行发行的当票，它们被称做便钱，也叫做便换，具有普遍可转让性，制作材料是一英尺见方的纸，上面印有其当前价值和官员印章。后来出现了一种支票体系，用以取代当时沉重的铁钱。大约在十世纪，出现了一种较好的银行体系，发行了每三年回收一次的汇票。十二世纪左右，公共债权人接受纸票或标明名义价值的契约，金额从 200 到 1000 铜钱不等。据说十二世纪末发行总额达到了 28000000 盎司白银。此外，不同省份发行有各自的纸币，并出现了巨大的货币混乱。

（五）十三世纪的纸币

来自威尼斯的旅行家马可·波罗在中国居住过二十余年。他描写了公元 1256 年前后北京城里纸币制作并由皇帝或大汗发行的情形。人们将桑树皮剥下后，先将它们完全浸泡在水中，然后在研钵中捣成稠纸浆，最后制成颜色较深的纸，并按不同的价值把纸割成大小不一的矩形。这些做好的纸币需要经过专门的官员签名并加盖玉玺才能被赋予价值。伪造者将被处以死刑。这种纸币在全国流通，并可以购买任何物品。如果纸币在使用中出现了破损，人们可以去铸币厂交纳相当于纸币面值 3% 的工墨费以旧换新。纸币持有者可随时向铸币厂申请兑换黄金或白银，但必须将这些贵金属制作成装饰品酒杯，等等。给皇家军队官兵的支付也用这种纸币。一张明朝纸币的一面印有，"户部规定，凡加盖皇帝玉玺者即为通货，可作为铜钱流通于一切领域；不服从者斩首。"[①]

（六）白银取代纸币

克拉普洛特（Klaproth）说，元朝统治者被推翻之前，他们实际上已经用纸币摧毁了中华。随后的明朝政府采取了很大努力，用 100 新钞更换 1000 旧钞，试图挽救纸币流通体系，并试图通过禁止用金银进行交易来保持币值的稳定，但是，到 1448 年，纸币仍大幅贬值到 3 个铜钱就可换 1000 纸币的程度。1455 年，政府下令赋税必须以纸币缴纳

---

① 译者查"大明通行宝钞"下部告示文字为："中书省奏准印大明宝钞，与铜钱通行使用，伪造者斩，告捕者赏银贰伯伍拾两，仍给犯人财产。洪武年　月　日"。

并禁止使用金属货币，但官方通货仍不断贬值并最终被放弃。在这段时期，来自墨西哥和秘鲁的白银通过外贸途径源源不断流入中国南方港口。1620 年左右，纸币最终被废除了。白银取代纸币的过程大约进行了一个世纪的时间。尽管白银很早以前就在中国用做货币，美洲白银源源不断的流入推动白银成为中国的主要货币。美洲银矿的发现促使白银成为中国所有大宗交易使用的主要通货。美洲大陆被发现八十年之后，也即巴尔波亚（Bilboa）在尼加拉瓜山顶上首次发现太平洋六十一年之后，白银进口量是如此之大以至于一盎司黄金可以兑换七到八盎司白银。

王銮在其1831 年出版的一本著作中指出，公元 618 年唐朝建立前白银未在中国流通，自那之后中国才开始使用白银作为货币。顾炎武（二百年前已经去世了）在其名为《易解》（Si - chien）的著作中指出，唐朝之前，铜钱是政府和百姓之间交换的主要媒介，白银从未被使用过。另有一些学者认为，白银在中国成为货币开始于南方，即广东和广西进口白银之时。

（七）三大流通地带

按照顾炎武对中国历史的说明，货币流通在中国分为三大地带。在南端，金银流通，广州是商业中心；长江沿线的华中地带，包括四川，铜钱是主要交易媒介，南京是管辖第一和第二地带的中心；处于鞑靼人统治下的华北地带，铜钱和谷物都被用做交易媒介。按照这一说法，白银首先在中国南方被用做货币，出现在中国政府经常派遣高级官员管辖交趾支那或柬埔寨城市之时。公元 500 年，在广州流通的白银按重量计价，所用白银很可能部分来自缅甸产（当时缅甸大量出产白银），部分由阿拉伯商人或其他商人从遥远的港口带来。阿拉伯商人当时极有可能也参加到当时中国南方诸省的商业活动中，有许多史籍记载了汉朝以来阿拉伯商人在中国的经营活动。对这段久远的历史就说这么多吧。

（八）目前流通中的货币

中国何时引入白银，有多少银矿和储量，这些事情对商人利益的关切程度远不如现在流通中的白银有何特点这类问题。现在每个省份可以说都在流通墨西哥元，如果有一位旅行者或商人说他在某省没看见墨西哥元，此话难以被当真。墨西哥元为中国商人提供了极大便利，盛行于帝国全境。漕平两（tael）是计价货币单位，是中国所有货币交易的基础。它是一定重量的白银，被称为银锭（sycee silver），其形状像中国妇女的鞋子。银两不是由政府发行，其价值也没有任何官方担保。但它是货币交易的基准单位，看起来只是一锭未经加工的银块，其重量和成色都不固定，也没有固定的价值度量标准。不仅银两的价值存在差别，而且在同一港口往往有不止一种银两被使用，这更增加了这种货币由于未由官方发行、没有政府盖章以及在不同地区有不同重量所带来的混乱。试图对目前所有的银两作任何细致的描述都是十分复杂的。既然上海是中国最大的通商口岸，集中考察银两在这个城市流通的情况也许是较聪明的做法。詹姆士·K. 莫里森就此写过一篇十分有趣的文章。

上海有叫做上海银元（Shanghai tael weight）和上海规元（Shanghai tael currency）的银两，后者属于虚银，有其名而无其物，只是计值单位。如莫里森所说，"银锭有一定重量，在一定限度内有不同成色，按照升水或溢价对其价值进行调整，任何银锭的价值都根据某一随意制定的标准和习惯来确定。之所以称之为随意制定的标准，是因为中国人从未明确制定银锭的标准成色。"

（九）银锭（Sycee）

银锭这个词表示什么意思是值得琢磨的。银锭，中文也可叫元宝、银两（Silver teal or silver ounce）。而在上海，银锭被铸造成锭块或马蹄形，称为元宝或马蹄银，每只重约五十上海两或漕平两（tael，以下简称两）。在部分地区，还有重量低于五十两的马蹄银，尽管并不多见。银锭通常在上海铸造。铸造时，首先把从欧洲或美洲进口的银条熔化，然后铸造成形，铸造者会把他们的图章或名字印于铸造好的银锭底端，同时也会印上铸造日期、银锭重量以及银锭溢价。银锭铸成后，须经公估员鉴定。公估员并非由政府委任，而是由银行家、货币兑换商选定。公估员每次鉴定时收取少量费用。鉴定满意时，公估员会在每一银锭端口上以大号墨字标明该银锭的重量和溢价（升水）[①]。此后银锭方可流通。出于有效防止作弊的目的，不仅锻造者和鉴定者需要对各自行为负责，而且无论何时被发现作弊行为，他们的后代也会面临死刑惩罚。

莫里森先生举例说明了在上海计算银锭价值的方法：

1. 银锭重量用漕平两计算。

2. 将银锭重量与其溢价（成色精炼度）相加。溢价由公估员标明。

3. 该总和除以 0.98 得到上海两数字。

以数字表示的计算过程如下：

60 块银锭，按漕平两计算	2992.57
每块溢价平均为 2.707 漕平两，即其重量的 5.43%	162.45
上述合计	3155.02
再除以 0.98 得到上海两价值	3219.41

溢价代表银锭的成色，大小在银锭总重量的 4%～6% 之间，也就是说重 50 漕平两的银锭其溢价在 2～3 漕平两之间。有关为何除以 0.98 存在不同解释。第一种解释是这仅为一个惯例；第二种解释是认为 2% 是公估员的收入和铸造者的利润；第三种看法是认为该做法并非最初就有，而是某一任总管为了敛财而采取的专横之举。然而扣除 2% 并不会影响元宝的价值。

---

① 译者加。

（十）银锭的计价标准

确立统一的成色标准及其度量准则的必要性是显而易见的，尤其在银锭重量变化需要加上溢价时更是如此。但中国人有忽视精确数字的倾向，我们难以从他们那里弄清楚具体标准是多少。有时溢价 6% 的银锭的计算标准是 1000 漕平两（纯银）以下者为 6%，有时是 998 漕平两的 6%，另外还有 916.66 漕平两的 6%。当地印度铸币厂已有多年接受银锭进行加工的历史，这使我们能够相当准确地确定 1000 上海两所用纯银比例。尽管不同运输批次的银锭所含纯银比例不尽相同，大约为 0.5% 或不到 0.5%，1000 上海两银元平均使用 916.66 漕平两银锭。这个比例（916.66）为在华外资银行涉及上海元交易时所接受。也就是说，如果上海元以硬币形式存在，每 1000 份必须含有 916.66 漕平两纯银。即便如此也难以接受 916.66 作为通用标准，因为按照中国方法还要进行溢价折算。为此有必要去掉百分之二折算"习惯"，因为按此转换系数加入溢价后的价值就是 935.37。按照这个标准，假设最高溢价达到 6%，我们得出成色最好的上海元每 1000 两含纯银 991.50 漕平两。这比 100% 纯银少 1%，但已高于 916.66 这个一般比例。在一般比例下为了达到 100% 纯银的成色，银锭必须含有 6.91% 的溢价。银锭的纯银比例必然定在某一个纯银量与 100% 纯银量之间，人们认为在上海货币制度建立之初，该比例被定为 943.396，这远远高于现行的一般比例。这种现象表明："与中国其他形式的货币一样，银锭的货币质量也出现了很大程度的下降。"如果 2% 的扣除是当含纯银比例为 943.396 时强制施行的，则扣除之后银锭的价值下降为 924.528。或者是由于层层压榨使银锭的价值下降为 935.374，加之 2% 的扣除，银锭的真实价值进一步下降为 916.66，这正是现行的一般比例。但是，溢价仍然是在之前 935.374 的基础上计算的。印度鉴定者同样证实：现行一般比例正是 1000 漕平两银锭含纯银 916.66 漕平两。由于银锭的溢价不同，为达到该比例对银锭的重量要求也不同。根据实际经验，它被定在 930 漕平两到 1000 漕平两之间。以现行纯银比例为基础发行货币时，银锭必须重 565.697 金衡格令（grain troy），其成分必须满足：916.666 漕平两为纯银，83.334 漕平两为合金。

（十一）黄金在中国的地位

文明社会有史以来，黄金就确立了它在贵金属中的卓越地位。公元二世纪时一位中国作家在其文章中说，黄金最初受人瞩目是靠它的重量和美丽外观。他还说，黄金之所以比其他贵金属昂贵并被人们顶礼膜拜，是因为它能长久保持光泽，熔化时不会变轻，可被反复铸造。一个世纪后普里尼谈到黄金时也发表了类似见解。他说，黄金的卓越之处在于熔化或火烧都不会改变其重量，能够比银铜或铅更好地铸造成金属线。黄金还可被锻造成最薄的金属叶，可被任意分割，最易被纺织并能与其他材料一起制成纺织品。一些罗马帝王在庆贺胜利时的盛装就是金缕衣。普里尼说，他曾见过安吉利皮娜女王（Empress Agrippina）身穿一件金缕质的华服检阅军事演习，当时她就坐在克劳丢斯大帝

（Emperor Claudius）身旁。

据古代记录，人类历史初期亚欧大陆的黄金储量极其丰富。罗马帝国时期，欧洲大陆的太加斯河、波河、希伯来地区以及色雷斯都曾发现金矿，小亚细亚的帕克托勒斯浅滩区也藏有金矿。恒河流域以黄金储量丰富著称。波斯王朝从乌拉尔山和阿尔泰山及其河流区得到大量黄金，因此而能使用黄金铸造钱币。西班牙很多山脉几乎都出产黄金。在中国，黄金的主要出产省份有：云南、四川、江西、广东、广西和福建。

中国人从河沙中提取黄金。他们先将岩石状的河沙熔化，然后将黄金从沙石杂质中分离出来。以前中国人用熔炉熔化河沙，近代开始使用火药粉碎岩石，如今炸药也被使用。不管按任何方法看，中国的金矿从来没被有效地利用。分离出的黄金不是被贮存起来就是直接卖给金匠。在买卖中使用的黄金并不被铸造成硬币，而是按重量计价。但由于黄金价值的长久稳定性，各个地区都接受黄金作为商品支付手段。

英文报刊 Peking Gazette（《北京公报》）记载，由于黄金对白银比价升高，北京城的富裕人家正在卖出黄金，减少黄金贮藏。这些中国财主们以银两为计算自己的财富，从卖金换银中得到极大满足。他们抵挡不住这种财富增殖的诱惑。另一个有关的情况是，在中国，财富常常一夕之间化为乌有；有此遭遇时人们会变卖金饰品换取银两。这表明，人们计算财富时使用数目，不看重财富的实际价值，而这导致中国市场上黄金数量的增加以及黄金出口的增多。中国是一个白银使用国，在银价下降时没有出现商品平均价格水平的上升，这些事实自然地刺激了中国人以金换银的愿望，他们也因此而使自己在国内市场上的购买力倍增。另外，来自黄金使用国对黄金的需求也在中国货币市场上表现出来，促使国门敞开，黄金出口增加，同时也给市场带来了活力，使那些一方面拥有黄金，另一方面只消费本地产品的国内人士得到好处。在这些事情发生过程中，黄金的购买力在不断升高，白银对黄金的比价相应下降，但正如已经指出的那样，白银的购买力几乎保持不变。1866 年，一块固定重量和成色的金条兑换 164.50 漕平两白银，到 1894 年，同样金条能兑换 341.50 漕平两白银，也就是说多换到 177 漕平两白银，黄金价值比以前多 107%。同样的金条在 1894 年 7 月比在 1866 年多换取 7% 的白银，而白银的购买力不变，这表明黄金的商品购买力上升了 7%。以上数据来自可靠出处，它们说明（合众国内）[①] 有关金银兑换的立法对白银使用国的劳动者显然没有带来利益损失。但这个结论还需要另一个条件才能完全成立：劳动者的工资水平在白银使用国按相同比例提高。在中国，这一条件并不满足。一个有 100 金美元的中国人现在可换到 200 墨西哥元，但那些没有黄金的中国人必须日日工作换取白银以购买他和他的家庭所必需的生活品。对这些人来说，他们所得到的银钱在金银比价发生变化前后——从 100 金美元换 125 墨西哥银元到 100 金美元换 200 墨西哥银元——几乎没有任何变化，而又需要通过

① 译者加。

劳动才能得到白银的中国人并不会比当100美元的黄金还不能换取125墨西哥鹰元时得到更多的劳动收入。在看待货币变动对世界商业和劳动者的利弊影响时，金银比价和工资变化这两个情况都是应当被同时考虑到的。

二、中国银行业：过去与现在

（一）政府控制的缺乏

从前面介绍的中国货币流行的情况，可以得出清楚的结论：货币作为购买手段或交易媒介的价值由习俗所决定；货币的价值有时会改变，在不同的省份也互有差别，这些都受到商人们决策和行为的影响。世界上大概没有一个政府像中国政府这样，对其境内流通的货币如此放手不管，也不把它当做是立法对象。但如果我们联想到中国是世界上几乎唯一一个没有公共财政的国家，这种在货币事务上不行使至关重要主权的情形也就不足为奇。中央政府的开支一直由各省贡赋，连中国驻外代表的费用甚至也不由北京支付，而是一些省份被要求来维持一些驻外公使馆的费用。

这一明显没有详细轮廓的不规则系统，以及中央政府几乎微不足道的影响，同样也存在于中国的银行系统中。如果说不管出于何种潜在的目的来监管商业事务法律都是必要的，那么确定那些用以促进商业和贸易的社会机构的职能和责任就至关重要，而这正是常常构成公共财富受托者的使命所在。卫三畏（Williams）在其著作《中国总论》（又译《中央王国》）中说，银行是否从政府那里得到担保或特许证在实践中并不重要，银行公司（banking corporations）也还没有出现。是商人们的传统而不是政府的专门法令促成了这个要求，即任何个人或公司只要付给政府一些款项就可以开办一家银行。这个要求有时被称做"法"，但实际上名不副实，尽管中国商人们认为中国商人阶级可作出具有权威和法律强制约束力的决定。这一事实显示了人们对银行的信任，也说明了这个社会是如何建立起相互信任的必要性，以及这种信任如何鼓励人们无条件服从所有银行业规章。中国银行家们真心相信诚实就是最佳政策。诚实原则在实践中被严格遵守；若有违反，后果总是严重的。中华政府的基本原则是家长式的，所以家庭中一位成员犯事，其他成员必须为其承担责任。这一原则也为防止银行和银行家们发生失职和作弊提供了另一安全保障。

（二）银行业务方法

中国的贸易几乎都要通过银行来完成。如上所述，这些银行都是私人机构，与流行于其他国家中的情况一样遵守着一些共同的基本规则。银行由一个或者多个股东组成，这些股东具有相同的或不同的股份。虽然银行可能有多个合伙人，但有时仍只采用一个名字。银行以一定利率接受存款，并以一个较高的利率贷出。银行贴现自己的票据，也常从借款者的交易当中分享利润。存款者可自由提款，并可获得一定的利息，但在提取全部或者部分存款时必须及时通知自己要提款的银行。银行会向存款者签发收据，上面记载有关存款的各项细节。通常银行给存款者提供一份存折，存款者每次到银行存款或取款时都必须向银行出示该存折，交易情况记录在存折上，包括存款者和银行之间的借贷情况。存折需要妥善保管，一旦遗失，未提取的款项将很难找回。对贷款收取复利是不合法的，但是利息可以加到本金上面，形成一个新的票据或收据。作为补偿，该新的票据具有一个新的本金，且利率也可能在此之上作出调整；对票据的调整期根据协商而定，可以按月、按年或者按其他任何的期限。按照常规或法令，利率通常大约是每月3%，或者每年36%。到偿还期时，不管应得的利息总额是多少，都不能超过初始借贷总数和对应的法定利息之和。这个限制性法律条款旨在保证按期收回利息以免出现坏账。

（三）对违约的体罚

当债务人没有履行其职责时，会遭到竹器鞭打的体罚。鞭打的次数依债务额大小而定，每个月都会重复进行直到其还清债务为止。有时，人们也用入狱来代替鞭打作为对欠债行为的惩罚。不断地使用这种重复性的体罚看起来极其残酷，但是对于那些仅熟悉家法及其所伴随的亲属间相互责任的中国人来说，这种强制债务人或其关系人作出赔付的方式是合法的。

（四）汇票

汇票（bills of exchange）和期票（promissory notes）在不同当事人之间转手，有的采用即期支付的方式，有的则采用在给定期限内支付的方式。如果不是立即给付，它们的转让便被称为"承接"。有时票据也制成定期支付的样式。流通中一定种类的本票无须像经手超过三个或四个当事人，这些当事人相互间通常彼此熟悉。这类票据的一个特征是：本票无须像在合众国中流行的方式那样背书，而是在票据上附上一张小纸片，写明用票据代替现金转让他人的理由。这类票据的另一个特征是，票据到期时，持有者不能向出票人索取支付，而是向直接转让给他的那个背书人索取，后者又向前一个背书人索取，这一过程要经过每一个背书者，直到出票人为止；有时，所有在票据上签署的三四个当事人与受票人一起向最初的出票人索取付款，这一模式被认为是最简单和有效的。可以说，上面所描述的这类本票并不完全与作为替代货币支付的融通票（notes of accommodation）相同，其贴现率依货币或信用的稀缺程度而不同，通常很少超过每月1%。传送货币的常用方式是信用证或汇票，汇款成本取决于信用证或汇票的发行行与使用商家之间的距离。许多银行的业务范围都在本省及邻近省份内，仅有为数不多的一些银行有着更大的业务范围。银行之间的往来——只要它们之间发生往来关系——都是非常有规则性的。

（五）银行与政府

中国的银行都强烈排斥与政府的任何关系，它们的雇员也没有任何这类牵连。唯一的例外是政府收账员（shroff）。事实上，按照传统，公共官员掌管各个领域的岁入，委派收账员收取各种税费及关税。但在各个省份中，政府会委托一家银行负责保管地方政府的钱财和汇集税收，并因此付给银行 2% 的委托费。那些被认为是最重要的银行是贴现和存款银行，它们享有较高的公众信用度，得到政府的极力支持。这些银行的首领也是存款的所有者；它们的经营范围包括：贴现，汇票证（letters of exchange）转让，以动产、不动产及商品为抵押提供贷款，贵金属交易。不容易知道究竟现有多少这类银行。政府是鼓励它们发展的。

一家中华银行的巨大优势之一是提供长期汇票，有时这种汇票的期限可长达数年。但是，自从通商港口出现外资银行后，长期汇票不再常见了，因为这类汇票不为外国商业所接受。

存款银行通常有很多自有资本。它们按日对存差支付利息，与客户们面对面商谈生意，向他们提供各种可能的便利和贷款。在实践中，一位客户只要在银行中有了存款，不时便可获得近两倍于存款的贷款额，而且为此仅需签署个人保证。但这类的贷款都不是长期的，基本上只是五到十天，利率按当日行情。

（六）银行业清算

中华银行业中也许最值得称道的运作是它们的清算系统。这个系统甚至可与伦敦、纽约及其他重要中心流行的清算所相媲美。一旦在银行开户，每个存款者都会收到一份复式账簿，一栏为贷方，记载所有存款金额，另一栏则记载所有后续的交易。存款者通知银行他所欠的所有债权人及其金额，每晚在营业时间结束前派出纳前往银行送去记载存款详情的账簿。第二天一早，来自各家银行的会计一起会面，计算各自汇总账户中需向客户支付或收取的金额，并在相互之间以现金或其他方式对差额进行结算。当然，这一清算系统也不是完全没遇到过麻烦。有时在银行和商号之间，有时在雇主和雇员之间出现互不一致的情况。但这种清算方法的确节省了时间，也使每日商业活动减少储备。然而，当通货变得紧缺时，与在别的地方一样，中华的银行家们不仅会尽力向客户回收贷款，而且会减少同行往来账户（confrères）中属于自己的那部分资金。正是在这一点上，中华银行的做法也许优于外资银行。它们允许平均为十至十五天的时间结算现金差额，拖延支付的情况并不严重，危机如果出现也较为温和。在发生这些问题时，当地银行有时间从邻近省份的银行获取必要的资助，所以公众信心也容易恢复。货币危机在中国很少出现，一旦出现也会很快结束。某省遇到金融麻烦时，总督有权动用他所掌管的税收资金来救助。危机通常发生在农历年末时，税收资金也普遍地被保留至那个时候。

（七）兼营银行的当铺行

当铺行本身是一个巨大阶级，与各种商业活动有着紧密联系。如果不联系到当铺业，对中华银行业的说明就不会是全面的。毫无疑问，在中国，通过典当方式放款，比世界上任何一个国家都更普遍。中华典当业有着一整套精规细则，而且这些规章制度贯穿于中华公司的全部商业活动中。当铺业接受政府定期管制，需要有营业许可证，为此每年需要支付一定税费。当铺有不同级别类别，其划分参照纳税数额以及所在建筑物的大小和外观。当铺所在建筑物在中国城市中通常最令人瞩目。各类商品都可典当，典当者需为用款支付一定利息，并签字认同典当行所定各项条款，无条件服从这些条款的制约。常见利率为每年36%。如果典当者为穷人，利率则在冬季减为2%。典当品若在三年内未被赎回，则通过公开售卖方式处置。有些时候，典当品留置期限较短，每年中出售日期通常在二月、五月、八月、九月和十一月。当物所有者的权益也受到严格保护。如果当铺违背诚信，它将面临重额罚金；此外，当铺也不得随意解散，除非得到法定当局的同意；当铺若从纳税名单上除名，须交纳相当于一百美元的金额。

（八）放贷公司

除了当铺及其各类变种形式外，还有被称之为放贷公司的机构。它们有两种，一种叫收息社，另一种叫收息公司。这些机构必须遵守如下规则：第一，机构成员有明确的数量，每个成员出具相同的金额成为共同基金；每个季度末要举行会议，所有成员必须出席；会议通知必须事先发出，会议地点必须是协会主席所在地；协会收到的各项款额必须由主席进行审查；若成员因重要商业事务或重病而不能与会，必须指派一个合适代表参加。

第二，凡在已有适当预前通知的会议上，借款人必须偿还部分借款额，连同按认可利率计算的利息。分期款项等于各个成员对共同基金的初始出资额度；利息收入平摊给协会各位成员。

第三，每次会议时，只要会议预先准确地发布了通知，每个成员应向协会继续交纳与他初次出资份额相等的金额。为使大家都有机会从集体基金里借钱，每人将把标的放入一个盒子，上面清楚地手写注明自己所希望借到的数额及愿意支付的利率。然后，协会主席打开盒子取出标的，最高利率出价者将获得贷款。如果有两个或者更多的人出价相同，最先出标者将获得贷款。

第四条规则是协会为成员提供一次盛宴，要么在协会主席的住所，要么在邻近的饭店。

第五条规则要求为每位成员提供会议记录，若有成员不能按时出资，将有三天宽限期；到时若仍未能补资，必须按天交付罚金，直到付清为止。我所见过的最高利率是25%年利。

三、中国土地产权与税收

了解一些有关土地产权和地产继承的重要规则有助于理解前面介绍的中华帝国的货币和银行业。

中华政府治下的一个基本原则是，"太阳之下万物属于皇帝，所有人民都是他的臣属"（普天之下莫非王土，率土之滨莫非王臣）。据此原则，所有土地属于皇室。但是，这个教条只是理论上的。原因在于远古时期以来，中国的可耕地已在广大耕作者之间细分了；土地使用者只要交够了应纳税额，他们转让土地的自由便不会受到干预。只要交了税，历朝历代几乎不干预私人持有者的权力。官方干预是例外，并非惯例。这种产权能够延伸至抵押和出租，并且买卖土地合同所用条款如同买卖普通个人财产一样。土地税通常既不算高，也不算低，平均水平约是土地总产出的 1/20 或 1/30。那些拥有土地但不愿耕种的所有者可以出租他们的土地，出租条款规定承租人向政府交税后留给出租人一部分收成。赋税直接由政府官员征收，同时中间人也被认为是不可缺少的——在中国几乎所有商业交易中都是这样。中间人没有正式的税官职位，也没有像印度柴明达尔阶级（zamindar class）那样的地位，他们既不是世袭的收租者也不是包税人（farmers-general of taxes）。可以认为，政府官员直接收税的规定更多的是名义上的而不是实际发生的事情，政府税收也因此有巨大损失。政府官员直接收税的规定是好听的，但与其他许多同样好听和公平的中国法律一样，在实践中却往往是被不当实施，并因此而导致了许多民间疾苦和不公正。

（一）两种土地产权

中华法中土地产权有两种：军屯制和民田制。由于军屯地上的人处于社会最底层，军屯制并没有得到鼓励。禁止军屯地转让的规定现已放松了，现在军屯地产权的持有者可以转让军屯地了，就像民田产权持有者出售自己的土地一样。军屯制由满族在 1644 年征服中华后推行。征服者征收了大片土地，尤其在直隶省。他将这些土地赐给他功勋卓著的追随者们及其后嗣，但这些人没有转让土地和留存租金的权力。这种限制条件即使没有明确表达出来，实际上也是意味着让这些土地的接受者进行军事服役。不过，军屯制很快就名存实亡了。可以说中国目前 99% 的土地是民田。民田拥有者的主要义务之一是交纳土地税。清朝初期，全部税收只向所有成年男子（丁）[①] 征收，现在实际上已经被合并入土地税。康熙年间（1662—1723 年）颁布法令，宣布将混合的税收总额固定下来，永不增加。

在康熙统治期间，他颁布法令宣布（1711 年）：土地税要根据当年在册人口总额永远征收，且不会随人口的增加而增加。照字面意思看，这条法令就像米堤亚人、波斯人的法律所意味的一样不会改变，然而更合理的解释是此法令的制定符合当时实际情况，适用于当时的耕地，而且税率不会由于人口的增加而增加，但是这项保证并没有被彻底执行。当时荒地不征税，原因是它属于政府；可一旦荒地变成耕地，很可能按其所属省份的习惯法被征税，正如现在一样。因此根据上面所述，较合理的理解是土地税总额会

---

① 译者注。

随地方的繁荣程度不同而不同，可一旦当其在某地固定下来时就不会增加了。

然而从逻辑推理来看，该项法令的结果并没有成功地难倒地方官员。中华政府有关税收的法律规定无论多么清晰明了，它们是否成功地制止过地方官员为其自身利益而对老百姓习惯性的"压榨"行为是很值得怀疑的。在土地税方面，法令是明确的，但官员们却巧立名目收取种种额外费用，如"火耗、运费、耗费"等。虽然土地税额通常已在地契中规定好了，土地所有者最后得上交原定数额的一倍半左右。中央政府很少去干预自己所颁布法规遭受违背的事情，原因是它只检查各个地方是否按照确定数额上交岁入，只要地方长官完成了数额目标，中央政府就感到满意了。在大多数正常年份中，地方政府岁入都有相当可观的盈余，而这就成了地方长官及其属僚们的额外收入。朝廷法令不容更改，所定岁额必须完成。减免只针对遭受严重自然灾害、出现庄稼毁坏土地淹没的地方。一旦发生这样的情况，地方必须向上报告，说明损失是暂时的还是长久性的，并附上本地财产状况和改进情况。未能报告者将受到重罚。总的来说，相比于其他税收，土地税的确定目前较为适中，较少受到帝国官员或地方官员的干涉。

（二）土地转让

在中国，通过出售方式的土地转让有一些特点。土地转让皆以契约为凭，其中记载说，卖者需要钱，已经优先考虑到同族者并且后者已表示拒绝，因此，卖者通过中间人寻找有意愿的购买人，按照所标明价格出售这块已经认证的土地，购买价格也已经确认。契约还规定买者将是唯一所有人，享有应具的所有权利和特别待遇。地契由卖者和中间人签名，每个中间人加盖私章或手印。中间人通常是买卖双方的朋友，他的名字并非是所有权的担保，而是作为诚信交易的见证，表明卖者就是出售土地的主人。中间人被认为是非常必要的，没有一个谨慎的买者愿意接受一桩没有中间人名字的转让。土地转让的消息在公布时通常会附上中间人的名字，但就土地出售的合法性而言，中间人的名字并不是绝对必须的。每次土地转让至少涉及两位中间人，有时多达八位甚至十位。中间人得到佣金，更一般的情况是设宴款待他们，其费用也常会在土地出售契约中予以说明。

在中国，每个村都有村长。全村人同属一个家族的情况并不罕见，他们要么是靠血缘联结在一起，要么是通过婚姻。村长是土地出售过程不可缺少的人，他的印章必须附在出售契约上，否则契约不能在地方官员处得到登记。登记费用由购买人支付。如果转让土地没有登记，则有被没收的危险。名义上，登记费约为土地卖价的3%。由于各种额外费用高达5%或6%，买卖双方为了避免高昂登记税，标明出售价格总是低于实际出售价格。另一个逃税的办法是将出售价格分为两半，出售者制订两份内容完全一样的协议：一份拿到地方官员处盖印，另一份交给购买人作为收据。地契完成登记后，将附有一纸条标明买卖双方的名字，土地的具体位置，转让费用，新主人每年应交的土地税额，以及数处官员红印。所有这些便促成该地契成为可得产权的最高形式。

外国人在通商口岸可以永久租赁方式得到土地。租赁协议在外国驻华领事馆登记，中华当局对此不收取任何费用。

（三）土地抵押

以抵押方式转让土地在古代主要是将土地出借，而不是将土地抵押出去。在出借土地的情形中，土地的原始主人只要还清借款任何时候都可以拿回自己的土地，这里涉及土地使用与货币使用之间的交换。借出去的土地可以招回，但抵押出去的土地却不一定。在中华商人中，这种形式的安全资产自然带来许多不便。后来通过的一部法律将赎回时间限制在30年。也许中国从未有过反对土地转移的法律，但老式家族们是如此看重他们的地产权和房产权，似乎在这方面任何产权转移都是不可能的，习俗发挥着法律的作用。一个基本观念是，土地不完全是占有者或所有者的财产，宁可说土地是家族或部落的遗产，个人仅是家族或部落的一个成员，所有成员都与土地有合法利害关系，当然，占用人的基本利益是十分重要的。另一方面，不断扩散开来的商业精神已经大大地修改了这固化如铁的习俗，土地自由交易已经发展起来，个人所有制的发展超过了家族所有制。现在，如果为得到钱款而将土地短期地抵押出去，土地产权不变，交易也不需要备案。但是，地契需交给贷款人来保存，同时附有贷款条款的备忘录。如果这笔有担保的债务没得到及时偿还，债权人可向当局申请将土地出售。如果还有其他债权人，并不清楚持有该土地抵押的债权人是否可将土地售卖收入优先用于对自己的偿还。这是一个明显缺陷。几乎所有其他国家的法律都已解决了这个问题，它们要求上述所提到的各种交易都要登记在案。

（四）继承法

在不动产和个人财产继承方面，盛行中国的普遍规则是，所有财产等份分给男性后代，不管他们由妻或妾所出生。这一规则的意图是排斥女性成员继承遗产，土地所有者可从其亲属中收养儿子正是对这种意图的显示。一旦出现没有男性成员来继承财产的情况，亲属们有权召开家族会议并收养一子，由他继承全部财产。除非出现既没有亲生也没有收养的男性成员时，女儿才可以出面继承。在法律实践中，财产继承不需要官方批准。房地产权（landed property）继承的规则要点如下所说：

"房地财应无限传遗，直至最后继承者。男性继承人优先于女性。遇有两个或两个以上男性同辈继承人时，他们平等继承。若无男性继承人，则由女性继承人平等继承。此规则通常只适用于土地。已故人的所有直系后代都应代表最后购买人。若无直系亲属可作为购买人，遗产将传于他的遗孀或遗孀们。若无在世遗孀，遗产由其旁系亲属按与已故人的血缘关系参照上述规则来继承。上述之人皆无，土地退回给政府。凡此种种，村长和村民皆应向地方当局报告，违者可按隐匿财产教唆犯论处。"

参考文献

［1］Eakin，Papers on China（艾金：《中国文集》）。

［2］Martin，History of China（丁韪良：《中国历史》）。

［3］Martin，Papers of the Asiatic Society（丁韪良：《亚细亚社会文集》）。

［4］Williams，Middle Kingdom（卫三畏：《中央王国》又译《中国总论》）。

（白宝玉、廖宗魁、王佳、吴曦译，贺力平校）

The achievements and shortcomings of the Chinese monetary system and financial industry in the past: impressions on " Banking, Currency and Land Tenure in the Chinese Empire"

He Liping

(*Business School, Beijing Normal University, Beijing* 100875, *China*)

Abstract: The " Banking, Currency and Land Tenure in the Chinese Empire" authored by Thomas R. Jernigan links ancient and modern Chinese currency, bank and land property rights together, under the consideration of the profound influence of government system. Jernigan pointed out that the paper industry, printing technique and seal methods are three technical premises of the invention and use of paper money, which indicates that the invention of paper money might be related to the official system and thus follow a very different path from Europe. Another difference from Europe is the silver standard in the Manchu period lacked a unified monetary unit and banknote issuance rules. Its monetary system was actually a mixture of spontaneous folk currency and non – coherent official currency, which inevitably caused the domestic monetary system vulnerable to trade balance and lack of measures against short – term balance of payments imbalances. In addition, although Jernigan believes that the Chinese money houses have already been very mature in operation, but actually still very different with the modern banks. I argues that the late emergence of modern banks in the late Qing Dynasty was mainly due to the lack of suitable economic and legal conditions, as well as the unsuccessful evolution of local money houses. Finally, the late Qing Dynasty's " laissez – faire" and " opening to the outside" in monetary affairs caused a long – term coexistence of " bad money" and " good money". I argues that it is because the prerequisite behind the Gresham's Law that " the seller is indistinguishable between bad money and good money" was not satisfied.

Keywords: paper money, Silver standard, money house, Gresham's Law

金融机构危机和金融危机

—— 一个宏观金融模型的视角

◎ 王一鸣　梁志兵[1]

内容摘要： 本文构造一个异质性代表人宏观金融模型探讨了经济从正常阶段转化为金融危机阶段的经济学机制，相应的资源配置和资产定价的特征。随着模型中金融机构的资本金内生地降低，经济依次经历正常、金融机构危机和金融危机阶段[2]。在金融机构危机阶段，金融机构资本金的下跌速度大于社会总财富的下降速度，无风险利率领先于股价和实体经济的生产效率而下降；在金融危机阶段，它们则同步急剧下降，风险溢价大幅上升。这些结果较好地吻合了此次美国次贷危机的两个数据特征。

关键词： 金融危机　金融机构危机　金融摩擦

中图分类号： F830　**文献标识码：** A

一、导论

学术界基本已经定论，此次美国次贷危机的主要原因为金融系统的危机导致了实体经济的资源无效配置，而金融摩擦则是导致金融系统的危机和实体经济资源无效率配置的主要原因，如 Brunnermeier（2009），Quadrini（2011），Gertler & Kiyotaki（2011）和 Brunnermeier & Sannikov（2013）等。在没有金融摩擦的完全市场的经济里，资金可自由地流向最具生产效率的行为人，因此财富的分布不会影响经济增长。在存在金融摩擦（如借贷约束）的经济里，借款人持有的可被用作抵押物的财富量决定了借款量，因此，

---

① 作者简介：王一鸣，北京大学经济学院，教授，博士生导师，研究方向：资产定价；梁志兵，北京大学经济学院，博士生，研究方向：资产定价。

② 我们在本文第四部分第二小节给出"金融机构危机"和"金融危机"的严格定义。

经济中财富的分布状况会影响到总体的生产效率（如 Kiyotaki&Moore，1997；Moll，2014）。金融机构是金融系统的主要组成部分，金融摩擦在金融机构的行为中所产生的作用和金融机构运行的好坏决定了金融系统运行的有效性，以及影响到实体经济中资源的配置效率。如果一国有大量的专业金融机构倒闭，则该国的资金就无法通过金融机构流向更有效率的生产者，进而该国的产出、就业和消费必然会大幅下滑。基于此，一个对金融危机发生机制的直观推断是，金融危机发生并传到实体经济的前提是金融机构系统性地出现了危机。这就提出了如下理论性问题：是否存在一个动态的宏观金融模型具有如下的特征：首先，经济在大部分的时候位于平稳的正常状态；其次，当出现一系列负向冲击时，经济中的金融机构首先遭受大量损失；最后，当金融机构损失的程度足够严重时，经济中的股票价格和实体经济的生产效率突然出现大幅下降。本文给出了一个带有股权融资约束的异质性动态随机一般均衡模型，严谨地回答了上述问题，并且给出了经济在这三种状态下的数量特征，这些特征可以较好地与此次美国次贷危机中的两个数据特征相吻合。

（一）模型的直观性描述

本文主要在 He & Krishnanurthy（简称 HK）（2012，2013）和 Brunnermeier & Sannikov（简称 BS）（2014）的基础上，将他们的模型拓展到包含内生股权融资约束和内生的生产决策的经济中。本文假设经济里存在投资专家和家户两类人。专家进行的投资效率和生产效率都要严格优于家户；家户可通过入股的方式与专家合资组建金融机构。金融摩擦体现为两个方面：第一，家户受到有限参与约束，即金融机构的投资组合由专家进行选择；第二，家户无法直接观测到专家所选择的投资组合以及专家是否尽责地进行投资组合管理。第二种金融摩擦会导致两个结果。首先，由于无法观测到金融机构的投资组合，家户会以自己所意愿承担的风险量为决策依据，来决定其持有的金融机构的股权数量；其次，由于无法观测到专家是否尽责地努力工作，激励相容的合约结构必须要求专家在金融机构中的股权比例要高于某个下限，这类似于 Holstrom & Tirole（1997）中的共担风险约束。这两个结果的效应为，金融机构中的资本结构取决于专家所占的股权比例。如果专家的股权比例达到了下限，其股权价值的进一步下降会导致金融机构的资本金下降；当资本金足够低时，金融机构过高的杠杆率会导致风险规避的家户选择自己直接进行生产，进而经济总的生产效率出现急剧下降，资产价格出现急剧下降。这个效应可以使得模型产生比 HK（2012，2013）和 BS（2014）更为丰富的结论。

首先，本文模型经济的运行可分为三个阶段：正常阶段、金融机构危机阶段和金融危机阶段。在正常阶段，专家的净财富在金融机构股权中所占的比例超过了最优合约规定的下限；家户和专家都可以将自己意愿的风险敞口通过持有金融机构的股权来实现。此时，经济中所有的投资都由金融机构作出，经济中的资产价格、平均投资效率和生产效率都为最高。当发生负向的外生冲击时，金融机构资本金也会遭受损失，但其损失的程度和经济中总财富①的损失程度类似。在金融机构危机阶段，专家在金融机构股权中所占的比例等于合约所规定的下限；在这种情况下，家户无法全部将其所意愿持有的风险敞口以持有金融机构的股权方式获得；这意味着，家户将把一部分意愿的股权投资以无风险资产②的方式借给金融机构，进而会导致金融机构的杠杆率上升。由此，对于给定的负向外生冲击，金融机构资本金的下降速度会高于经济中总财富的下降速度，且随着专家所持有的股权的下降，资本金下降的速度会进一步加快，这意味着金融机构出现了危机。即使如此，由于家户将所有的财富对交给金融机构来进行生产，经济中具备生产功能的风险资产的价格、平均的投资效率和生产效率仍旧维持在最高水平，也即金融机构虽然发生了危机，但实体经济并未受到影响。在金融危机阶段，专家在金融机构中所占的股权过低，以至于金融机构的杠杆率过高，这使得既定的外生冲击会给金融机构的资本金和专家财富带来过多的损失，因此，风险规避的专家所管理的金融机构会选择更少的无风险借款，以降低金融机构的杠杆率（同时也降低自己的风险敞口）。给定金融机构的资本金，金融机构负债的减少必然导致其资产的减少，这意味着金融机构将出售一部分其所投资的风险资产，而由于作为经济中唯一的购买者的家户的投资效率和生产效率都较低，风险资产出售的均衡价格必然急剧下降③，风险溢价大幅上升；同时，经济中的平均的投资效率和生产效率也都会大幅下降。在这个阶段中，即使外生冲击非常小，金融机构的资本金和实体经济也会同时遭受大幅的损失，金融机构危机全面传导至实体经济。

其次，当经济仅位于金融机构危机阶段时，我们的模型可以得到两个与现实数据较吻合的特征（见图2、图3、图4）：金融机构资本金和无风险利率的下降都领先于标准普尔指数和GDP增长率的下降，与此同时，经济中的风险溢价则领先地出现上升。金融机构资本金领先性地下跌在上文已有直觉性阐述。对于无风险利率的下跌和风险溢价的上升，从模型中可以得到的直觉性理解为：在此阶段中，专家净财富过低导致其在金融机构中所占有的股权比例过低；由于激励相容的合约，家户投资于金融机构的股权将严格等于专家财富的一个倍数，换言之，家户无法将其意愿的风险敞口都通过持有金融机构股权的方式来实现，其不得不将部分的财富以无风险资产的方式借给金融机构。随着专家净财富的进一步降低，家户供给的无风险资产的数量会更多，这必然导致市场均衡的无风险利率出现下降④，且其下降的速度会随着专家在全社会财富中比例的下降而增

---

① 即家户的净财富和专家的净财富之和。
② 模型中，家户的投资渠道有三种：金融机构的股权、无风险资产和自己直接进行生产。
③ 这种现象即为Brunnermeier&Pedersen（2008年）所指出的市场非流动性（market illiquidity），详见本文图5及对该图的分析。
④ 这个结论与文献中经常提到的资产市场中的安全投资（flight to quality）一致，如Bernanke&Gertler（1994）等。

加。由于在该阶段中经济中所有的风险资产的投资仍全部由金融机构做出，风险资产的价格和经济中平均的投资效率与生产效率维持最高水平，而风险溢价则由于无风险利率的下降而出现明显的上升。

（二）文献综述

这篇文章属于带有金融摩擦的宏观金融模型，与金融摩擦微观基础的文献、金融危机文献和宏观金融的文献都紧密相关。对于本文强调的有限参与（limited participation）约束和金融机构共担风险（skin in the game）约束，Basak & Cuoco（1998）是经典的将有限参与约束应用于资产定价的文章，而 Holmstrom & Tirole（1997）则较早地将共担风险约束应用于解释金融机构的流动性风险；本文的模型同时设定这两种约束，并且应用于解释金融机构危机和金融危机。研究金融机构和金融危机的经典的文献为 Diamond & Dybvig（1983），Diamond（1984），Holmstrom & Tirole（1997）和 Allen & Gale（2005）等，但他们的模型都为静态模型，且都只关注金融机构的危机，对金融机构危机传导至实体经济的机制和特征关注不足；本文的模型则为动态模型，主要探讨宏观层面的金融危机传导到实体经济的机制和特征。

Kiyotaki & Moore（1997）和 Bernanke 等（1999）都为包含金融摩擦的宏观模型，他们的关注点在于金融摩擦是否可放大宏观变量对外生冲击的反应。但正如 Kocherlakota（2000）所指出，他们的模型只能在稳态附近用线性展开得出近似解，因此不得不忽略模型的非线性特征，这导致在给定合适的参数范围内他们模型的放大效应仍不足。本文的模型则通过解出全局解决了 Kocherlakota 批判，并且给出了金融机构危机和金融危机发生的非同步性的机制。Adrian&Boyarchenko（2013）从金融机构对资产负债表的在险价值（Value - at - risk）的管理的角度探讨金融机构与金融危机的关系，但他的模型只能用一个行为的（behavioral）在险价值的方程来刻画经济中行为人的资产选择行为。相对于这篇文献，本文的资产选择行为则为内生的最优化行为。

与本文最为相关的文献是 HK（2012，2013）和 BS（2014）。HK（2012，2013）在动态异质性模型中引入了和本文类似的摩擦，并且解出了全局解，但他们的模型为禀赋型经济，这导致他们的模型只能关注金融危机时的资产定价特征，而无法关注金融危机传导至实体经济以及在金融危机中的生产效率和投资效率的特征。BS（2014）则假设了专家管理的金融机构完全无法发行股权，这导致了他们的模型无法区分性地定义金融机构危机和金融危机，也就无法明确给出金融机构危机和金融危机发生的非同步性的结论，此外，他们的模型假设了风险中性的投资者，因而无法分析无风险利率在金融危机时中的特征。本文的模型则可以较好地给出金融机构危机与金融危机不同步性的结论，并且可以分析无风险利率、风险溢价和实体经济生产效率在金融危机中的特征，这很大地补充了 HK（2012，2013）和 BS（2014）等研究。

本文将按照如下结构来写作。第一节为引言，主要介绍本文的研究背景、模型的直觉性描述和文献综述。第二节为模型，详细介绍了模型设定。第三节和第四节分别为参数的选择和模型的数值结果。第五节为结论。有关模型的所有证明和数值计算过程都在附录中给出。

二、模型

（一）生产

经济中有家户和专家两类人，每一类人都为测度为 1 的连续统；且每一类人的内部都是完全同质的。经济中的投资和生产分为两种；一种为由专家作为经理的金融机构所进行的投资和生产，另一种为家户直接进行的投资和生产。两种生产函数分别为：

$$Y_t^E = aK_t^E + alK_t^E \tag{1}$$

$$Y_t^H = \underline{a}K_t^H + \underline{a}lK_t^H \tag{2}$$

我们假设 $a > \underline{a}$；这表示金融机构的生产效率更高。（1）式和（2）式都是线性的生产函数。其中，aK_t 代表最终产品中的资本回报，alK_t 代表劳动的回报。由于本文的关注点在于由金融体系出现危机所导致的生产效率下降，因此，我们对劳动力市场做简化处理。我们假设只有家户供给劳动，且每个家户无弹性地供给一单位的劳动。我们用 $\Psi_t = K_t^E / (K_t^E + K_t^N)$ 表示经济中由金融机构来投资和生产所使用的资本的比例，该变量内生地由模型的状态变量 η_t 决定[①]。经济中平均的生产效率为 $A_t \equiv (1 + l)[a\Psi_t + (1 - \Psi_t)\underline{a}]$。

除了生产效率不同外，金融机构和家户进行投资的资本累积方程也有所不同。

$$\frac{dK_t^E}{K_t^E} = \Phi(i_t^E)dt + \sigma dZ_t \tag{3}$$

$$\frac{dK_t^H}{K_t^H} = [\Phi(i_t^H) - \underline{\delta}]dt + \sigma dZ_t \tag{4}$$

（3）式为金融机构进行投资时的资本累计方程，（4）式为家户进行投资的资本累计方程。我们用 $\Phi(i_t)$ 表示金融机构和家户的投资函数。（3）式和（4）式具有相同的波动项 σdZ_t，这意味着金融机构和家户的投资都受到相同的总体外生冲击。经济中平均的投资效率可被表示为 $\Psi_t\Phi(i_t^E) + (1 - \Psi_t)(\Phi(i_t^H) - \delta)$。我们假设金融机构的折旧率低于家户的折旧率，即 $\underline{\delta} > 0$。这种假设的目的仅在于突显金融机构进行投资可以获得更高的投资效率。在整个经济中，我们假设资本是可以自由交易的，其价格为 q_t。由于（1）式 ~（4）式都为线性的生产和投资函数，可以假设资本的价格演化方程为

$$\frac{dq_t}{q_t} = \mu_t^q dt + \sigma_t^q dZ_t \tag{5}$$

---

① 我们定义专家的财富占全社会总财富的比例 $\eta_t = N_t^E / K_t q_t$ 为唯一的状态变量，模型中所有其他的控制变量均可以解为该状态变量的函数。见（23）式中关于 η_t 的具体定义。

其中，μ_t^q 和 σ_t^q 分别为价格过程的漂移率和波动率，它们内生地由模型的均衡所决定。在下文中，我们统一用符号 μ_t^x 和 σ_t^x 表示服从几何布朗运动的变量 x_t 的漂移率和波动率。由于经济中总的资本存量的价值为 $K_t q_t$，且资本存量为经济中唯一的供给为正的资产，则给定价格的演化方程（5），整个经济中的总财富亦为 $K_t q_t$。由于经济中只有家户和专家两类人，因此两类人财富之和必为 $K_t q_t$，也即

$$K_t q_t = N_t^E + N_t^H$$

其中，N_t^E 和 N_t^H 分别为专家和家户的净财富水平，其内生地由模型的均衡所决定。

对于投资 i_t，类似于 Bernanke 等（1999），不管由谁作出投资，都要最优化如下的投资利润函数：

$$\max_{i_t} q_t \Phi_t(i_t) - i_t$$

最优的条件为 $q_t = \left[\dfrac{d\Phi_t(i_t)}{di_t} \right]^{-1}$。由于投资函数 $\Phi(i_t)$ 为凹函数，因此资本的价格和投资量 i_t 为一一对应的正相关关系；投资越大，资本的价格也就越高。给定价格水平 q_t，家户和金融机构将选择相等的投资率 i_t。金融机构投资的收益率被定义为

$$dr_t^E = \left[(a - i_t) K_t^E dt + dK_t^E q_t \right] / K_t^E q_t$$

根据（3）式、（5）式以及伊藤引理，容易得出：

$$dr_t^E = \frac{a - i_t^E}{q_t} dt + \left[\Phi(i_t) + \mu_t^q + \sigma \sigma_t^q \right] dt + (\sigma + \sigma_t^q) dZ_t \qquad (6)$$

类似地，可以得出家户进行投资时的收益率如下：

$$dr_t^H = \frac{a - i_t^H}{q_t} dt + \left[\Phi(i_t) - \underline{\delta} + \mu_t^q + \sigma \sigma_t^q \right] dt + (\sigma + \sigma_t^q) dZ_t \qquad (7)$$

金融机构和家户之间可以发行无风险的债券（存款），但整个经济中无风险资产的净供给为 0。

（二）金融机构和最优合约

现实中，一般的投资者可通过购买金融机构股票的方式来获得更高的回报，但专业的分工只能由专家选择金融机构的资产如何在风险资产和无风险资产中进行配置。我们也做类似的假设。类似于 HK（2012，2013），我们在模型中引入两个维度的信息不对称：家户无法观测到专家的投资组合，也无法观测到专家是否尽责地对投资组合进行管理。由于信息不对称的存在，专家和家户在合资组建金融机构时会签订合约。合约的条款为专家和家户在金融机构股权中各自所占的比例 $\{\beta_t, 1 - \beta_t\}$，该比例也决定了双方如何分享收益和共担风险。由于篇幅限制，正文中只给出最优合约的结果，并在附录 I 里给出详细的最优合约的证明。值得指出的是，相对于 HK（2012，2013），我们的模型中加入了内生且异质性的投资函数和生产函数。这会导致家户的决策更复杂，但最优合约的形式却仍较为简洁，这是对 HK 的一个技术性拓展。

在给出最优合约的结果之前，我们首先给出两个假设。第一，专家每期都将自己的全部财富投资于金融机构的股权，这是异质性资产定价的标准假设，如 Basak&Cuoco（1998）和 Guvenen（2010）等。第二，假设家户必须将 λN_t^H 的净财富进行储蓄（投资于金融机构发行的无风险债券），而只能将剩下的 $(1 - \lambda)N_t^H$ 部分自主地在投资于金融机构的股权、金融机构发行的无风险债券和自己直接购买资本 K_t^H 之间进行选择。该假设符合家户将部分收入进行储蓄的实际情况，同时也保证了模型在稳态时仍有较多的无风险资产，进而可以更好地校准模型的参数①。我们在分析家户最优行为时会对该假设更多地说明。值得指出的是，虽然投资于金融机构的股权可获得较高的平均回报，但由于我们强制地假设了金融机构必须持有一定的无风险负债，因此其杠杆率也较高，这意味着持有金融机构股权的风险也较大。家户必须在高回报且高风险的对金融机构的股权投资与自己直接购买资本 K_t^H 之间做出权衡。

最优合约：家户对金融机构的股权投资占金融机构总股权价值的比例存在上限（即共担风险约束），也即 $1 - \beta_t \leq m/(1 + m)$；$m$ 反映了金融机构委托代理关系中的信息摩擦程度，也可反映一国金融发展程度②。

（1）当家户的股权投资不受限制时，也即当 $(1 - \lambda)N_t^H \leq mN_t^E$ 时，$y_t = 0$，且家户将全部可用财富都投资于金融机构的股权。此时，金融机构的股权（资本金）总额为 $(1 - \lambda)N_t^H + N_t^E$，无风险的负债为 λN_t^H。金融机构的股权结构为 $\beta_t = \dfrac{\eta_t}{(1 - \lambda)(1 - \eta_t) + \eta_t}$，$\eta_t$ 为专家的财富占全社会总财富的比例③。此时，全社会所有的资本存量 $K_t q_t$ 都由金融机构持有。

（2）当家户的股权投资受到限制时，家户会将可用财富 $(1 - \lambda)N_t^H$ 中的 mN_t^E 部分投资于金融机构的股权。剩下的 $(1 - \lambda)N_t^H - mN_t^E$ 部分则在储蓄和自己购买资本存量之间进行配置。此时，金融机构的股权总额为 $(1 + m)N_t^E$；金融机构的股权结构为 $\beta_t = \dfrac{1}{1 + m}$。金融机构所持有的资本存量总额则取决于家户所选择的储蓄：（i）当家户将剩下的 $(1 - \lambda)N_t^H - mN_t^E$ 部分都用于储蓄时，金融机构总持有的资本存量为 $K_t q_t$。（ii）当家户将剩下的 $(1 - \lambda)N_t^H - mN_t^E$ 中的一部分用于自己直接购买资本存量时，金融机构总持有的资本存量为 $\Psi_t K_t q_t$。

（三）关于家户和专家最优行为的分析

类似于 HK（2013），我们用跨期迭代的框架来刻画家户的行为。我们设定时刻为

---

① 放松该假设时，模型所揭示的机制不会受到影响，但却会出现经济中无风险借贷为 0 情况，这是我们不希望看到的。

② m 的具体含义见附录 I。

③ 我们定义 $\eta_t = N_t^E / K_t q_t$，因此，$\beta_t = N_t^E / [N_t^H(1 - \lambda) + N_t^E] = \eta_t / [(1 - \eta_t)(1 - \lambda) + \eta_t]$

t ，$t + \tau$ ，$t + 2\tau$ …。当 $\tau \to dt$ 时，模型收敛到连续时间的状态。在每个 t 时刻都有 1 单位的家户出生，其出生时被上一代赋予遗产 N_t^H 。此外，为了使得模型存在有意义的稳态，我们设定家户可在生产中无弹性地供给 1 单位劳动，并获得劳动收入 $l[\Psi_t a + (1 - \Psi_t)\underline{a}]K_t$ 。家户的效用函数为

$$\rho\tau\ln C_t^H + (1 - \rho\tau)E_t(\ln N_{t+\tau}^H)$$

为了保证模型中的金融机构在没有任何危机的情况下仍旧有存款，我们假设家户每期至少储蓄 λN_t^H ，而将其财富中剩余的 $(1 - \lambda)N_t^H$ 在金融机构的股权、无风险资产和直接投资风险资产之间进行选择。我们称 $(1 - \lambda)N_t^H$ 为"可用财富"。在 $\tau \to dt$ 时，家户的财富累积方程为

$$dN_t^H = l[\Psi_t a + (1 - \Psi_t)\underline{a}] + Y_t^H(dr_t^E - r_t dt) + y_t(dr_t^H - r_t dt)$$
$$+ N_t^H r_t dt - C_t^H dt \tag{8}$$

其中，等式右面第一项为劳动收入；Y_t^H 为家户选择的由于投资于金融机构股权而产生的风险敞口[①]；y_t 为家户选择自己直接购买资本存量 K_t^H 的数量；$N_t^H r_t$ 则为风险投资的机会成本。在市场均衡时，最优的 Y_t^H 的选择取决于最优合约中的股权结构 β_t 。从附录 I 可知，均衡的风险敞口持有为 $Y_t^{H*} = (1 - \beta_t)\Psi_t K_t q_t$ ；y_t 在均衡时内生地被决定。

由于家户为 OLG 的对数效用函数，所以劳动收入不影响家户的消费决策，消费为净财富的线性函数。简而言之，家户的消费决策为[②]

$$C_t^{H*} = \rho N_t^H \tag{9}$$

我们假设专家的最优化问题如下：

$$\max_{\{c_t^E, Y_t^E\}} \int_{t=0}^{\infty} e^{-\rho t}\ln(C_t^E)dt$$

$$\text{s. t. } dN_t^E = Y_t^E(dr_t^E - r_t dt) + N_t^E r_t dt - C_t^N dt \tag{10}$$

其中，Y_t^E 为专家由于投资金融机构股权而承担的风险敞口。根据附录 I 中的结论，在金融机构产品市场均衡时，专家最优的风险敞口持有取决于最优合约中的股权结构：$Y_t^{E*} = \beta_t \Psi_t K_t q_t$ 。

我们在附录 II 里计算得到专家最优化问题的一阶条件如下：

---

① 即为 risk exposure，也被称为风险暴露，反映的是由风险源的一个单位的变化所导致的财富水平的变化程度。在这里，金融机构的净财富（也即其总的股权价值）为其投资的全部风险资产的价值（也即其持有的资本存量）与无风险负债的差额。导致股权价值发生变化的风险源亦为投资于资本存量的回报率 dr_t^E 和无风险资产的回报率 $r_t dt$ 之间的差值 $dr^E - r_t dt$ 。由此，持有金融机构的股权所给家户财富带来的变化为 $r_t^H(dr_t^R - r_t dt)$ ；其中，r_t^H 为风险敞口，也即由资本存量的回报率的一个单位的变化所导致的家户净财富的变化量。从附录 I 中可知，r_t^H 等于金融机构所持有的全部的风险资产中属于家户的那部分资产数量，即 $r_t^N = (1 - \beta_t)\Psi_t K_t q_t$ 。

② 由于此处的最优决策问题在本质上类似于 HK（2013），并且 OLG 框架下的对数效用函数的最优化问题求解较为标准，我们省略此处的证明。感兴趣的读者可以参考 HK（2013）。

$$C_t^{E*} = \rho N_t^E \tag{11}$$

$$E\left(\frac{dr_t^E}{dt}\right) - r_t = \frac{Y_t^{E*}}{N_t^E}(\sigma_t^E)^2 \tag{12}$$

（四）市场出清

模型里存在三种商品，分别为实物产出的最终产品、无风险资产和资本存量。由于我们在分析最优行为时已经将无风险资产的市场出清条件嵌入了最优合约结构，这里只给出最终产品和资本存量的出清条件：

$$C_t^N + C_t^E + i_t K_t = (1 + l)\left[a\Psi_t + (1 - \Psi_t)\underline{a}\right]K_t \tag{13}$$

$$Y_t^{E*} + Y_t^{H*} + y_t^* = K_t q_t \tag{14}$$

其中，（13）式的等号右边为经济中的产出，左边则为消费和投资。（14）式等号右边为资本存量的总供给 $K_t q_t$，其亦为经济中总的风险源；左边则为风险敞口的总需求。此外，由于模型中存在信息不对称和最优合约，我们给出金融机构产品市场出清时的最优合约所规定的风险资产在家户和专家之间的分配：

$$Y_t^{E*} = \beta_t \Psi_t^* K_t q_t \tag{15}$$

$$Y_t^{H*} = (1 - \beta_t)\Psi_t^* K_t q_t \tag{16}$$

$$y_t^* = (1 - \Psi_t^*)K_t^* q_t \tag{17}$$

其中，x_t^* 表示行为人对变量 x_t 的最优选择。由于下文主要分析行为人的最优选择及均衡时的价格变化，因此，在不引起混淆的情况下，我们将统一用 x_t 表示最优选择。

（五）市场均衡的分析

根据以上的分析，市场中均衡配置和均衡价格取决于最优合约的形式。由上文和附录Ⅰ对最优合约的分析可知，最优合约的形式则取决于专家的财富和家户的财富的相对大小。首先，我们定义模型中唯一的内生状态变量为专家的财富占全社会总财富的比例：$\eta_t = N_t^E / K_t q_t$，并且在附录Ⅲ中证明得出，模型中所有其他的内生变量都可以表示为该状态变量的函数。由于篇幅所限，我们按照最优合约的结论，分两种情况直接给出核心的均衡配置和均衡价格，其证明过程见附录Ⅲ。

1. 当状态变量 η_t 满足关系 $(1 - \lambda)(1 - \eta_t) < m\eta_t$ 时，也即当家户将全部可用财富投资于金融机构的股权时，根据最优合约，此时的金融机构的股权结构为 $\beta_t = \eta_t / [(1 - \lambda)(1 - \eta_t) + \eta_t]$，且全社会所有的资本 $K_t q_t$ 都由金融机构持有。均衡时的核心的价格和配置方程如下：

$$q_t = \left[\frac{d\Phi_t(i_t)}{di_t}\right]^{-1}$$

$$\rho q_t + i_t = a(1 + l)$$

$$E[dr_t^E]/dt - r_t = \frac{1}{\eta_t + (1 - \lambda)(1 - \eta_t)}\sigma^2$$

由以上几式可知，价格 q_t 和 i_t 可以唯一地被决定，其不依赖于 η_t 而变化。价格的波动率 σ_t^q 为 0，也即价格平稳。此外，风险溢价 $E[dr_t^E]/dt - r_t$ 随着 η_t 的下降会较为缓慢地上升。总而言之，当 $(1-\lambda)(1-\eta_t) < m\eta_t$ 时，经济中所有资本存量都由金融机构持有，全社会的投资效率和生产效率都达到了最大；加之我们假设的对数效用函数，经济中风险资产的价格和风险溢价保持稳定，这时的经济处于正常阶段。我们在文章的数值分析部分会给出更详细的解释。

2. 当状态变量 η_t 满足关系 $(1-\lambda)(1-\eta_t) \geqslant m\eta_t$ 时，也即家户无法将全部财富都投资于金融机构的股权时，根据最优合约，金融机构的股权结构为 $\beta_t = 1/(1+m)$，且由金融机构持有的资本存量为 $\Psi_t K_t q_t$；Ψ_t 是否取值为 1 则由模型内生地决定。我们分两种情况给出所关心的均衡的价格和配置。

首先，当全社会的所有风险资产都由金融机构来持有时，也即当 $\Psi_t = 1$ 时，将 $\beta_t = \dfrac{1}{1+m}$ 和 $\Psi_t = 1$ 代入上文中的最优条件和市场出清条件，可以得到如下均衡的价格：

$$q_t = \left[\frac{d\Phi_t(i_t)}{di_t}\right]^{-1}$$

$$rq_t + i_t = a(1+l)$$

$$E[dr_t^E]/dt - r_t = \frac{1}{(1+m)\eta_t}\sigma^2$$

由以上几式可知，价格 q_t 和 i_t 仍旧可以由唯一地被决定，其不依赖于 η_t 而变化。价格的波动率 σ_t^q 为 0，也即价格平稳。值得注意的是，相对于 $(1-\lambda)(1-\eta_t) < m\eta_t$ 的情形，当 $(1-\lambda)(1-\eta_t) \geqslant m\eta_t$ 时，风险溢价随 η_t 的下降而上升的速度要显著加快。由于 $\Psi_t = 1$，全社会所有资本存量仍旧都由金融机构持有，因此全社会的投资效率和生产效率都也仍旧为最大。

第二种情况为当家户自己直接持有一部分资本存量时，也即 $\Psi_t < 1$ 的情况。此时，由于存在非线性的投资函数以及 Ψ_t 需要由模型内生决定，我们无法得出均衡价格和配置的解析解。我们用数值解的方法来将所关心的价格和配置表示成状态变量 η_t 的函数：$\{\Psi_t(\eta_t), i_t(\eta_t), Y_t^E(\eta_t), Y_t^H(\eta_t)\}_{t=0}^{\infty}$ 和 $\{r_t^E(\eta_t), r_t(\eta_t), q_t(\eta_t)\}_{t=0}^{\infty}$。具体请参见附录Ⅲ。

3. 两个有意义的临界点。首先，我们关注的是家户对金融机构的股权投资恰好受到约束时的临界点。显然，当 $(1-\lambda)N_t^H = mN_t^E$ 时，投资者恰好将其全部可用的财富投资于金融机构的股权。简单的推导可以告诉我们，满足此条件的 η_t 为

$$\overline{\eta} \equiv (1-\lambda)/(1-\lambda+m)$$

从上式可以知道，当 $\eta_t > \overline{\eta}$ 时，$(1-\lambda)N_t^H < mN_t^E$。此时，家户的可用财富低于股权融资的上限。而当 $\eta_t < \overline{\eta}$ 时，$(1-\lambda)N_t^H > mN_t^E$，专家的财富占比太少，以至于家户意愿

进行的股权投资受到了上限的约束。此时，家户不得不将财富中的 $(1 - \lambda)N_t^H - mN_t^E$ 部分在无风险资产和直接投购买资本存量之间进行分配。

其次，我们关注的是全社会的资本存量恰好都被金融机构持有时的临界点 $\bar{\bar{\eta}}$。根据上文的分析，该临界点满足如下关系式：

$$\bar{\bar{\eta}} \in \min\{\eta_t : \Psi_t(\eta_t) = 1, \eta_t \in (0,1)\}$$

当 $\eta_t \geqslant \bar{\bar{\eta}}$ 时，$\Psi_t(\eta_t) = 1$，也即经济中所有的资本存量都由金融机构持有，因此经济的投资效率和生产效率达到最大。当 $\eta_t < \bar{\bar{\eta}}$ 时，$\Psi_t(\eta_t) < 1$，这意味着经济中的一部分资本存量被家户直接投资。由于家户的投资效率和生产效率较低，这时经济平均的投资效率和生产效率较低；这意味着两类行为人的财富分布的变化使得实体经济的运行效率受到了影响。

三、参数赋值

本文的目的在于建立一个动态的模型，力图清晰地给出金融机构出现危机并传导到实体经济的过程，但并无意于在数量上完全拟合此次金融危机中的量化的数据特征。因此，我们并没有严格地从实际数据中通过校准的方式获得参数的数值，而只是从相关的文献中取得。特别地，我们对参数做了相应的敏感性分析。敏感性分析的结果表明，模型所揭示的机制不随参数的变化而发生质的改变。[1]

首先，参照 Bernanke 等（1999）和 BS（2014），我们假设投资函数 $\Phi_t(i_t)$ 的其形式[2]为

$$\Phi_t(i_t) = (\sqrt{1 + 20i_t} - 1)/10$$

对于效用函数的贴现率 ρ、信息不对称的程度 m 和家户投资于无风险资产的比例 λ，我们参照 HK（2012，2013）的设定，取 $\rho = 0.04$、$m = 4$ 和 $\lambda = 0.6$。

我们的模型强制地假设了只有劳动者可以供给劳动并且获得劳动报酬，因此，l 在模型中的含义是家户的劳动收入比专家劳动收入高出的部分。简单的计算可以得出，家户的劳动收入占总产出的比重比专家的劳动收入所占比重高出的部分为 $\dfrac{l}{(1 + l)}$。实际上，如前所述，我们关注的并非金融危机与劳动力市场的关系，而是由于金融系统的摩擦所导致的生产效率的急剧下降，因此我们不用 GDP 中劳动收入的比重对 l 进行赋值。此外，我们的模型假设家户和专家的偏好一样，因此，如果家户的非资本收入太低，专家的效率优势会

---

[1] 由于篇幅所限，我们没有报告敏感性分析的结果，感兴趣的读者可以向作者索取。实际上，对模型的参数进行敏感性分析（比较静态分析）可以揭示出有关金融危机的更为丰富的机制，我们将另著文阐述。

[2] 只要投资函数为凹函数，模型的结论都不受影响。

使得模型中唯一收敛的稳态点[①]为 $\eta_t = 1$，也即专家会持有全部的资本存量。这样的经济是我们所不关心的。为了保证模型中 η_t 的稳态值小于 1，HK（2013）校准得出 $l = 1.8$。必须指出的是，HK（2013）仅仅为外生禀赋的经济，而我们的模型是带有内生投资选择的经济，且我们的模型中存在家户和金融机构生产效率的不同，因此，虽然设定 $l = 1.8$ 同样可以使得我们模型中的稳态值 $\eta_t^* \in (0,1)$，但却会有 $\eta_t^* < \overline{\eta} = \dfrac{1 - \lambda}{1 - \lambda + m}$。这意味着经济的正常状态中，家户对金融机构的股权投资就会受到约束，这不是我们想要的结果。由于 l 在我们模型中仅仅代表家户和专家劳动收入的差值而非总和，因此，我们的 l 要严格低于 1.8。从技术上讲，我们选择 l 的数值，以使得模型的稳态点 η_t^* 大于 $\overline{\eta}$；这意味着，$l \in \left\{ l : \eta_t^*(l;\vartheta) > \overline{\eta} = \dfrac{1 - \lambda}{1 - \lambda + m}, \vartheta \equiv [a,\delta,\lambda,m,\rho] \right\}$。根据这一思想，给定其他的参数值，$l$ 的大小取决于 λ 的大小。当我们设定 $\lambda = 0.6$ 时，数值结果告诉我们，$l < 0.17$，这意味着经济中家户的劳动收入占 GDP 的比例比专家的劳动收入占 GDP 的比例至多要高出 14.5%。该比例低于真实数据，这是模型的一个弱点，我们将在以后的研究中对此进行弥补。在模型的基准参数设定中，我们设定 $l = 0.05$。我们在 $(0,0.17)$ 范围内做了敏感性分析，发现该参数不影响模型质的结论。

最后，本文设定基准的 $\sigma = 0.05$ 和 $m = 4$。篇幅所限，我们的另一篇工作论文对 σ 和 m 进行了较为详细的比较静态分析，以探讨经济中外生波动和内生风险之间的关系，并且探讨了金融发展程度 m 与金融机构危机传导到实体经济的概率之间的关系的直觉[②]。

四、数值结果分析

（一）状态变量 η_t 的稳态[③]

主流的研究金融摩擦和金融危机的宏观模型大都只能通过在稳态附近用线性展开的方式求得近似解，如 Kiyotaki&Moore（1997）和 Bernanke 等（1999）。此类模型只能得出当外生变量发生冲击时，内生变量在一个确定稳态附近的线性反应。本文的模型是连续时间的动态一般均衡模型，可以解出全局解，进而可以分析当经济大幅偏离稳态时的非线性特征。实际上，没有理由相信此次金融危机中的经济变量仍旧在稳态附近波动。在附录Ⅲ中，我们给出了本文模型的唯一状态变量 η_t 的演化方程。我们首先给出 η_t 的稳态值的定义如下。

定义 I: η_t 的随机稳态值为 η_t^*，该 η_t^* 使得 $\eta_t^* \mu_t^{\eta^*} = 0$。

---

① 附录Ⅲ中给出了稳态值 η_t^* 的计算方式。

② m 越大，金融市场中的信息不对称程度越低，也即金融市场越发达。见附录 I 的讨论。

③ η_t 的动态过程及稳态在附录Ⅲ中给出。

我们首先关心的问题是，状态变量 η_t 是否存在稳态以及是否收敛？由于投资函数 $i_t(q_t)$ 为非线性的，我们只能用数值解进行分析。给定基本的参数赋值，我们得出 η_t 的漂移项和波动项如图 1 所示。

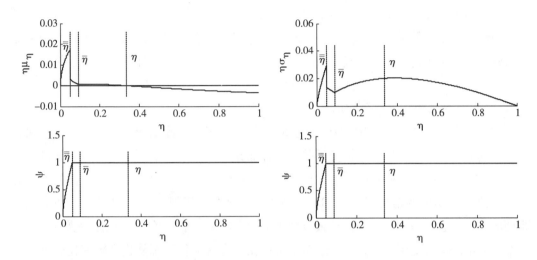

图 1　η_t 的漂移项与波动项和由金融机构的投资比率 Ψ_t

图 1 中左上角的子图为 η_t 的漂移项 $\eta_t\mu_t^\eta$，右上角的子图为波动项 $\eta_t\sigma_t^\eta$。在所有子图中，横轴为状态变量 $\eta_t \in [0,1]$；三条虚线的横坐标分别为状态变量的稳态值 η_t^*，家户投资于金融机构股权的约束恰好变紧的临界点 $\overline{\eta}$ 和使得 $\Psi(\eta_t) \leqslant 1$ 与 $\Psi(\eta_t) = 1$ 相交的临界点 $\overline{\overline{\eta}}$。

首先，从右上角子图中可明显看出，波动项中 $\eta_t\sigma_t^\eta$ 恒为正数。这意味着，正向的外生冲击 dZ_t 会增加专家在全社会中财富的比重。这是比较符合直觉的，因为专家将自己的所有财富都以股权的方式投资到金融机构中，并且金融机构的杠杆率恒为正，因此，增加 $dr_t^E - r_t dt$ 的正向冲击也必然增加专家占全社会财富的比重。

其次，从左上角的子图可以明显看出，$\eta_t\mu_t^\eta$ 与横轴有两个交点，一个为 0 点，一个为 $\eta_t^* = 0.336$。我们只关心稳定的 $\eta_t^* = 0.336$，也即图中最右侧虚线的横坐标。在 $\eta_t^* = 0.336$ 以左，$\eta_t\mu_t^\eta > 0$，也即当 $\eta_t < \eta_t^*$ 时，经济会收敛到 η_t^*；而当 $\eta_t > \eta_t^*$ 时，$\eta_t\mu_t^\eta < 0$，η_t 会回到 η_t^*。因此，η_t^* 为经济中收敛的稳态点。给定基准的参数赋值，我们有 $\overline{\eta} = 0.091$ 和 $\overline{\overline{\eta}} = 0.05$。当 $\eta_t > \overline{\eta}$，家户可以把自己所有的可用财富[①]$(1-\lambda)N_t^H$；而根据最优合约的结果，当 $\eta_t < \overline{\eta}$，家户持有金融机构股权的比例为 $m\eta_t$。从左下角子图可以看出，当 $\eta_t < \overline{\eta}$，$\Psi_t(\eta_t) < 1$。这意味着，风险规避的家户不得不直接购买资本存量。由于家户的投资效率和生产效率都要低于金融机构，从整个经济的角度来讲，投

---

① 这里指的是家户除被强制用于购买无风险资产外所剩余的财富。

资和生产都是无效率；当 $\overline{\overline{\eta}} < \eta_t < \overline{\eta}$，虽然家户无法将全部可用财富进行股权投资，但仍会把可用财富中除股权投资外的剩余部分以无风险利率的方式借给金融机构，也即全社会所有的财富仍都由金融机构进行投资。

值得指出的是，给定基本的参数值，数值结果显示 $\eta_t^* > \overline{\eta} > \overline{\overline{\eta}}$，也即经济以大部分的概率位于稳态值 η_t^* 附近。家户会将所有的可用财富都以股权的方式投资到由专家进行管理的金融机构；此时，投资效率和生产效率都达到最大。即使如此，经济会以正的概率进入 $\eta_t < \overline{\eta}$ 的区域，此时，投资效率和生产效率会出现明显下降。

（二）金融机构危机和金融危机

这次金融危机始发于 2007 年 4 月至 2008 年下半年。在此期间，美国众多金融机构相继出现危机，如贝尔斯登、雷曼兄弟、美林证券和 AIG 等。美国金融行业公司的股价于 2007 年 4 月率先急剧下跌，而标准普尔指数则在 2007 年的 10 月才有明显的下跌趋势，美国真实 GDP 的增长率则在 2008 年 4 月才开始持续下滑（图 2 和图 3）。关于这两张图的直觉性解释是，外生冲击导致金融机构的资本金（股权价值）首先遭受损失，之后金融体系的运行受到冲击，以至于金融机构无法有效地将资源从生产效率比较低的行为人手中转移到生产效率比较高的行为人手中，从而导致整个经济中的生产效率大幅下降，进而导致标准普尔指数和 GDP 增长率大幅下降。图 3 给出了美国一个月期国债的真实利率和 GDP 增长率的走势图。一般而言，在全球所有金融资产中，美国国债的风险是最低的，因此可以近似地将其回报率视作无风险利率。从该图中可以看出，美国国债真实利率在 2007 年 7 月开始出现持续的明显的下滑，而美国 GDP 增长率和标准普尔指数则从 2007 年 10 月才开始出现明显的持续下滑。图 2 和图 3 的直观信息表明，在金融危机开始阶段，金融机构首先出现危机，紧接着伴随有无风险利率的下滑，最后才是股票指数和 GDP 增长率持续急剧的下跌。本文模型的数值模拟较好地拟合了这些数据特征。

一般而言，由于金融机构通过放大杠杆来进行获利，当经济中出现外生的负向冲击时，它们会受到更多的损失，这会导致金融机构资本金的下降速度超过社会总财富的下降速度。特别地，专门从事金融行业工作的专家（金融机构大股东、合伙人或经理）的财富下降会更快。由于信息不对称所导致的股权投资约束，当从事金融行业的专家的财富下降到一定门槛值时（对应于本文中的临界值 $\overline{\eta}$），原来将财富以股权的方式投资到金融机构的一般投资者也会大规模地赎回其投资，这导致了整个金融行业的资本金加速下降，金融行业出现危机。在此之后，由于一般投资者缺乏投资技巧，它们会将这些赎回的资金以无风险利率的方式借给以商业银行为代表的传统金融机构；此时，无风险资产的供给增加，无风险利率必然降低。值得指出的是，由于所有的资金仍旧全部由金融系统进行投资管理，经济中的生产效率受到的影响并不大[①]。当经济中继续出现外生的

---

① 当然，由于行为人的需求因素也会导致整个经济的 GDP 下降。这里我们不考虑需求因素。

负向冲击时，专家的财富会继续下降，进而整个金融体系的资本金也会继续大幅下降。当整个金融体系的资本金下降到一个临界值时（在本文中为 $\bar{\eta}$），一般投资者甚至担心传统的金融机构也不能保证其无风险借款的安全性，因此，它们会选择自己直接进行投资，这就意味着金融系统已经无法将全部的资金导向经济中最有生产效率的行为人，这进而会导致经济中的生产效率大幅下滑，金融危机从金融系统传导至实体经济，金融危机的负面作用全面体现出来。

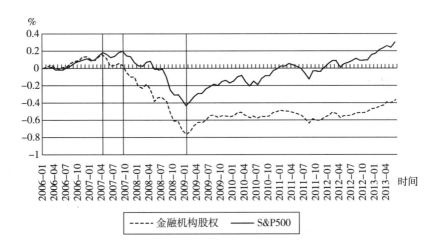

图 2　金融机构资股权和 S&P500 的累计增长率

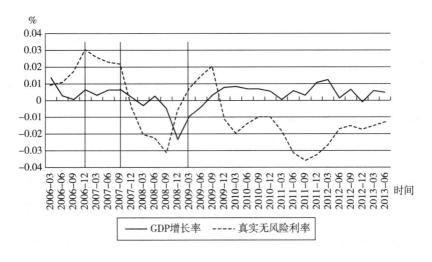

图 3　美国 GDP 增长率和真实无风险利率（季度数据）

根据以上对数据的直观分析和直觉性讨论，一个描述金融危机的宏观模型至少应该得出如下结论：（1）金融机构出现危机是金融危机的必要条件但非充分条件；（2）金融危机传递到实体经济以前，无风险利率必须领先于实体经济出现下降。下面的数值计算结果表明我们的模型可以较好地做到这两点。为了下文的阐述方便，我们首先给出两个定义。

定义Ⅱ：金融机构危机

如果经济中的状态变量满足 $\eta_t \in (0, \overline{\eta})$，则经济位于金融机构危机的阶段。

定义Ⅱ的直觉为，当 $\eta_t \in (0, \overline{\eta})$ 时，只要经济中出现负的冲击，则金融机构的资本金在全社会总财富中所占比重的下降量就会比其在区域 $(\overline{\eta}, 1)$ 中时的下降量更大。当经济位于 $\eta_t \in (\overline{\eta}, 1)$ 时，如果经济的总财富 $K_t q_t$ 由于外生冲击下降1%时，金融机构的资本金对全社会总财富变化的弹性为

$$v_1(\eta_t) = \frac{H_t + N_t^E}{K_t q_t} \frac{\Delta K_t q_t}{\Delta(H_t + N_t^E)}$$

由于在该区域内经济中所有的资本存量都由金融机构持有，该资本存量的损失也全部只能造成金融机构资本金的减少。因此，

$$\Delta(H_t + N_t^E) = \Delta K_t q_t$$

v_1 可以进一步被改写为

$$v_1(\eta_t) = \frac{1}{(1-\lambda)(1-\eta_t)+\eta_t} < \frac{1}{(1-\lambda)(1-\overline{\eta}_t)+\overline{\eta}} = 2.3 \qquad (18)$$

上式意味着当经济中的总财富下降1%时，金融机构资本金下降量最多不会超过2.3%。实际上，即使让 $\eta_t \to 0$，v_1 也仅仅趋向于一个较小的常数，即 $v_1 \to \frac{1}{1-\lambda} = 2.5$。而当经济位于 $\eta_t \in (0, \overline{\eta})$ 时，我们类似地可以得出金融机构的资本金对全社会总财富变化的弹性为

$$v_2(\eta_t) = \begin{cases} \dfrac{1}{(1+m)\eta_t} > \dfrac{1}{(1+m)\overline{\eta}} \text{且} \lim\limits_{\eta_t \to \overline{\eta}_t} v_2 = \dfrac{1}{(1+m)\overline{\overline{\eta}}}; \text{当} \eta_t \in (\overline{\overline{\eta}}_t, \overline{\eta}_t) \\[3mm] \dfrac{\Psi_t(\eta_t)}{(1+m)\eta_t} > \dfrac{1}{(1+m)\overline{\overline{\eta}}} \text{且} \lim\limits_{\eta_t \to 0} v_2 = \lim\limits_{\eta_t \to 0} \dfrac{\Psi_t(\eta_t)}{(1+m)\eta_t}; \text{当} \eta_t \in (0, \overline{\overline{\eta}}_t) \end{cases} \qquad (19)$$

给定基准的参数值，数值结果表明，

$$\lim\limits_{\eta_t \to 0} v_2 = \lim\limits_{\eta_t \to 0} \frac{\Psi_t(\eta_t)}{(1+m)\eta_t} = 449$$

由（19）式可以明显看出，当经济进入区域 $(0, \overline{\eta})$ 时，同样导致经济总财富下降1%的负向冲击，会使得金融机构资本金的下降量大于 $1/[(1+m)\overline{\eta}]$，且随着 η_t 越接近于0，v_2 会越大，直至趋向于极限 $\lim\limits_{\eta_t \to 0} \frac{\Psi_t(\eta_t)}{(1+m)\eta_t} = 449$，也即在 $\eta_t \to 0$ 的极限值处，当社会总财富下降1%，金融机构资本金会下降449%。对比（18）式和（19）式，给定使得社会总财富下降1%的负向外生冲击，经济位于 $(0, \overline{\eta})$ 区域内时的金融机构资本金的损失会远大于在区域 $(\overline{\eta}, 1)$ 中的损失。

定义Ⅲ：金融危机

当经济中的状态变量满足 $\eta_t \in (0, \overline{\overline{\eta}})$ 时，经济位于金融危机的阶段。其中，$\overline{\overline{\eta}} \in$

$\min\left\{\eta_t:\Psi_t(\eta_t)=1,\eta_t\in(0,1)\right\}$。

定义Ⅲ的直觉为,当 $\eta_t\in(0,\bar{\bar{\eta}})$ 时,经济中专家的财富 η_t 太少,以至于金融机构的资本金 $(1+m)\eta_t$ 也太少。此时,金融机构的杠杆率太高,而由于专家所有的财富都以股权的方式投资于金融机构,因此,当发生负向外生冲击时,专家仍必须以无风险利率偿还无风险负债,而这会导致专家的财富大幅降低。此外,由于专家的消费为 $C_t^N=\rho N_t^E$,这会导致专家的边际效用过快上升,这对于专家来说是较大的风险。专家平滑消费的动机必然导致其降低金融机构的杠杆率。从另一个角度来讲,当金融机构的杠杆太高,家户会担心持续的坏的冲击导致金融机构的资本金接近于 0 的概率上升,也即金融机构无法归还负债的概率上升,这会使得家户的资产配置发生变化,他们会选择将可用财富配置于三种资产中:一种为以股权的方式投资于金融机构;一种为以无风险利率的方式借给金融机构;其余的部分则选择自己进行购买资本存量,即使这种投资方式的回报率较低。当家户选择自己投资的时候,全社会资本存量中由金融机构持有的比例为 $\Psi_t<1$。此时,经济中平均的生产效率为 $a\Psi_t+\underline{a}(1-\Psi_t)$。当 $\eta_t\in\{\eta_t:\Psi_t(\eta_t)=1,\eta_t\in(0,1)\}$ 时,实体经济的生产效率为 a。显然,$a\Psi_t+\underline{a}(1-\Psi_t)<a$,且后者会随着 η_t 的下降而下降,直至 $\lim\limits_{\eta_t\to0}[a\Psi_t+\underline{a}(1-\Psi_t)]=\underline{a}$。这意味着,当经济位于 $\eta_t\in(\bar{\eta},1)$ 时,无论 dZ_t 如何变化,经济中的生产效率都维持在 a,而一旦经济位于 $\eta_t\in[0,\bar{\eta}]$ 时,负向的 dZ_t 冲击会导致 η_t 下降,进而使得 Ψ_t 和生产效率 $a\Psi_t+\underline{a}(1-\Psi_t)$ 下降。由于资本的生产效率下降,资本的价格 q_t 也必然会出现显著下降。

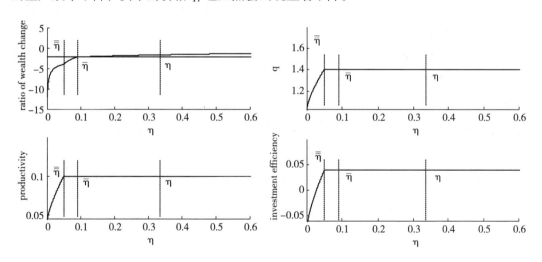

图4 金融机构危机、金融危机和资产价格

图 4 中左上角的子图中为金融机构资本金下降的幅度与社会总财富下降幅度的比值 $\dfrac{K_tq_t}{H_t+N_t^E}\dfrac{\Delta(H_t+N_t^E)}{\Delta K_tq_t}$ 随状态变量 η_t 的变化图,左下角和右下角子图为经济中生产效率和

投资效率随状态变量 η_t 的变化图。

首先，左上角子图可以给出我们模型中的金融机构危机。该图中的曲线为给定使得社会总财富下降 1% 的冲击，金融机构资本金下降的百分比，也即 $\dfrac{\Delta(H_t+E_t)/(H_t+E_t)}{\Delta K_t q_t / K_t q_t}$。水平的直线为 $\dfrac{1}{(1-\lambda)(1-\overline{\eta})+\overline{\eta}}=\dfrac{1}{(1+m)\overline{\eta}_t}=2.3$，即经济恰好位于临界点 $\overline{\eta}$ 时该比值的取值。从该子图中可明显看出，当 $\eta_t \in (\overline{\eta},1]$ 时，也即当经济没有任何危机的时候，$v_1(0)<2.3$。同时，从左下角子图中可以看出，位于该区域的投资效率和生产效率维持在整个经济的最大值，分别为 $a\Psi(\eta_t)=1$ 和 $\Phi_t(i_t)=0.041$；从右上角的子图中可以看出，资产价格也维持在最高的水平上，此时，$q_t=1.41$。总之，在该区域内，金融机构资本金的变化与社会总财富的变化相差不大，实体经济和风险资产的价格都平稳地维持在最高水平。对照图 2 和图 3，$\eta_t \in (\overline{\eta},1]$ 的区域对应于 2007 年 5 月之前的经济走势：金融行业股票指数的变化基本与标准普尔指数的变化一致，两者都维持较为平稳的上涨，与此同时，GDP 的增长率也为正且较为平稳。

当 $\eta_t \in (\overline{\overline{\eta}},\overline{\eta}]$ 时，也即当经济进入我们所定义的金融机构危机时，$-\dfrac{\Delta(H_t+E_t)/(H_t+E_t)}{\Delta K_t q_t / K_t q_t}>2.3$，而且随着 η_t 越远离 $\overline{\eta}$（也即随着经济陷入金融机构危机的程度越深），$-\dfrac{\Delta(H_t+E_t)/(H_t+E_t)}{\Delta K_t q_t / K_t q_t}$ 的下降趋势也越明显。在 $\eta_t=\overline{\overline{\eta}}$ 处，该值为 4。这意味着，给定同样的社会总财富的下降，该区域内的金融机构资本金损失的速度会加快。从图 4 下面的两个子图中可以看出，当 $\eta_t \in (\overline{\overline{\eta}},\overline{\eta}]$ 时，生产效率和投资效率仍旧维持在整个经济的最大值，分别为 $a\Psi(\eta_t)=1$ 和 $\Phi_t(i_t)=0.041$。简言之，在我们所定义的金融机构危机的区域内，给定可以造成 1% 的社会财富损失的冲击，金融机构资本金遭受的损失会更大，但经济中所有的资本存量仍旧由金融机构持有，因此，经济中的生产效率和投资效率也仍旧维持在最高水平上，实体经济并没有受到除外生冲击之外的其他影响。此外，右上角的子图也表明该区域内的风险资产的价格维持在最高水平 1.41 上。对照图 2 和图 3，区域 $\eta_t \in (\overline{\overline{\eta}},\overline{\eta}]$ 的模型经济对应于 2007 年 4 月至 2007 年 10 月的经济走势：金融行业股票指数出现大幅的下降，美国金融行业出现危机，雷曼兄弟等投资银行陷入困境；但与此同时，标准普尔指数却仍旧维持较为平稳的上涨，GDP 的增长率也为正且较为平稳。

当 $\eta_t \in (0,\overline{\overline{\eta}}]$ 时，也即当经济进入我们所定义的金融危机时，我们观察到两个显著的特点。首先，从图 4 的左上角子图中可以看出，相对于 $\eta_t \in (\overline{\overline{\eta}},\overline{\eta}]$，$-\dfrac{\Delta(H_t+E_t)/(H_t+E_t)}{\Delta K_t q_t / K_t q_t}$ 随着 η_t 的下降而降低得更多，这意味着在金融危机阶段，给定造成全社会财富下降的外生冲击，会造成金融机构的资本金损失更多。其次，从图 4 的其他三个子图中可以看出，当经济进入金融危机所在区域 $\eta_t \in (0, \bar{\bar{\eta}}_t)$ 时，资产价格、生产效率和投资效率都会随着 η_t 的下降而出现急剧下滑，并且在 $\eta_t = 0$ 时，它们都达到了最小值，分别为

$$q_{\min} = 1.014$$

$$\Psi(0)a + [1 - \Psi(0)]\underline{a} = \underline{a} = 0.04$$

$$\Psi(0)\Phi(i_t) + [1 - \Psi(0)][\Phi(i_t) - \underline{\delta}] = (\Phi(i_t) - \underline{\delta}) = -0.079$$

我们从两个角度来给出这个结果的直觉。首先，给定基准的参数，当 $\eta_t \leq \bar{\eta} = 0.05$ 时，金融机构的杠杆率为 $1/[(1+m)\eta_t] \geq 4$，也即整个经济中财富损失 1%，金融机构的资本金至少要损失 4%。给定专家的消费占全社会总财富的比率为 $C_t^E/K_t q_t = \rho\eta_t \leq 0.002$，如果消费再有较大的降低，专家的边际效用将可能出现较大的上升。为了避免边际效用上升过快，专家会减少持有风险资产的投资，将风险资产出售给家户。另一方面，当金融机构的杠杆率过高时，理性的家户会担心出现持续的负向外生冲击使得金融机构的资本金损失殆尽，而金融机构管理者的效用函数为对数会使得专家仍要保持正的消费量，这会导致家户持有的无风险资产无法得到兑付，因此家户会选择将其可用财富的一部分自己直接购买资本存量。专家的财富比例 η_t 越低，专家出售的资本存量就越多，同时家户选择自己持有资本存量的份额也就越大，$\Psi_t(\eta_t)$ 也就越低。由于家户的投资效率和生产效率都严格低于金融机构的投资效率和生产效率，因此，整个经济的资产价格 q_t、生产效率 $\Psi(\eta_t)a + [1 - \Psi(\eta_t)]\underline{a}$ 和投资效率 $\Psi(\eta_t)\Phi(i_t) + [1 - \Psi(\eta_t)][\Phi(i_t) - \underline{\delta}]$ 都会随着 η_t 的降低而降低。对照图 2 和图 3，位于区域 $\eta_t \in [0, \bar{\bar{\eta}}_t]$ 中的模型经济对应于 2007 年 10 月至 2008 年底的经济走势：在此时间段内，金融行业股票指数、标准普尔指数和 GDP 增长率同时出现急剧的下降。

（三）无风险利率和风险溢价

如图 2 和图 3 所示，自 2007 年 4 月起，美国次贷危机爆发，几乎与此同时，美国一个月期国债的真实收益率从 2.5% 开始下降，并于 2008 年 4 月标准普尔指数大幅下跌时下降到底部（-3%），下降的绝对量达到了近 5%。标准普尔指数和美国 GDP 的增长率在 2007 年 10 月才开始持续下滑，并在 2008 年底才到达底部。这意味着，在此次金融危机中，无风险利率出现了领先于标准普尔指数和 GDP 的下降。这种现象被很多文献定义为安全投资（flight to quality），我们的模型可以从理论上给出导致这种现象发生的可能的经济学机制。

图 5 给出了由金融机构投资的风险资产的期望风险回报率 $E[dr_t^E]/dt$、无风险利率 r_t、风险溢价 $E[dr_t^E]/dt - r_t$ 和资产价格的波动率 σ_t^q 随状态变量 η_t 变化的路径。

对于图 5 中右上角子图中的无风险利率，有三个非常显著的特征。首先，当 $\eta_t \in [\bar{\eta}, 1)$ 时，r_t 随 η_t 的下降而下降，但下降速率较低且平稳。这是因为随着 η_t 接近 $\bar{\eta}_t$，专

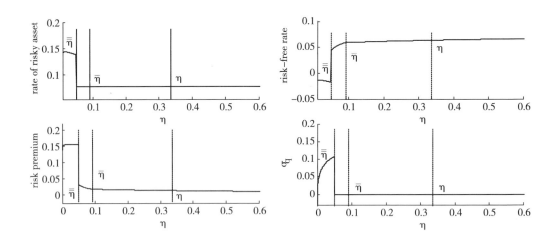

图 5　期望风险回报率、无风险利率、风险溢价和资产价格波动率

家和家户之间在金融机构中的股权比例 $(1-\lambda)(1-\eta_t):\eta_t$ 就越接近临界比例 $m:1$ 。我们注意到，模型假设的家户的强制储蓄为 λN_t^H 。根据附录 I 的分析，相对于储蓄，家户在经济正常的阶段更愿意投资于回报率更高的金融机构股权，也即他们意愿的持有的金融机构股权会达到上限 mN_t^E ，意愿的储蓄为 $N_t^H - mN_t^E$ 。由于强制储蓄的存在，他们实际持有 $(1-\lambda)N_t^H$ 的股权和 λN_t^H 的储蓄，因此，强制储蓄为 $mN_t^E - (1-\lambda)N_t^H$ ，其占经济中总财富的比例为 $m\eta_t - (1-\lambda)(1-\eta_t)$ 。该比例会随着 η_t 接近 $\overline{\eta}_t$ 而逐步缓慢减少，因此，为了维持强制储蓄的市场出清利率也会缓慢降低。当 $\eta_t \in (\overline{\eta}, \overline{\overline{\eta}})$ 时，也即当经济进入金融机构危机时，从图 5 中可以看出，无风险利率下降的速率明显加快。这是由于家户的股权投资遇到了约束，他们被迫把可用财富 $(1-\lambda)N_t^H$ 中的一部分以无风险利率的价格借给金融机构，因此，家户对储蓄的供给会大幅增加。该增加量来自于两部分，一部分为家户必须以 λN_t^H 的数量借给金融机构的数额，其占全社会总财富的比例为 $\lambda(1-\eta_t)$ ；该比例会随着 η_t 的下降而上升。另外一部分则来自家户的可支配财富 $(1-\lambda)N_t^H$ 中由于受到了最优合约中股权投资的约束而从股权投资变为储蓄的部分，该部分占经济中总财富的比例为 $(1-\lambda)(1-\eta_t) - m\eta_t$ 。因此，在此区域内，无风险利率会以较快的速率下降。当经济从 $\eta_t \in (\overline{\eta}, \overline{\overline{\eta}})$ 刚转入 $\eta_t \in (0, \overline{\eta})$ 时，也即从金融机构危机转入金融危机时，无风险利率会出现跳跃式的下降。这是因为在 $\eta_t = \overline{\eta}$ 的临界点上，经济中的风险 $\sigma_t^q + \sigma$ 达到最大（如图 5 右下角子图所示），而且是突然跃升到最大值，因此家户和专家的谨慎性储蓄会跃升式地增强，因此家户会大幅增加储蓄的供给，但与此同时专家却会大幅减少对无风险资产的需求，由此，市场均衡的无风险利率必然会出现跳跃式的下降。

尤其值得注意的是，无风险利率在 $\overline{\eta}$ 的右边为 η_t 的递增函数，这意味着家户意愿的最优储蓄与经济中总财富的比值低于强制储蓄所占的比值 $\lambda(1-\eta_t)$ 。为了使得市场中的储蓄等于强制储蓄 $\lambda(1-\eta_t)$ ，市场的出清利率必须逐渐上升以吸引储蓄。换言之，家户最优的对金融机构股权的投资额 H_t 要大于 $(1-\lambda)N_t^H$ ，也即在 $\eta_t > \bar{\eta}$ 的区域中，家户总会将所有的可用财富 $(1-\lambda)N_t^H$ 投资于金融机构的股权。这印证了我们在第二节关于最优合约的第一个结论。

对于图 5 中左上角的子图中的风险资产的回报率，由（6）式可知，

$$\frac{E[dr_t^E]}{dt} = \frac{a-i_t}{q_t} + \left[\Phi(i_t) + \mu_t^q + \sigma\sigma_t^q \right]$$

$$= \frac{a-i_t}{q_t} + \left[\Phi(i_t) + q'\eta_t\mu_t^\eta + q''\frac{1}{2}(\eta_t\sigma_t^\eta)^2 + \sigma\sigma_t^q \right] \qquad (20)$$

从图 5 中可以明显看出，当 $\eta_t \in (\bar{\eta},1]$ 时，$E[dr_t^E]/dt$ 非常平稳，也即当经济位于正常阶段和金融机构危机的阶段时，期望的风险资产收益率基本为常数。这是非常容易理解的，因为在这两个区域，整个社会的资本存量都由金融机构持有，因此 $\Psi_t = 1$ 。根据产品市场出清条件（13）式和行为人的最优消费决策规则（9）式和（11）式，在该区域内资产价格 q_t 为一个常数（见图 4 中右上角的子图），并且 q_t 的波动率 σ_t^q 也为 0（图 5 右下角的子图）①。由上文的分析，当 $\eta_t \in (\bar{\eta},1]$ 时，$\Psi_t(i_t)=1$ 且整个经济的生产效率为常数 a ，投资效率也为最大值 $\Phi_{max} = 0.0074$ ，因此，$E[dr_t^E]/dt$ 也应基本维持在一个平稳的水平值。数值解告诉我们，该值为 9.31% 。当经济从 $\eta_t \in (\bar{\bar{\eta}},\bar{\eta}) \cup (\bar{\eta},1]$ 刚转入 $\eta_t \in (0,\bar{\bar{\eta}})$ 时，该 $E[dr_t^E]/dt$ 出现跳跃式的大幅上升。这是因为，当经济进入 $\eta_t \in (0,\bar{\bar{\eta}})$ 时，一部分风险资产就会由家户来投资，而家户投资的生产效率为较低的 $\underline{a}$ ，这必然导致资产价格出现间断性的下滑，也即在 $\eta_t = \bar{\bar{\eta}}_t$ 处，q_t' 会突然从 0 上升至一个较大的正数，如图 5 中的右上角子图所示。根据伊藤引理，$\sigma_t^q = \frac{q_t'}{q_t}\eta\sigma_t^\eta$ ，突然上升的 q_t' 必然造成 σ_t^q 大幅上升，这会导致（6）式等号右边中括号中第四项有较大上升。此外，从图 4 中上角子图中可以看出，在临界点 $\eta_t = \bar{\bar{\eta}}_t$ 处，$\eta_t\mu_t^\eta$ 会突然跃升，并且随着 η_t 的下降而逐步下降。这意味着（20）式等号右边中括号第二项大幅上升。最后，（20）式等号右边第一项会由于 q_t 的下降而上升。诚然，中括号中的 $\Phi(i_t) + q''\frac{1}{2}(\eta_t\sigma_t^\eta)^2$ 在 $\eta_t \in (0, \bar{\bar{\eta}})$ 中的变化不定，但我们的数值结果表明，这种下降的动力所发挥的影响为次要的，最终 $E[dr_t^E]/dt$ 会在 $\eta_t = \bar{\bar{\eta}}_t$ 有突然的跃升，且随着 η_t 的继续减小而继续上升。

图 5 中左下角的子图给出了风险溢价 $E[dr_t^E]/dt - r_t$ 随状态变量 η_t 变化的路径。由于风险资产的期望回报率 $E[dr_t^E]/dt$ 与无风险利率的 r_t 在临界点 $\eta = \bar{\eta}$ 处均出现跳跃式

---

① 这是由于 $\sigma_t^q = \frac{q_t'}{q_t}\eta\sigma_t^\eta$ ，而在区域 $\eta_t \in (\bar{\bar{\eta}},\bar{\eta}) \cup (\bar{\eta},]$ 内，q_t 为常数，也即 $q_t'=0$ 。

的变化，风险溢价 $E[\,dr_t^E\,]/dt - r_t$ 会出现跃升。

很有意思的是，对比图 5 中关于无风险利率 r_t 的子图和图 4 中关于资产价格 q_t 的子图、生产效率和投资效率的子图可以发现，无风险利率在金融机构危机的阶段内，也即在 $\eta_t \in (\overline{\overline{\eta}}, \overline{\eta})$ 的区域内就出现了与金融机构资本金类似的明显的加速下降，但资产价格 q_t、生产效率和投资效率却仍旧维持在最高值。当经济进入金融危机的阶段内，也即进入至 $\eta_t \in [0, \overline{\overline{\eta}}\,]$ 内，资产价格 q_t、生产效率和投资效率才和无风险利率 r_t 一起显著下降。这意味着在我们的模型里，无风险利率的下降也领先于风险资产价格和 GDP 增长率的下降，这与实际数据基本一致。

诚然，BS（2014）给出了和本文类似的金融危机发生机制，但是他们假设了风险中性的专家和家户，无风险利率为常数，因此，也就不存在领先于风险资产价格和 GDP 增长率下降的结果。HK（2012，2013）中的金融危机类似于本文的金融机构危机，他们可以得出无风险利率的下降伴随着金融机构资本金损失率加速上升的结论，但他们并没有考虑实体经济生产效率变化的问题，因此在他们的模型里，并不能得出无风险利率领先于生产效率下降的结论。

五、结论

大量关于此次金融危机的实证文献显示，金融机构的净资产恶化是导致金融危机发生并且传递至实体经济的重要原因，而且，金融机构出现危机领先于标准普尔指数和 GDP 增长率的下跌。此外，金融市场恶化首先导致了投资者的安全投资（flight to quality）行为，以及无风险利率领先于标准普尔指数和 GDP 增长率而下降。在 He & Krishnamurthy（2012）的启发下，我们将他们的模型拓展到包含有内生的投资和生产的情形中，并且内生地导出了 Brunnermeier & Pedersen（2009）提出的市场非流动性（market illiqudity），从而可以给出发生上述现象的可能的经济学机制。我们的模型显示，金融机构管理者（大股东）与一般投资者之间的信息不对称，可能会导致金融机构危机领先于标准普尔指数和 GDP 增长率，并且由于一般投资者会把原来以股权方式投资于金融机构的财富转而以无风险利率的方式借出，因此，此时的无风险利率会出现明显的下降趋势。当金融机构的资本金情况进一步恶化时，由于杠杆率太高，其将不得不出售部分风险资产，而市场非流动性则会导致减价出售（fire sale），以至于资产价格大幅下跌，生产效率也出现急剧下降，风险溢价大幅上升。

值得指出的是，虽然本文的结论给出了金融机构危机与金融危机之间的关系，以及外生风险与发生两种危机边界的关系，但我们还关心在经济到达平稳分布时，金融机构危机和金融危机发生的概率与外生风险的关系。当发生金融危机时，政府如何选择最佳的干预时机和干预方法？虽然已有的文献对这些问题已有讨论，但在本文的框架里可以对他们做更深一步的探讨，这也是作者下一步要进行的工作。

参考文献

［1］Allen, Franklin, and Douglas Gale. " From Cash – in – the – Market Pricing to financial Fragility. " Journal of the European Economic Association, 2005, 3. 2 – 3, 535 – 546.

［2］Tobias Adrian and Nina Boyarchenko. "Intermediary Leverage Cycles and Financial stability." Federal Reserve Bank of New York, working paper, 2013.

［3］Basak, S. , & Cuoco, D. , An Equilibrium Model with Restricted Stock Market Participation. Review of Financial Studies, 1998, 11（2）, 309 – 341.

［4］Bernanke, B. , Gertler, M. , & Gilchrist, S, "The financial accelerator and the flight to quality", working paper（No. w4789）. National Bureau of Economic Research, 1994.

［5］Bernanke, Ben S. , Mark Gertler, and Simon Gilchrist, " The financial accelerator in a quantitative business cycle framework. " Handbook of macroeconomics, 1999, 1: 1341 – 1393.

［6］Bernanke, Ben, and Mark Gertler, " Agency costs, net worth, and business fluctuations. " American Economic Review, 1989, 79. 1: 14 – 31.

［7］Brunnermeier M K, and Oehmke M, 2012, "Bubbles, Financial Crises, and Systemic Risk", working paper National Bureau of Economic Research.

［8］Brunnermeier M, and Sannikov Y, "A Macroeconomic Model with a Financial Sector", American Economic Review（forthcoming）, 2014.

［9］Brunnermeier, M. K. and Pedersen, L. H, "Market Liquidity and Funding Liquidity", Review of Financial Studies, 2009, 22（6）, 2201 – 2238.

［10］Diamond, D. W, 1984, "Financial Intermediation and Delegated Monitoring", The Review of Economic Studies, 51（3）, 393 – 414.

［11］Diamond, D. W. , and Dybvig, P. H, "Bank Runs, Deposit Insurance, and Liquidity", The Journal of Political Economy, 1983, 401 – 419.

［12］Diamond, D. W. , and Rajan, R. G, "Liquidity Shortages and Banking Crises", The Journal of Finance. 60（2）, 2005, 615 – 647.

［13］Geanakoplos, John, "The Leverage Cycle", in D. Acemoglu, K. Rogo and M. Woodford, eds. , NBER Macroeconomics Annual 2009, Vol. 24, University of Chicago Press, Chicago, pp. 165.

［14］Guvenen, F, "A parsimonious macroeconomic model for asset pricing", Econometrica, 2009, 77（6）, 1711 – 1750.

［15］He Zhiguo and Arvind Krishnamurthy, "A Model of Capital and Crises", Review of Economic Studies, 2012, 79（2）, 735 – 777.

［16］He Zhiguo and Arvind Krishnamurthy, "Intermediary Asset Pricing", American Economic Review, 2013, 103（2）, 732 – 770.

［17］Holmstrom, B. , and Tirole, J, "Financial Intermediation, Loanable Funds, and the Real Sector",

The Quarterly Journal of Economics, 1997, 112 (3), 663 – 691.

[18] Kiyotaki, N. , & Moore, J, "Credit Chains", Journal of Political Economy, 1997, 105 (21), 211 – 248.

[19] Kiyotaki, N. , and Moore, J, "Liquidity, Business Cycles, and Monetary Policy", working paper, National Bureau of Economic Research, 2012.

[20] Kocherlakota, N, "Creating Business Cycles through Credit Constraints", Federal Reserve Bank of Minneapolis Quarterly Review, 2000, 24 (3), 2 – 10.

[21] Minsky, H. P. , & Kaufman, H. Stabilizing an Unstable Economy (Vol. 1). New York: McGraw – Hill, 2008.

[22] Quadrini, V, "Financial frictions in macroeconomic fluctuations", Economic Quarterly, 2011, 97 (3), 209 – 254.

[23] Shleifer, A. , and R. W. Vishny, "The Limits of Arbitrage", The Journal of Finance, 1997, 52 (1), 33 – 55.

附录 I：金融机构、最优合约及金融机构产品市场的分析

最优合约的部分主要借鉴 HK（2013）。与他们不同的是，我们在他们的基础上中加入了内生的投资决策。模型经济中由两个维度的信息不对称：家户无法观测到专家的投资组合，也无法观测到专家是否尽责地进行管理。由于信息不对称的存在，专家和家户在合资组建金融机构时会签订合约。合约的条款为双方各自的出资比例 $\{\beta_t, 1 - \beta_t\}$，该比例也决定了双方如何分享金融机构的收益和共担风险。金融机构的净资产演化方程为

$$T_t dr_t^I = Y_t(dr_t^E - r_t dt) + T_t r_t dt - s_t X_t dt$$
$$= \Psi_t K_t q_t dr_t^E - (\Psi_t K_t q_t - H_t - E_t) dr_t - s_t X_t dt \qquad (21)$$

其中，T_t 为金融机构的资本金；$Y_t = K_t^E$ 为金融机构选择的风险敞口；E_t 为专家的出资额；H_t 为家户的出资额；r_t^I 为金融机构的资产收益率。显然，$\beta_t = \dfrac{E_t}{E_t + H_t} = \dfrac{E_t}{T_t}$。如果专家没有尽责地管理金融机构，则 $s_t = 1$，此时金融机构的会损失 $X_t > 0$；否则 $s_t = 0$。据此，专家的财富演化方程为

$$dN_t^E = \beta_t T_t^I dr_t^I + (N_t^E - E_t) r_t dt - C_t^N dt + s_t B_t dt$$
$$= \beta_t Y_t(dr_t^E - r_t dt) + N_t^E r_t dt - C_t^N dt + s_t(B_t - \beta_t X_t) dt \qquad (22)$$

其中，N_t^E 为专家的财富。当专家不尽责管理金融机构时，他可获得额外的收益 $B_t > 0$。假设专家不尽责管理时的收益和损失满足如下关系：

$$\frac{B_t}{X_t} = \frac{1}{1 + m} \leqslant 1$$

家户和专家签订合约的目的是使得专家努力工作。其中，m 越大，专家不尽责管理的收益越低，专家不尽责管理的动机就越弱。其直觉上的含义是，信息摩擦所带来的不好的后果越弱。换言之，如果一国金融市场中的 m 越大，该国的信息摩擦就越小，其金融市场的运行也更有效率，也即 m 可代表一国信息摩擦的程度或金融发展程度。满足激励相容条件的合约必须使得 $B_t - \beta_t X_t \leqslant 0$，也即

$$\beta_t \geqslant \frac{1}{1 + m} \qquad (23)$$

（23）式即为最优合约需要满足的条件。由此，（22）式可改写为

$$dN_t^E = Y_t^E(dr_t^E - r_t dt) + N_t^E r_t dt - C_t^N dt \qquad (24)$$

其中，$Y_t^E = \beta_t Y_t$，$\beta_t \geqslant \dfrac{1}{1 + m}$。

类似地，家户的财富演化方程可以写为

$$dN_t^H = l[\Psi_t a + (1 - \Psi_t)\underline{a}] + \Upsilon_t^H(dr_t^E - r_t dt)$$
$$+ y_t(dr_t^H - r_t dt) + N_t^H r_t dt - C_t^H dt \qquad (25)$$

其中，$l[\Psi_t a + (1 - \Psi_t)\underline{a}]$ 为家户无弹性地提供一单位劳动所获得的报酬；$\Upsilon_t^H = (1 - \beta_t)\Upsilon_t$ 为家户在金融机构所投资的风险资产中的风险暴露；y_t 为家户自己直接购买资本存量时的风险暴露。

由于只有专家具有管理金融机构的技术，金融机构的本质为专家向家户提供获得更高风险溢价的金融产品，我们称这种金融产品为"金融机构产品"。此外，由于模型里有连续统的家户和专家，我们可以考虑竞争性的金融机构产品市场，也即每个专家首先根据自己在当期的财富 N_t^E、无风险利率 r_t 和风险收益 r_t^E 选择自己的最优消费 C_t^{E*} 和最优的风险敞口 Υ_t^{E*}。根据自己的风险敞口 Υ_t^{E*}，专家向市场中提供关于组建金融机构的合约 $\{\beta_t, 1 - \beta_t\}$；换言之，专家向市场提供金融机构产品的总供给量为 $\dfrac{1 - \beta_t}{\beta_t}\Upsilon_t^{E*}$。由于合约必须满足由（23）式给出的激励相容条件，因此金融机构产品的供给量必须满足：

$$\Upsilon_t^{E*}(1 - \beta_t)/\beta_t \leqslant m\Upsilon_t^{E*} \qquad (26)$$

也即专家对金融机构产品的供给量不能高于最大值 $m\Upsilon_t^{E*}$。

在竞争性的金融机构产品的市场中，专家的最优化问题如下：

$$\max_{\{c_t^E, \Upsilon_t^E\}} \int_{t=0}^{\infty} e^{-\rho t}\ln(C_t^E)dt \qquad (27)$$
$$\text{s. t.} \quad dN_t^E = \Upsilon_t^E(dr_t^E - r_t dt) + N_t^E r_t dt - C_t^E dt$$

在附录 Ⅱ 里，我们详细地给出了该最优化问题的解，这里只给出结论：

$$C_t^{E*} = \frac{N_t^E}{\kappa} \qquad (28)$$

$$\frac{E[dr_t^E]/dt - r_t}{\sigma + \sigma_t^q} = \frac{\Upsilon_t^{E*}}{N_t^E}(\sigma + \sigma_t^q) \qquad (29)$$

类似地，家户的最优化问题为选择当期的消费 C_t^H 和资产配置。由于家户无法观测到金融机构的投资组合，因此，其只能最优地选择自己在金融机构产品中的风险敞口 Υ_t^H，直接投资风险资产的风险敞口 y_t，以及无风险资产的数量 $N_t^H - \Upsilon_t^H - y_t$，其预算约束为

$$dN_t^H = l[\Psi_t a + (1 - \Psi_t)\underline{a}] + \Upsilon_t^H(dr_t^E - r_t dt)$$
$$+ y_t(dr_t^H - r_t dt) + N_t^H r_t dt - C_t^H dt \qquad (30)$$

显然，根据正文中的（6）式和（7）式，我们有

$$dr_t^E - r_t dt > dr_t^H - r_t dt \qquad (31)$$

因此，根据（30）式，如果专家对金融机构产品的供给没有限制，则家户永远会将自己所有的可用财富投资于金融机构产品，而不会选择自己直接投资，也即 $y_t = 0$；换言之，只有家户对金融机构产品的最优需求量 Y_t^{H*} 高于专家对该产品的最大供给量 mY_t^{E*} 时，家户才有可能选择自己直接投资。也即在均衡时，Y_t^{H*} 必须满足

$$Y_t^{H*} = Y_t^{E*}(1 - \beta_t)/\beta_t \le mY_t^{E*} \tag{32}$$

由于 $Y_t^{E*}/Y_t^{H*} = E_t/H_t$，根据（32）式，我们可以得到专家和家户在金融机构中的股权比例如下：

$$H_t \le mE_t \tag{33}$$

由（33）式可知，家户是否选择直接进行风险投资取决于专家在金融机构中的股权比例。

假设专家必须将全部财富投资金融机构股权的假设，$E_t = N_t^E$。另外，给定家户每期至少储蓄 λN_t^H 的假设，其只能将财富中剩余的部分 $(1 - \lambda)N_t^H$ 在金融机构的股权、无风险资产和直接投资风险资产之间进行选择。当 $(1 - \lambda)N_t^H \le mN_t^E$ 时，假设 $H_t = (1 - \lambda)N_t^H$，这意味着家户将所有的可用财富都投资于金融机构的股权。正文中的数值分析将支持这里的假设。综上，我们有如下结论：

（1）当家户的股权投资不受到限制时，也即当 $(1 - \lambda)N_t^H \le mN_t^E$ 时，$H_t = (1 - \lambda)N_t^H$ 且 $y_t = 0$。此时，金融机构的股权（资本金）总额为 $(1 - \lambda)N_t^H + N_t^E$，无风险的负债为 λN_t^H。金融机构的股权结构为 $\beta_t = \dfrac{\eta_t}{(1 - \lambda)(1 - \eta_t) + \eta_t}$，$\eta_t$ 为专家的财富占全社会总财富的比例。此时，全社会所有的资本存量 $K_t q_t$ 都由金融机构持有。

（2）在股权融资约束紧时，当 $H_t \ge mN_t^E$，$H_t = mN_t^E$，也即家户会将可用财富 $(1 - \lambda)N_t^H$ 中的 mN_t^E 部分投资于金融机构的股权。剩下的 $(1 - \lambda)N_t^H - mN_t^E$ 部分则在储蓄和自己购买资本存量之间进行配置。此时，金融机构的股权总额为 $(1 + m)N_t^E$；金融机构的股权结构为 $\beta_t = \dfrac{1}{1 + m}$。金融机构所持有的资本存量总额则取决于家户所选择的储蓄：（i）当家户将剩下的 $(1 - \lambda)N_t^H - mN_t^E$ 部分都用于储蓄时，金融机构总持有的资本存量为 $K_t q_t$。（ii）当家户将剩下的 $(1 - \lambda)N_t^H - mN_t^E$ 中的一部分用于自己直接购买资本存量时，金融机构总持有的资本存量为 $\Psi_t K_t q_t$。

附录Ⅱ：专家最优化问题的一阶条件

专家的最优化问题为

$$V_t = \max_{\{c_t^E, Y_t^E\}} \int_{t=0}^{\infty} e^{-\rho t} \frac{(C_t^E)^{1-\gamma}}{1 - \gamma}(C_t^E)\, dt \tag{34}$$

$$\text{s. t. } dN_t^E = Y_t^E(dr_t^E - r_t dt) + N_t^E r_t dt - C_t^E dt$$

上述问题可以改写为 H－J－B 方程如下：

$$\rho V_t dt = \max_{\{c_t^E, \theta_t\}} \left\{ \frac{(C_t^E)^{1-\gamma}}{1-\gamma} dt + E_t[dV_t] \right\}$$

$$\text{s. t.} \quad dN_t^E = \left[\theta_t N_t^E \left(\frac{E[dr_t^E]}{dt} - r_t \right) + N_t^E r_t - C_t^E \right] dt + \theta_t N_t^E (\sigma + \sigma_t^q) dZ_t \tag{35}$$

其中，$\theta_t = \Upsilon_t^E / N_t^E$。我们用猜测－验证的方法（Guess－and－Verify）进行求解。首先，猜测值函数的形式为 $V_t = \kappa \dfrac{(N_t^E)^{1-\gamma}}{1-\gamma}$，其中 κ 为待定的常数。对 $V_t = \kappa \dfrac{(N_t^E)^{1-\gamma}}{1-\gamma}$ 运用伊藤引理并结合（35）式中的财富累积方程，可以得到：

$$E_t[dV_t] = \left\{ \frac{\partial V_t}{\partial N_t^E} \left[\theta_t N_t^E \left(\frac{E[dr_t^E]}{dt} - r_t \right) + N_t^E r_t - C_t^E \right] + \frac{1}{2} \frac{\partial^2 V}{\partial (N_t^E)^2} \left[\theta_t N_t^E (\sigma + \sigma_t^q) \right]^2 \right\} dt$$

$$= \left\{ \begin{array}{l} \kappa (N_t^E)^{-\gamma} \left[\theta_t N_t^E \left(\frac{E[dr_t^E]}{dt} - r_t \right) + N_t^E r_t - C_t^E \right] \\ - \dfrac{\gamma}{2} \kappa (N_t^E)^{-\gamma-1} \left[\theta_t N_t^E (\sigma + \sigma_t^q) \right]^2 \end{array} \right\} dt \tag{36}$$

将 $V_t = \kappa \dfrac{(N_t^E)^{1-\gamma}}{1-\gamma}$ 和（36）式代入（35）式中，可得

$$\rho \kappa \frac{(N_t^E)^{1-\gamma}}{1-\gamma} dt = \max_{\{c_t^E, \Upsilon_t^E\}} \left\{ \frac{(C_t^E)^{1-\gamma}}{1-\gamma} dt + \left\{ \begin{array}{l} \kappa (N_t^E)^{-\gamma} \left[\theta_t N_t^E \left(\frac{E[dr_t^E]}{dt} - r_t \right) + N_t^E r_t - C_t^E \right] \\ - \dfrac{\gamma}{2} \kappa (N_t^E)^{-\gamma-1} \left[\theta_t N_t^E (\sigma + \sigma_t^q) \right]^2 \end{array} \right\} dt \right\} \tag{37}$$

（37）式的一阶条件为

$$C_t^E = \kappa^{-\frac{1}{\gamma}} N_t^E \tag{38}$$

$$\theta_t = \frac{\frac{E[dr_t^E]}{dt} - r_t}{\gamma (\sigma + \sigma_t^q)^2} \tag{39}$$

将（38）式和（39）式代入（37）式中，并用待定系数法可得到 $\kappa^{-\frac{1}{\gamma}} = \dfrac{\rho}{\gamma} + \left(1 - \dfrac{1}{\gamma} \right)$ $\left(r_t + \dfrac{[E[dr_t^E]/dt - r_t]^2}{2\gamma (\sigma + \sigma_t^q)^2} \right)$。由此，令 $\gamma = 1$，则有：

$$C_t^E = \rho N_t^E \tag{40}$$

$$\frac{E[dr_t^E]/dt - r_t}{\sigma + \sigma_t^q} = \frac{\Upsilon_t^{E*}}{N_t^E} (\sigma + \sigma_t^q) \tag{41}$$

附录Ⅲ：均衡、η_t 的演化方程和边界条件

根据附录Ⅰ对最优合约的分析，家户的投资组合选择分为两部分。一部分为强制投资 λN_t^H 到无风险资产，也即将 λN_t^H 存款到金融机构中。第二部分为将剩余的 $(1-\lambda)N_t^H$ 在无风险资产、金融机构的股权投资和直接购买资本存量之间进行最优分配。如果家户购买金融机构股权的没有受到约束，也即当 $H_t < mN_t^E$ 时，则家户在金融机构产品中的风险敞口满足 $\Upsilon_t^{H*} < m\Upsilon_t^{E*}$，也即家户的对金融机构产品的需求小于市场中的最大供给量。

由（31）式可知，家户不会选择自己直接购买资本存量，此时，金融机构投资持有的资本存量为 $K_t q_t$；当 $H_t = N_t^H = mN_t^E$ 时，则家户投资金融机构产品受到了约束，则家户可能将 $(1-\lambda)N_t^H - H_t$ 中的一部分直接投资于风险资产。综上，我们有

$$\Psi_t = 1,\ \Upsilon_t = K_t q_t,\ 当 H_t < mN_t^E$$

$$\Psi_t \leqslant 1,\ \Upsilon_t = \Psi_t K_t q_t,\ 当 H_t = mN_t^E$$

1. $H_t = (1-\lambda)N_t^H < mN_t^E$ 时，也即 $(1-\lambda)(1-\eta_t) < m\eta_t$ 时

金融机构的资本金演化方程为

$$
\begin{aligned}
T_t dr_t^I &= \Upsilon_t (dr_t^E - r_t dt) + T_t dt - s_t X_t dt \\
&= K_t q_t dr_t^E - (K_t q_t - (1-\lambda)N_t^H - N_t^E) dr_t
\end{aligned}
\tag{42}
$$

专家的最优化问题：

$$
\max_{\{c_t^E, B_t\}} \int_{t=0}^{\infty} e^{-rt} \ln(C_t^E) dt
$$

$$
\text{s. t. } dN_t^E = \beta_t K_t q_t \Upsilon_t^E (dr_t^E - r_t dt) + N_t^E r_t dt - C_t^N dt
\tag{43}
$$

$$
\Upsilon_t^E = \beta_t K_t q_t,\ \beta_t = \frac{N_t^E}{N_t^E + (1-\lambda)N_t^H} = \frac{\eta_t}{(1-\lambda)(1-\eta_t) + \eta_t}
$$

最优解为

$$
C_t^N = \rho N_t^E
$$

$$
\frac{E[dr_t^E]/dt - r_t}{\sigma + \sigma_t^q} = \frac{\Upsilon_t^{E*}}{N_t^E}(\sigma + \sigma_t^q)
$$

$$
= \frac{N_t^E}{N_t^E + (1-\lambda)N_t^H} \frac{K_t q_t}{N_t^E}(\sigma + \sigma_t^q)
$$

$$
= \frac{1}{\eta_t + (1-\lambda)(1-\eta_t)}(\sigma + \sigma_t^q)
$$

此外，我们可以用伊藤引理写出 $\eta_t = \dfrac{N_t^E}{K_t q_t}$ 的演化方程如下：

$$d\eta_t = d\frac{N_t^E}{K_t q_t}$$

$$= \frac{\eta_t}{\eta_t + (1-\lambda)(1-\eta_t)} [dr_t^E - \lambda(1-\eta_t)r_t dt] dt - \rho\eta_t dZ_t$$

$$+ \eta_t(\sigma + \sigma_t^q)^2 dt - \eta_t dr_t^E + \eta_t \frac{a - i_t}{q_t} dt$$ (44)

$$- \frac{\eta_t}{\eta_t + (1-\lambda)(1-\eta_t)}(\sigma + \sigma_t^q)^2 dt$$

从 (44) 式可知:

$$\eta_t \sigma_t^\eta = \frac{\lambda\eta_t(1-\eta_t)}{\eta_t + (1-\lambda)(1-\eta_t)}(\sigma + \sigma_t^q)$$ (45)

$$\eta_t \mu_t^\eta = \left[\frac{\lambda\eta_t(1-\eta_t)}{\eta_t + (1-\lambda)(1-\eta_t)}\right]^2 (\sigma + \sigma_t^q)^2 \frac{1}{\eta_t} - \rho\eta_t + \eta_t \frac{a - i_t}{q_t}$$ (46)

根据产品市场出清条件, 有

$$C_t^E + C_t^H = a(1 + l)K_t - i_t K_t$$

综合上式和家户与专家的最优消费, 我们有

$$\rho N_t^E + \rho(K_t q_t - N_t^E) = a(1 + l)K_t - i_t K_t$$ (47)

也即

$$\rho q_t + i_t = a(1 + l)$$ (48)

对上式应用伊藤引理, 我们可以得到

$$i_t' dq_t + \frac{1}{2}i_t''(q_t\sigma_t^q)^2 dt = 0$$

$$dq_t = \frac{1}{\rho + i_t'}\left[-\frac{1}{2}i_t''(q_t\sigma_t^q)^2\right]dt$$ (49)

由上式可知:

$$q_t \mu_t^q = \frac{1}{\rho + i_t'}\left[-\frac{1}{2}i_t''(q_t\sigma_t^q)^2\right]$$

$$q_t\sigma_t^q = 0$$ (50)

至此, 给定状态变量 η_t 量的值, 可以通过 (48) 式和 $q_t = \left[\frac{d\Phi_t(i_t)}{di_t}\right]^{-1}$ 计算得到 q_t 和 i_t,

通过 (50) 式可以计算得出 σ_t^q, 通过 (45) 式和 (46) 式计算出 $\eta\sigma_t^\eta$ 和 $\eta\mu_t^\eta$。如此一来, 我们就完全知道了 η_t 的演化方程, 进而模型中其他的内生变量也都可以计算出。

2. $H_t = mN_t^E$ 时, 也即 $(1-\lambda)(1-\eta_t) \geq m\eta_t$ 时

在这种情况下, 经济可以被分为两种情况。第一种情况为家户以股权方式投资于金融机构之外的财富 $(1-\lambda)N_t^H - mN_t^E$ 全部进行储蓄, 此时, 经济的最终结果是金融机构持有

全部的资本存量；在这种情况下，$\Psi_t(\eta_t) = 1$。第二种情况则为家户将其财富分为三种投资方式，一种方式为以股权的方式投资于金融机构，剩下的财富一部分以无风险利率的价格借给金融机构，另一部分则自己直接购买资本存量；在这种情况下，$\Psi_t(\eta_t) < 1$。注意，在 $H_t = mN_t^E$ 时，$\Psi_t(\eta_t)$ 的大小由模型中行为人的最优行为和模型的状态变量 η_t 所决定。

当 $\Psi_t(\eta_t) = 1$ 时，金融机构资本金的演化方程为

$$T_t dr_t^I = K_t q_t dr_t^E - [K_t q_t - (1 + m)N_t^E] dr_t \tag{51}$$

专家的财富演化方程为

$$dN_t^E = \frac{K_t q_t}{1 + m}[dr_t^E - r_t dt]dt + N_t^E r_t dt - \rho N_t^E dZ_t \tag{52}$$

同样的，根据伊藤引理，我们有

$$
\begin{aligned}
d\eta_t &= d\frac{N_t^E}{K_t q_t} \\
&= \left(\frac{1}{1 + m} - \eta_t\right)[dr_t^E - r_t dt]dt - \left(\frac{1}{1 + m} - \eta_t\right)(\sigma + \sigma_t^q)^2 dt \\
&\quad + \eta_t \frac{a - i_t}{q_t}dt - \rho\eta_t dt
\end{aligned}
\tag{53}
$$

从（53）式可以得出 η_t 漂移项和波动项如下：

$$\eta_t \sigma_t^\eta = \left(\frac{1}{1 + m} - \eta_t\right)(\sigma + \sigma_t^q) \tag{54}$$

$$\eta_t \mu_t^\eta = \left(\frac{1}{1 + m} - \eta_t\right)^2 (\sigma + \sigma_t^q)^2 \frac{1}{\eta_t} - \rho\eta_t + \eta_t \frac{a - i_t}{q_t} \tag{55}$$

由于在这种情况下的市场出清条件也由（48）式给出，则类似于上文中的步骤，可以计算出如下结果：

$$q_t \mu_t^q = \frac{1}{\rho + i_t'}\left[-\frac{1}{2}i_t''(q_t \sigma_t^q)^2\right] \tag{56}$$

$$q_t \sigma_t^q = 0 \tag{57}$$

$$
\begin{aligned}
E[dr_t^E]/dt - r_t &= \sigma_t^N \sigma_t^E = \frac{1}{\eta_t + (1 - \lambda)(1 - \eta_t)}(\sigma_t^E)^2 \\
&= \frac{1}{\eta_t + (1 - \lambda)(1 - \eta_t)}(\sigma_t^q + \sigma)^2
\end{aligned}
\tag{58}
$$

则，给定状态变量 η_t 量的值，可以通过（48）式计算 q_t 和 i_t，通过（57）式可以计算得出 σ_t^q，通过（54）式和（55）式计算得出 $\eta\sigma_t^\eta$ 和 $\eta\mu_t^\eta$。如此一来，我们就完全知道了 η_t 的演化方程。

当 $\Psi_t(\eta_t) < 1$ 时，由于专家的财富 N_t^E 在经济中总财富所占的比例 η_t 太低，导致金融机构的资本金价值 $(1 + m)\eta_t$ 也太低，这意味着金融机构和专家的杠杆率太高。在边际上，金融机构所持有的资本存量所带来损失也会造成专家财富较大的损失，进而使得

专家的边际效用大幅上升，因此，专家所管理的金融机构会降低资产组合风险资产的比例，进而降低杠杆率，这意味着金融机构将出售部分资本存量。此时，家户无法将除金融机构的股权投资之外的财富全部都以无风险利率的价格借给金融机构，而会将其中的一部分自己直接购买资本存量，即使这样带来的回报率较低。当然，家户是否选择自己直接购买资本存量以及购买数额由模型内生决定。

此时，金融机构资本金的演化方程为

$$T_t dr_t^I = \Psi_t K_t q_t dr_t^E - (\Psi_t K_t q_t - (1 + m) N_t^E) dr_t \tag{59}$$

专家的财富演化方程为

$$dN_t^E = \frac{\Psi_t K_t q_t}{1 + m} [dr_t^E - r_t dt] dt + N_t^E r_t dt - \rho N_t^E dZ_t \tag{60}$$

根据伊藤引理，可以得到

$$d\eta_t = d \frac{N_t^E}{K_t q_t}$$

$$= \left(\frac{\Psi_t}{1 + m} - \eta_t\right) [dr_t^E - r_t dt] - \left(\frac{\Psi_t}{1 + m} - \eta_t\right) (\sigma + \sigma_t^q)^2 dt \tag{61}$$

$$+ \eta_t \left[\frac{a - i_t}{q_t} dt + (1 - \Psi_t)(\underline{\delta} - \delta) - r\right] dt$$

从（61）式可以得出 η_t 漂移项和波动项如下：

$$\eta_t \sigma_t^\eta = \left(\frac{\Psi_t}{1 + m} - \eta_t\right)(\sigma + \sigma_t^q) \tag{62}$$

$$\eta_t \mu_t^\eta = \left(\frac{\Psi_t}{1 + m} - \eta_t\right)^2 (\sigma + \sigma_t^q)^2 \frac{1}{\eta_t} + \eta_t \left[\frac{a - i_t}{q_t} + (1 - \Psi_t)(\underline{\delta} - \delta) - \rho\right] \tag{63}$$

家户的财富累积方程为

$$dN_t^H = \frac{m}{1 + m} \Psi_t K_t q_t [dr_t^E - r_t dt] dt + (1 - \Psi_t) K_t q_t (dr_t^H - r_t dt) \tag{64}$$

$$+ N_t^H r_t dt - \rho N_t^H dt$$

由（64）式可知，

$$\sigma_t^{NH} = \left[\frac{m}{1 + m} \frac{\Psi_t}{1 - \eta_t} + \frac{1 - \Psi_t}{1 - \eta_t}\right](\sigma + \sigma_t^q) \tag{65}$$

类似于附录Ⅲ中的1、2小节的分析，我们有

$$\frac{E[dr_t^E]}{dt} - r_t = \frac{\Psi_t}{1 + m} \frac{1}{\eta_t} (\sigma + \sigma_t^q)^2 \tag{66}$$

$$\frac{E[dr_t^H]}{dt} - r_t = \left[\frac{m}{1 + m} \frac{\Psi_t}{1 - \eta_t} + \frac{1 - \Psi_t}{1 - \eta_t}\right](\sigma + \sigma_t^q)^2 \tag{67}$$

由论文正文中（6）式和（7）式可知，

$$dr_t^E - dr_t^H = \frac{a - \underline{a}}{q_t}dt + (\underline{\delta} - \delta)dt \qquad (68)$$

由（66）式、（67）式和（68）式可得

$$\frac{a - \underline{a}}{q_t} + (\underline{\delta} - \delta) = \left[\frac{\Psi_t}{1 + m}\frac{1}{\eta_t} - \frac{m}{1 + m}\frac{\Psi_t}{1 - \eta_t} - \frac{1 - \Psi_t}{1 - \eta_t}\right](\sigma + \sigma_t^q)^2 \qquad (69)$$

由此上式可以得出：

$$(\sigma + \sigma_t^q) = \sqrt{\frac{\dfrac{a - \underline{a}}{q_t} + \underline{\delta}}{\left[\dfrac{\Psi_t}{1 + m}\dfrac{1}{\eta_t} - \dfrac{m}{1 + m}\dfrac{\Psi_t}{1 - \eta_t} - \dfrac{1 - \Psi_t}{1 - \eta_t}\right]}} \qquad (70)$$

此外，市场出清条件由如下方程给出：

$$\rho N_t^E + \rho(K_t q_t - N_t^E) = a(1 + l)\Psi_t K_t + \underline{a}(1 + l)(1 - \Psi_t)K_t - i_t K_t$$

从上式可以解出 Ψ_t 的值如下：

$$\Psi_t = \frac{\rho q_t + i_t - \underline{a}(1 + l)}{(a - \underline{a})(1 + l)} \qquad (71)$$

由伊藤引理，可以知道，

$$dq_t = \frac{dq_t(\eta_t)}{d\eta_t}\eta_t\mu_t^\eta dt + \frac{1}{2}\frac{d}{d\eta_t}\left(\frac{dq_t(\eta_t)}{d\eta_t}\right)(\eta_t\sigma_t^\eta)^2 dt + \frac{dq_t(\eta_t)}{d\eta_t}\eta_t\sigma_t^\eta dZ_t \qquad (72)$$

显然，从（72）式可知，q_t 的波动项为

$$q_t\sigma_t^q = q_t{}'\eta_t\sigma_t^\eta \qquad (73)$$

将（72）式代入（73）式可得

$$q_t\sigma_t^q = q_t{}'\left(\frac{\Psi_t}{1 + m} - \eta_t\right)(\sigma + \sigma_t^q)$$

也即

$$q_t{}' = \frac{q_t\sigma_t^q}{\left(\dfrac{\Psi_t}{1 + m} - \eta_t\right)(\sigma + \sigma_t^q)} \qquad (74)$$

在（74）式中，$(\sigma + \sigma_t^q)$ 由（70）式给出，Ψ_t 由（71）式给出，且 i_t 由 $q_t = \left[\dfrac{d\Phi_t(i_t)}{di_t}\right]^{-1}$ 给出。因此，给定状态变量 η_t 的值，（74）式所给出的一阶常微分方程可以完全解出 q_t 值。进而，根据（62）式、（63）式和（66）式，我们可以计算得出 η_t 的演化方程和风险资产的风险溢价。

值得指出的是，计算（74）式所表示的微分方程需要一个边界条件。显然，当 $\eta_t = 0$ 时，金融机构的股权也必然为 0，这意味着 $\Psi_t = 0$。因此，根据（48）式，我们可以得到 $q_t(0)$ 的值，此即为我们所找的边界条件。

附录IV：η_t 的平稳分布和转移概率密度

首先，我们验证状态变量 η_t 的随机微分方程的解的存在性和唯一性。由于（63）式的等号右边含有 $\left(\dfrac{\Psi(\eta)}{1+m}-\eta\right)^2(\sigma+\sigma^q)^2\dfrac{1}{\eta}$，因而我们剔除 $\eta=0$ 的极端情况并设定 η 的取值范围为 $[10^{-8},1]$。给定模型中外生的参数，数值计算的结果为

$$\eta_{\min}=10^{-8},\ (\eta\mu^\eta)_{\min}=-0.0036,\ (\eta\sigma^\eta)_{\min}=7.8954\times10^{-8}$$

$$\eta_{\max}=1,\ (\eta\mu^\eta)_{\min}=0.0173,\ (\eta\sigma^\eta)_{\max}=0.0296$$

根据微分方程解的存在性和唯一性定理[1]，如果对于 $\forall\,\eta,\eta_1,\eta_2\in[10^{-8},1]$[2]，存在某个常数 C 和 D 使得如下两个不等式成立，则该随机微分方程存在唯一的连续解：

$$|\eta\mu^\eta|+|\eta\sigma^\eta|\leqslant C(1+|\eta|) \tag{75}$$

$$\frac{|(\eta\mu^\eta)_1-(\eta\mu^\eta)_2|}{|\eta_1-\eta_2|}+\frac{|(\eta\sigma^\eta)_1-(\eta\sigma^\eta)_2|}{|\eta_1-\eta_2|}\leqslant D \tag{76}$$

---

[1] 蒲兴成和张毅（2010），第 37 页，定理 5.2。

[2] 此处，η_1 和 η_2 仅仅代表区间 $[10^{-8},1]$ 中的两个值，而非 η 在时刻 1 和时刻 2 的取值。类似地，$(\eta\mu^\eta)_1$ 和 $(\eta\mu^\eta)_2$ 也代表 $\eta\mu^\eta$ 的两个取值。

Financial Institution Crisis and Financial Crisis: A Perspective of a Macro Finance Model

Wang Yiming   Liang Zhibing

(*School of Economics, Peking University, Beijing* 100871, *China*)

Abstract: The heterogeneous – agent macro finance model in this paper investigate the economic mechanism how an economy changes from a normal phase to a crisis phase and the resource allocation and asset pricing patterns during the transition. As equity of financial institution declines endogenously, the economy transmits from the normal phase to financial institution crisis, and then financial crisis. During the phase of financial institution crisis, the velocity of equity loss of financial institution is far higher than that of the wealth loss of whole economy, and the decline of interest rate significantly leads asset prices and the efficiency of investment and production. However, they all decrease sharply when the economy enters financial crisis. Our model's numerical conclusions are essentially consistent with two patterns of the Subprime crisis in the US.

Keywords: Financial Crisis, Financial Institution Crisis, Financial Friction

JEL Classification: E32, G29, G21

国债期货套期保值策略研究

——基于中国的经验证据[①]

◎ 宗 良 熊启跃[②]

内容摘要：本文使用 2013 年 10 月至 2014 年 8 月的日度数据，运用每日 Rolling 的方法比较了 6 种不同国债期货套期保值策略的效果。本文的实证结果发现，利用"久期 + 凸性"方法确定的最优套期保值比例能够最大程度降低资产组合风险且成本最低；债市上行周期的套期保值效果好于下行周期；"久期 + 凸性"方法在非交割月的套期保值效果明显好于其他方法。

关键词：套期保值 套期保值比率 国债期货 最便宜可交割证券

中图分类号：F832 **文献标识码**：A

一、引言

套期保值是期货的基本功能，它是指投资者在期货交易中建立一个与现货头寸相反的交易部位，由于期货和现货价格大体受相同因素影响，在期货合约到期时，市场套利行为将使期货和现货价格趋于一致，这样通过持有与现货头寸相反的交易部位，投资者即可实现对冲风险的目的。

经过多年发展，我国国债市场已初具规模，截至 2014 年底，我国国债存量规模达 9.54 万亿元，是 2004 年底国债券存量的 3 倍。随着我国金融市场不断深化、货币调控方式逐步转变，国债市场在金融体系中的作用日益凸显。党的十八届三中全会指出，要

---

① 基金资助：中国银行—中金所联合课题组"人民币国际化背景下国债期货研究"，中国博士后基金第 55 期面上项目"资本监管的宏微观效应研究"。

② 作者介绍：宗良，中国银行国际金融研究所副所长，研究员，研究方向：资本市场运作、国际金融。熊启跃，中国银行国际金融研究所，研究方向：国际金融。

建立充分反映市场供求关系的国债收益率曲线。与此同时，我国利率市场化进程的不断推进、金融机构竞争日趋激烈，市场主体对于规避利率风险金融工具的需求与日俱增。2013 年 9 月，中金所推出了 5 年期国债期货，国债期货推出为国债持有者规避风险、进行套期保值提供了有效工具。在此背景下，选择适合我国国债市场以及国债期货品种的套期保值策略，对于市场主体（特别是持有大量国债现货的商业银行和保险公司）规避风险，进一步推进利率市场化改革，构建反映市场供求关系的国债收益率曲线具有重要意义。

与一般期货品种相比，国债期货的套期保值策略具有以下特点：首先，交割采用名义标准券制度，中金所推出的 5 年期国债期货可供交割的标的资产是名义标准券，而名义标准券与 4 ~ 7 年的国债现货之间存在一个兑换关系，这些券种中就存在最便宜可交割证券，由于债券现货价格每日都会波动，对于最便宜可交割债券的动态选择是一个值得关注的问题；其次，可供交割的标的资产是固定收益类金融资产，无须贮藏成本；但这类金融资产具有固定期限、稳定的现金流偿付等特征。这使得久期、凸性等指标在国债期货的套期保值过程中将发挥十分重要的作用。

有基于此，本文在充分考虑到国债期货套期保值技术特点的基础上，使用 2013 年 10 月至 2014 年 8 月的日度交易数据，运用 Rolling 方法比较了 6 种不同国债期货套期保值效果。本文的实证结果表明，利用"久期 + 凸性"方法确定的最优套期保值比例能够在最大程度上降低资产组合的风险并且成本最低；债市上行周期国债期货的套期保值效果强于下行周期；"久期 + 凸性"的方法在非交割月时的套保效果明显好于其他方法。本文丰富了国内关于国债期货套期保值方法的理论研究，得出的相关结论对市场参与者进行套期保值具有一定的参考意义。

二、文献综述

（一）套期保值理论和技术发展

关于期货套期保值策略的研究始于 20 世纪 20 年代。早期研究聚焦于套期保值理论，如 Keynes（1923）、Hicks（1946）提出的全额套期保值的经典理论，Working（1953）提出基差逐利套期保值策略，Johnson（1960）提出的最小方差保值比率的方法，Stein（1960）提出的组合套期保值的理论，Ederington（1979）整理了套期保值策略，将其分为简单套期保值、选择性套期保值和投资组合套期保值。

随着计量经济学的发展，套期保值在技术方面有了较大发展，其中一个重要的研究分支就是最优套期保值比例的选取。Engle 和 Bollerslev（1986）将条件异方差模型（GARCH）运用到套期保值策略中，并指出基于 GARCH 模型计算的动态套期保值策略能够达到更佳的套期保值效果；Engle 和 Granger（1987）将协整理论应用到套期保值策略中计算最优套期保值比率；Bollerslev（1990）提出常相关系数模型（CCC－GARCH），采用外汇期货进行实证分析，发现 CCC－GARCH 模型的套保效果优于 OLS 模型；Kroner and Sultan（1993）使用 ECM－GARCH 模型证明时变的套期保值比率在保值效率方面要优于静态的套期保值比率。Tseng（2008）等人建立的基于 Copula 类函数的 GARCH 类模型计算套期保值比例。

国内套期保值领域的研究起步较晚，从研究方法上看，主要采用的是基于效用函数下的最优套期保值计算，黄长征（1997）提出了效用函数非线性化下的套期保值比率，并将线性均值—方差模型推广到非线性模型；屈小博等（2004）阐述了套期保值避险原理和基差风险，通过数学推导得到了风险最小化的套期保值比率；迟国泰等（2008）通过比较商品期货的在险价值（Value at Risk）套期保值比例、传统套期比例和最小方差比后发现，基于在险价值的套期保值比率最小。从研究套期品种来看，较多关注商品期货和股指期货的套期保值效果，如付胜华和檀向球（2009），迟国泰等（2009），郑振龙等（2011），李媛（2010）等。

（二）国债期货相关研究

"3·27"事件使我国国债期货市场不幸夭折。由于缺乏相关的数据支持，国内学术界对国债期货的研究主要集中在国债期货在我国金融市场中的作用、恢复国债期货市场的必要性以及重启国债期货市场政策建议等方面。如党建（2002）指出，推出国债期货和期权，有利于加入 WTO 后金融机构规避利率风险，吴晓求等（2003）和黄泽民（2010）分析了重启国债期货市场的必要性和可行性，指出开设国债期货交易不仅是我国金融市场发展的内在需求，而且条件也已经具备。宗良和熊启跃（2014）的研究指出，应尽快向商业银行开放国债期货市场，这样有利于提高金融机构的风险防范能力、提高国债期货市场的广度和深度；熊启跃和海米提（2014）基于国债市场的相关数据，对国债期货推出后的市场数据进行了描述性统计，他们的研究结果发现，国债期货的推出从提高最便宜可交割债券的交易量、提高跨市场债券收益率和不同期限收益率相关性三个方面对国债收益率曲线的形成产生了积极作用。

由于相关历史数据的缺乏，学术界对国债期货套期保值策略的研究并不多见，袁朝阳等（2012）通过对国债期货仿真交易数据的实证研究发现，国债期货与现货价格存在均衡关系，国债期货呈现出一定的风险规避功能。但他们的研究并未基于真实的交易数据，与此同时，也未进一步对套期保值比率、成本进行讨论。本文基于国债期货后的真实交易数据进行分析，在分析的过程中，我们比较了 6 种国债期货套期保值策略效果及成本，并分析了债市周期以及交割和非交割月份国债期货套期保值效果的差异，以期填补国内国债期货套期保值领域的空白。

三、国债期货套期保值的策略设计

最优套期保值比例 h^* 的确定

国债期货最优套期保值比率 h^* 的确定方法主要有三种：久期法、"久期＋凸性"法、基点价值法。

1. 久期法。根据债券定价公式，债券价格等于其未来现金流折现现值之和：

$$P = \sum_{t=1}^{n} \frac{CFt}{(1+r)^t} \qquad (1)$$

如果对价格对收益率进行求导，可以得到（2）式：

$$\frac{dP}{P} = \frac{-1}{1+r} \times \frac{1}{P} \times \sum_{t=1}^{n} \frac{t \times CF_t}{(1+r)^t} dr \qquad (2)$$

在（2）式中，P 为债券现值，CF_t 为第 t 期现金流，r 为债券的贴现率。债券的久期 D 如（3）式所示：

$$D = \frac{1}{P} \sum_{t=1}^{n} \frac{CF_t \times t}{(1+r)^t} \qquad (3)$$

将（3）式代入：

$$\frac{dP}{dr} = \frac{-1}{1+r} \times D \times P \qquad (4)$$

这里引入修正久期 D'：

$$D' = \frac{-D}{1+r} \qquad (5)$$

那么（3）式可化为

$$\frac{dP}{dr} = D' \times P \qquad (6)$$

在（6）式中，修正久期 D' 可度量收益率 r 变动对债券价格 P 的影响。在不考虑储藏成本和时间价值的情况下，国债期货价格可用最便宜可交割债券 CTD 的价格进行替代，那么国债期货价格对收益率变动的敏感性则可用（7）式表示：

$$\frac{dF}{dr} = \frac{dP_{CTD}}{dr} = D'_{CTD} \times F \qquad (7)$$

最优套期保值比例 h^* 的确定方法就是使期货和现货对于收益率变动的敏感性相等，即 CTD 修正久期与现货修正久期相等：

$$\frac{dF}{dr} \times h = \frac{dP}{dr} \qquad (8)$$

基于久期的最优套期保值比例 h^* 为

$$h^* = \frac{P_{现} \times D'_{现}}{F \times D'_{CTD}} \tag{9}$$

2. "久期 + 凸性"法。度量债券价格对无风险利率变动的敏感性往往采用债券的修正久期。使用修正久期方法收益率变动的影响在收益率小幅波动的情况下是有效的，然而，当利率变化较大时，利用修正久期方法进行套期保值的误差较大。通过泰勒展开不难发现，无风险利率变动对债券价格的影响可以写成利率变动高阶矩求和的形式，通常使用的久期方法只是捕捉到了一阶矩 $\frac{dP}{dr}$ 的相关信息：

$$dP = \frac{dP}{dr} \times dr + \frac{1}{2} \times \frac{d^2 P}{dr^2} \times (dr)^2 + \frac{1}{3} \times \frac{d^3 P}{dr^3} \times (dr)^3 + \cdots + \frac{1}{n} \times \frac{d^n P}{dr^n} \times (dr)^n \tag{10}$$

为了能够更好地捕捉敏感性信息，本文通过增加二阶矩 $\frac{1}{2} \times \frac{d^2 P}{dr^2} \times (dr)^2$ 的方法对套期保值比例进行改进，从债券价格变化对利率变化的泰勒展开式可以得到（11）式：

$$\frac{dP}{P} = \frac{1}{P} \times \frac{dP}{dr} dr + \frac{1}{2} \times \frac{1}{P} \times \frac{d^2 P}{dr^2} \times (dr)^2 + o(dr) \tag{11}$$

其中，二阶矩可用债券的凸性进行表示：

$$C = \frac{d^2 P}{dr^2} \times \frac{1}{P} = \frac{1}{P} \sum_{t=1}^{n} \frac{CF_t \times t(1+t)}{(1+r)^t} \times \frac{1}{(1+r)^2} = \frac{dD'}{dr} \tag{12}$$

在"久期 + 凸性"方法中，最优套期保值比例 h^* 与久期方法的思路相同，是使期货和现货价格对于无风险利率变动的敏感性相等，即如（13）式所示：

$$\left(\frac{dF}{dr} + 0.5 \times \frac{d^2 F}{dr^2} \right) \times h^* = \frac{dP}{dr} + 0.5 \times \frac{d^2 p}{dr^2} \tag{13}$$

基于"久期 + 凸性"计算的最优套期保值比例 h^* 为

$$h^* = \frac{P \times (0.5 \times C_{现} + D_{现})}{F \times (0.5 \times C_{CTD} + D_{CTD})} \tag{14}$$

3. 基点价值法。基点价值（Basic Point Value）度量了在利率变动 1 个基点时，债券价值的变化：

$$BVP = -\frac{1}{10000} \times \frac{dP}{dy} \tag{15}$$

对于期货合约的基点价值一般采用最便宜可交割债券的基点价值除以转换因子，如下的计算方法：

$$BVP_F = \frac{BVP_{CTD}}{CF} \tag{16}$$

那么对于基点价值的套保方法，就是使期货和现货基点价值相等：

$$h^* = \frac{BVP_{现}}{BVP_{CTD}} \times CF_{CTD} \tag{17}$$

4. 对最优套期保值比率 h^* 的修正。修正久期法、久期凸性法和基点价值法都是假设在利率变动时，债券和国债期货收益率的变化幅度是相同的。但受期限特征、信用等级等因素的影响，现货与国债期货的最便宜可交割债券的收益率的变动往往并不同步。有基于此，本文引入系数 β 对套期保值比率 h^* 进行调整，其计算方法为

$$yt = \alpha + \beta \times yt_{CTD} + \varepsilon \tag{18}$$

在（18）式中，yt 为债券现货第 t 天到期收益率，yt_{CTD} 为国债期货第 t 个交易日最便宜可交割债券的到期收益率。系数 β 是通过最小二乘估计得到的。得到新的最优套期保值比例：$h^{*\prime} = \beta \times h^*$，得到调整后的套期保值比率 $h^{*\prime}$。

表 1　　　　　　　　　**套期保值比率 h^* 的汇总**

	久期	久期 + 凸性	基点价值
套期保值比率 h^*	$\dfrac{P_现 \times D'_现}{F \times D'_{CTD}}$	$\dfrac{P \times (0.5 \times C_现 + D_现)}{F \times (0.5 \times C_{CTD} + D_{CTD})}$	$\dfrac{BVP_现}{BVP_{CTD}} \times CF_{CTD}$
β 系数调整 $h^{*\prime}$	$\beta \times \dfrac{P_现 \times D'_现}{F \times D'_{CTD}}$	$\beta \times \dfrac{P \times (0.5 \times C_现 + D_现)}{F \times (0.5 \times C_{CTD} + D_{CTD})}$	$\beta \times \dfrac{BVP_现}{BVP_{CTD}} \times CF_{CTD}$

5. 套期保值效果的度量。为了简单起见，本文假设投资者持有 1 单位国债现券，需要通过持有 h^* 的国债期货进行卖出套期保值，则其损益为

$$R_h = P_T - P_t - (F_T - F_t) * h^* \tag{19}$$

其中：P_t 为套期保值开始时的现货价格，P_T 为当日现货价格，F_t 为套期保值开始时的期货价格，F_T 为当日期货价格。h^* 为套期保值比率。如果投资者不进行套期保值，而仅持有现货，则损益为

$$R_u = P_T - P_t \tag{20}$$

套期保值的目的是使资产组合 R_h 的波动性明显小于仅持有现货资产 R_u，为了对套期保值效果进行衡量，构建避险指数 H_e，其表达式如下：

$$H_e \mid t - T = 1 - \frac{Var(R_h)}{Var(R_u)} = 1 - \frac{Var[P_T - P_t - (F_T - F_t) \times h^*]}{Var(P_T - P_t)} \tag{21}$$

$H_e \mid t - T$ 表示在 $t - T$ 阶段可通过套期保值规避的国债现货风险，其值越大表明套期保值效果越好。

四、实证检验

（一）样本选择

1. 券种选择。本文选取了 2013 年 9 月以来出台的三种国债期货产品，它们分别是 TF1409、TF1406 和 TF1312，选择的三种期货品种既有尚未交割的期货品种，也有临近交割或已经完成交割的期货品种，综合考虑了期货与现货在临近交割时价格收敛的特

性。选择了 5~7 只银行间市场国债现货品种，这些券种的交易较为活跃、流动性较好，能够充分反映市场信息，保证了套期保值效果。①

2. 窗口期选择。本文选取了三个窗口期，分别为：2014 年 4 月 1 日—7 月 17 日、2013 年 9 月 6 日—12 月 11 日和 2014 年 1 月 22 日—6 月 12 日（图 1）。2013 年 6—12 月，国债价格处于明显下行区间；2014 年 1—7 月，国债价格处于上行区间。本文选择的三个窗口期涵盖了上行和下行周期，综合分析了国债期货套期保值在不同市场周期中的套保效果。

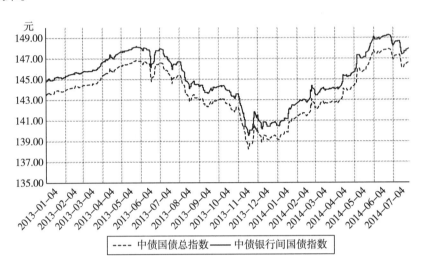

图 1 中债国债总指数、银行间指数变动情况

（二）研究方法

本文选择以 30 天为周期，1 天为间隔在窗口期内的每个交易日进行滚动套期保值。即以第 1—30 天，2—31 天，3—32 天为时间跨度，在每个交易日结束后动态对套期保值比例进行调整，从而对套期保值效果进行比较。这样处理增加了可供比较的样本数量；以 30 天为周期使分析结构更具可比性；同时，每日套期保值比率是由当日的 CTD、修正久期和凸性等数据动态计算得到，保证了套期保值比率的准确性。

本文使用 $H_e|30$ 来量化衡量套期保值效果。这个指标反映了套期保值策略规避风险的效果，在 30 天周期的时间内，计算 1 单位现货的损益 R_u 和 1 单位现货和 h^* 单位国债期货空单组合的波动率情况：

$$H_e|30 = 1 - \frac{Var(R_h)}{Var(R_u)} = 1 - \frac{Var[P_{30} - P_1 - (F_{30} - F_1) \times h^*]}{Var(P_{30} - P_1)} \tag{22}$$

（三）实证结果

1. 全样本套期保值效果分析。表 2 显示了全样本期套期保值效果，不难发现，"久

---

① 数据来源于 Wind 数据库。

期＋凸性"方法和 β 调整的"久期＋凸性"方法取得的最佳效果次数较多，分别达 324 次和 282 次，但由于两种方法计算的效果偏差较大，其平均排名低于其他方法；从风险回避程度看，即使表现最差的方法也能规避现货国债 29.65% 的风险，说明国债期货套期保值的效果较为明显，其中，避险效果最好的方法是"久期＋凸性"方法，避险效果达 36.15%，并在 5% 的置信水平显著。

表2 全样本套期保值效果统计

套保方法	久期	久期＋凸性	基点价值	β 久期	β 久期＋凸性	β 基点价值
第1次数	216	282	239	241	324	262
第6次数	100	168	104	68	193	53
风险规避	31.38	36.15	31.63	29.07	31.86	29.65
平均排名	3.27	3.20	3.32	2.86	3.14	2.87
标准差	1.73	1.87	1.79	1.59	1.95	1.61
z 统计量	-0.09	1.83 **	0.003	-0.73	0.07	-0.58
实验次数	909	909	909	909	909	909

上表中，采用"z - 双样本平均差检验"进行假设检验。零假设 $H_0: \mu - \mu$ 均值 > 0；备择假设 $H_1: \mu - \mu$ 均值 > 0。*，**，*** 分别表示在 10%、5% 和 1% 的置信水平下显著（下同）。

表3 将各种方法平均风险规避程度进行了检验，可以发现"久期＋凸性"的平均风险规避程度显著高于除 β "久期＋凸性"以外的其他套期保值方法。在剩余的方法比较中，没有再优于其他方法的策略。

表3 全样本风险规避程度两两假设检验[①]

Z 统计量	久期	久期＋凸性	基点价值	β 久期	β "久期＋凸性"	β 基点价值
久期	-	-1.44 *	-0.07	0.56	-0.12	0.42
久期＋凸性	1.44 *	-	1.37 *	1.79 **	1.16	1.67 **
基点价值	0.07	-1.37 *	-	0.62	-0.05	0.49
β 久期	-0.56	-1.79 **	-0.62	-	-0.62	-0.12
β "久期＋凸性"	0.12	-1.16	0.05	0.62	-	0.50
β 基点价值	-0.42	-1.67 **	-0.49	0.12	-0.50	-

注：*，**，*** 分别表示在 10%、5% 和 1% 的置信水平显著。

2. 全样本套期保值成本分析。套期保值比率可揭示套期保值所需成本，套期保值比率越高，成本越高。表4 显示了各种方法的套保比率，"久期＋凸性"和 β 调整后的"久期＋凸性"方法的平均套期保值比例最低，分别为 0.93 和 0.91，并且分别在 5% 和 1% 的置信水平低于平均套期保值比例。久期和基点价值方法的最优套期保值比例分别

———————

① 表格中为 z 统计量的值，值为负表示左侧数据的平均值小于上方数据的平均值，正值表示左侧数据平均值大于上方数据平均值。Z 统计量绝对值越大表示平均值大小对比越显著。（下同）

为 0.97 和 0.97，并且都在 1% 的置信水平高于样本均值。根据两两假设检验结果（表 5），不难得出以下结论：β "久期 + 凸性" 的成本最小，"久期 + 凸性" 位居第二。"久期 + 凸性" 方法在风险回避效果和成本节约方面均有良好的效果。

表 4 　　　　　　　　　　全样本套期保值比率统计

	久期	久期 + 凸性	基点价值	β 久期	β "久期 + 凸性"	β 基点价值
最低成本次数	85	296	106	87	450	107
最高成本次数	196	100	172	94	95	122
平均排名	3.88	2.84	4.13	3.40	2.39	3.67
套保比率	0.97	0.93	0.97	0.95	0.91	0.94
套保 z 统计量	5.81 ***	− 2.06 **	5.34 ***	− 0.06	− 3.26 ***	− 0.24

表 5 　　　　　　　　　　全样本套期保值比率两两假设检验

Z 统计量	久期	久期 + 凸性	基点价值	β 久期	β "久期 + 凸性"	β 基点价值
久期	—	5.36 ***	0.35	3.29 ***	5.72 ***	3.50 ***
久期 + 凸性	− 5.36 ***	—	− 5.10 ***	− 1.46 *	1.49 *	− 1.34 *
基点价值	− 0.35	5.10 ***	—	3.06 ***	5.53 ***	3.26 ***
β 久期	− 3.29 ***	1.46 *	− 3.06 ***	—	2.67 ***	0.13
β "久期 + 凸性"	− 5.72 ***	− 1.49 *	− 5.53 ***	− 2.67 ***	—	− 2.57 ***
β 基点价值	− 3.50 ***	1.34 *	− 3.26 ***	− 0.13	2.57 ***	—

3. 债市周期对套期保值效果影响。在债市不同周期，期货和现货间价格走势的相关性会出现一定程度背离，为增强实证结果的可靠性，本文根据现货市场债券的走势将市场分为不同周期进行比较（表 6）。通过观察平均风险规避程度 H_e 不难发现，上行周期的套保效果明显好于下行周期，上行周期的平均风险规避程度在 60% 以上，而下行周期则不足 50%。从各个方法比较来看，β "久期 + 凸性" 法在上行和下行周期中均有较好的平均风险回避 H_e，分别达 66.94% 和 48.94%。久期和基点价值方法在上行周期表现较差，β 久期在下行周期表现较差。

表 6 　　　　　　　　　不同债市周期中各套保比率统计

上行周期	久期	久期 + 凸性	基点价值	β 久期	β "久期 + 凸性"	β 基点价值
第 1 次数	78	79	87	95	102	97
第 6 次数	45	64	31	11	65	20
平均 H_e	60.73	65.06	60.81	66.90	66.94	66.87
排名期望	3.58	3.05	3.62	2.83	3.10	2.85
下行周期	久期	久期 + 凸性	基点价值	β 久期	β "久期 + 凸性"	β 基点价值
第 1 次数	51	54	45	50	61	62
第 6 次数	7	38	12	20	30	7
平均 H_e	47.80	49.70	47.75	46.79	48.94	46.97
排名期望	3.06	3.18	3.12	2.74	3.02	2.68

表7 上行周期假设检验结果（试验次数308）

Z统计量	久期	久期 + 凸性	基点价值	β久期	β"久期 + 凸性"	β基点价值
久期	—	− 1.60 *	− 0.02	− 2.34 ***	− 2.41 ***	− 2.32 ***
久期 + 凸性	1.60 *	—	1.57 *	− 0.81	− 0.86	− 0.80
基点价值	0.02	− 1.57 *	—	− 2.31 **	− 2.38 ***	− 2.30 **
β久期	2.34 ***	0.81	2.31 **	—	− 0.02	0.01
β"久期 + 凸性"	2.41 ***	0.86	2.38 ***	0.02	—	0.03
β基点价值	2.32 ***	0.80	2.30 **	− 0.01	− 0.03	—

从上行周期两两检验结果看（表7），使用 β 调整过后的三种方法套保效果均由优于样本平均，久期法和基点价值法的效果则显著低于平均效果。在下行周期检验结果中（表8），各个方法之间并没有显著的优劣关系。

表8 下行周期假设检验结果（试验次数160）

Z统计量	久期	久期 + 凸性	基点价值	β久期	β"久期 + 凸性"	β基点价值
久期	—	− 0.44	0.01	0.22	− 0.27	0.18
久期 + 凸性	0.44	—	0.45	0.71	0.203	0.67
基点价值	− 0.01	− 0.45		0.21	− 0.28	0.17
β久期	− 0.22	− 0.71	− 0.21	—	− 0.54	− 0.04
β"久期 + 凸性"	0.27	− 0.20	0.28	0.54	—	0.50
β基点价值	− 0.18	− 0.67	− 0.17	0.04	− 0.50	—

4. 债市周期对套期保值成本影响。表9表示了在不同债市周期中套期保值比率的比较结果。"久期 + 凸性"和 β "久期 + 凸性"法在上行和下行周期中都有较低的套期保值比率，从而更能节约成本；而久期和基点价值法的成本相对较高。通过上行周期检验反映出久期法和基点价值法的成本显著高于平均水平，并没有套保方法的成本显著低于平均水平（表10）。

表9 不同债市周期套保比率统计

上行	久期	久期 + 凸性	基点价值	β久期	β"久期 + 凸性"	β基点价值
最低次数	40	90	34	34	151	29
最高次数	80	39	38	34	44	29
平均排名	3.93	3.34	4.09	3.11	2.46	3.47
套保比率	0.9836	0.9449	0.9832	0.9158	0.8963	0.9245
下行	久期	久期 + 凸性	基点价值	β久期	β"久期 + 凸性"	β基点价值
最低次数	14	73	13	14	77	18
最高次数	26	6	37	4	1	55
平均排名	3.54	1.87	4.32	3.74	2.25	4.33
套保比率	0.9434	0.9060	0.9395	0.9442	0.9097	0.9398

表 10   上行周期套期假设检验

Z 统计量	久期	久期 + 凸性	基点价值	β 久期	β "久期 + 凸性"	β 基点价值
久期	—	2.95 ***	0.04	4.73 ***	5.17 ***	4.31 ***
久期 + 凸性	− 2.95 ***	—	− 2.92 ***	1.71 **	2.53 ***	1.24
基点价值	− 0.04	2.92 ***	—	4.70 ***	5.15 ***	4.28 ***
β 久期	− 4.73 ***	− 1.71 **	− 4.70 ***	—	0.97	− 0.49
β "久期 + 凸性"	− 5.17 ***	− 2.53 ***	− 5.15 ***	− 0.97	—	− 1.43 *
β 基点价值	− 4.31 ***	− 1.24	− 4.28 ***	0.49	1.43 *	—

表 11   下行周期比率假设检验

Z 统计量	久期	久期 + 凸性	基点价值	β 久期	β "久期 + 凸性"	β 基点价值
久期	—	1.59 *	0.39	− 0.07	1.28 *	0.31
久期 + 凸性	− 1.59 *	—	− 1.39 *	− 1.58 *	− 0.10	− 1.36 *
基点价值	− 0.39	1.39 *	—	− 0.40	1.10	− 0.02
β 久期	0.07	1.58 *	0.40	—	1.28 *	0.34
β "久期 + 凸性"	− 1.28 *	0.10	− 1.10	− 1.28 *	—	− 1.09
β 基点价值	− 0.31	1.36 *	0.02	− 0.34	1.09	—

5. 非交割月与交割月的值效果分析。国债期货价格会在临近交割时与现货价格趋近，这种趋势会对套期保值效果产生影响，本文分析了不同套期保值方法在交割月和非交割月的表现。

表 12 反映了套期保值在交割月和非交割月的套保效果，现货在非交割月中的波动幅度要小于期货，所以套期保值效果往往并不理想，但在交割月中套期保值有较好的效果，其中"久期 + 凸性"法的套保效果在非交割月和交割月中都高于其他方法。

表 13 反映出在非交割月，"久期 + 凸性"方法的套保效果显著高于平均水平，但在交割月中，各套保方法并无明显优劣。

表 12   交割月与非交割月套保效果统计

	久期		久期 + 凸性		基点价值	
	非交割月	交割月	非交割月	交割月	非交割月	交割月
第 1 名次数	43	44	89	61	52	54
第 6 名次数	15	33	28	38	37	25
平均 H_e	− 35.21%	45.71%	− 26.92%	49.64%	− 34.68%	46.14%
排名期望	3.20	3.32	2.82	3.29	3.51	3.35
	β 久期		β "久期 + 凸性"		β 基点价值	
	非交割月	交割月	非交割月	交割月	非交割月	交割月
第 1 名次数	51	45	84	78	45	56
第 6 名次数	23	14	58	40	14	12
平均 H_e	− 51.28%	44.62%	− 43.40%	46.54%	− 49.60%	45.22%
排名期望	3.09	3.07	3.07	3.05	3.29	2.94

表 13 非交割月套期保值假设检验结果

Z 统计量	久期	久期 + 凸性	基点价值	β 久期	β"久期 + 凸性"	β 基点价值
久期	—	- 0.89	- 0.05	1.27	0.70	1.16
久期 + 凸性	0.89	—	0.84	2.00**	1.48*	1.91**
基点价值	0.05	- 0.84	—	1.32*	0.75	1.21
β 久期	- 1.27	- 2.00**	- 1.32*	—	- 0.55	- 0.11
β"久期 + 凸性"	- 0.70	- 1.48*	- 0.75	0.55	—	0.44
β 基点价值	- 1.16	- 1.91**	- 1.21	0.11	- 0.44	—

表 14 交割月套期保值两两假设检验结果

Z 统计量	久期	久期 + 凸性	基点价值	β 久期	β"久期 + 凸性"	β 基点价值
久期	—	- 0.83	- 0.08	0.19	- 0.15	0.08
久期 + 凸性	0.83	—	0.74	0.90	0.58	0.81
基点价值	0.08	- 0.74	—	0.26	- 0.07	0.16
β 久期	- 0.19	- 0.90	- 0.26	—	- 0.31	- 0.09
β"久期 + 凸性"	0.15	- 0.58	0.07	0.31	—	0.21
β 基点价值	- 0.08	- 0.81	- 0.16	0.09	- 0.21	—

6. 交割月非交割月套期保值成本分析。久期 + 凸性法和 β"久期 + 凸性"依然是最节约成本的套期保值方法，平均套期保值比率明显低于其他方法。在两两假设检验结果中，在非交个月，β"久期 + 凸性"法套保比率显著低于平均和其他方法。

表 15 交割月与非交割月套期保值比率统计

	久期		久期 + 凸性		基点价值	
	非交割月	交割月	非交割月	交割月	非交割月	交割月
最低次数	13	18	68	64	23	36
最高次数	36	54	29	26	67	30
平均排名	4.03	3.93	2.93	2.77	4.34	3.81
平均保值比率	0.9565	0.9814	0.9070	0.9353	0.9576	0.9760
	β 久期		β"久期 + 凸性"		β 基点价值	
	非交割月	交割月	非交割月	交割月	非交割月	交割月
最低次数	22	20	121	98	25	35
最高次数	26	29	21	29	21	17
平均排名	3.29	3.64	2.22	2.55	3.60	3.53
平均保值比率	0.9119	0.9977	0.8718	0.9594	0.9116	0.9915

表16　　　　　　　　　　　非交割月套期保值比率假设检验

Z统计量	久期	久期＋凸性	基点价值	β久期	β"久期＋凸性"	β基点价值
久期	—	3.34 ***	－ 0.10	2.28 **	3.80 ***	2.35 ***
久期＋凸性	－ 3.34 ***	—	－ 3.44 ***	－ 0.22	1.44 *	－ 0.21
基点价值	0.10	3.44 ***	—	2.35 ***	3.86 ***	2.42 ***
β久期	－ 2.28 **	0.22	－ 2.35 ***	—	1.45 *	0.01
β（久期＋凸性）	－ 3.80 ***	－ 1.44 *	－ 3.86 ***	－ 1.45 *	—	－ 1.46 *
β基点价值	－ 2.35 ***	0.21	－ 2.42 ***	－ 0.01	1.46 *	—

表17　　　　　　　　　　　交割月套期保值比率假设检验

Z统计量	久期	久期＋凸性	基点价值	β久期	β"久期＋凸性"	β基点价值
久期	—	2.99 ***	0.49	－ 0.91	0.91	－ 0.59
久期＋凸性	－ 2.99 ***	—	－ 2.64 ***	－ 2.91 ***	－ 1.00	－ 2.66 ***
基点价值	－ 0.49	2.64 ***	—	－ 1.21	0.67	－ 0.89
β久期	0.91	2.91 ***	1.21	—	1.39 *	0.25
β"久期＋凸性"	－ 0.91	1.00	－ 0.67	－ 1.39 *	—	－ 1.17
β基点价值	0.59	2.66 ***	0.89	－ 0.25	1.17	—

五、结论及政策建议

本文系统分析了国债期货的特点及最优套期保值策略，并在此基础上基于日度数据对三种套期保值策略的优劣进行了实证检验。结果表明：（1）构建国债期货与现货的资产组合能够有效对冲国债现货的市场风险；（2）利用"久期＋凸性"方法确定的最优套期保值比例能够在最大程度上降低资产组合的风险，同时，使用该方法的成本最低；（3）债市上行周期国债期货的套期保值效果强于下行周期，并且在上行周期利用"久期＋凸性"的方法进行套保的效果更佳；（4）"久期＋凸性"的方法在非交割月的套保效果明显好于其他方法，且成本适中，在交割月份当中，各种套保方法并无明显优劣，但"久期＋凸性"方法的套保成本显著低于其他套保方法。

本文的实证结果表明，国债期货的推出有益于市场主体更好地对规避国债现货价格波动带来的风险，下一步有关部门应从以下方面进一步发挥国债期货的套期保值效果：首先，丰富国债期货的期限品种，在推出5年国债期货的基础上，进一步推出3年期和10年期国债期货品种，从而进一步发挥国债期货套期保值功能；其次，向商业银行、保险公司放开国债期货市场，商业银行和保险机构目前是国内持有最多国债现货最多的机构，它们加入国债期货市场将有利于充分发挥国债期货的避险功能。

参考文献

［1］迟国泰，余方平，刘轶芳．基于 VaR 的期货最优套期保值模型及应用研究［J］．系统工程学报，（4）：417－423，2008．

［2］迟国泰，赵光军，杨中原．基于 CVaR 的期货最优套期保值比率模型及应用［J］．系统管理学报，（18）：27－33，2009．

［3］崔新谈等．期货最优套期保值比率确定方法研究［J］．市场周刊，（2）：87－103，2008．

［4］付胜华，檀向球．股指期货套期保值研究及其实证分析［J］．金融研究，（4）：113－119，2009．

［5］高辉、赵进文．沪深 300 股指套期保值及投资组合实证研究［J］．管理科学，（4）：82－92，2007．

［6］黄长征，李焕荣，赵品成．期货套期保值的一个非线性 MV 模型分析［J］．五邑大学学报（自然科学版），（11）：9－14，1997．

［7］霍学喜，曲小博，程谨陶．基于风险最小化的期货套期保值比率的确定［N］．西北农林科技大学学报（社会科学板），（2）：65－68，2004．

［8］李媛．我国沪深 300 股指期货套期保值策略研究［D］．青岛大学，青岛，2010．

［9］刘思源．我国股指期货的套期保值比率研究［T］．数量统计与管理，（6）：99－121，2010．

［10］屈小博，霍学喜，程瑾涛．基于风险最小化的期货套期保值比率的确定［J］．西北农林科技大学学报（社会科学版），（4）：65－68，2004．

［11］温晓慧．中国期货市场最佳套期保值比率研究［J］．求索，（12）：14－17，2010．

［12］熊启跃、海米提．国债期货完善收益率曲线机制研究［J］．新金融，（8）：44－50，2014．

［13］宗良、熊启跃．国债期货市场之门应向银行业开启［J］．银行家，（5）：78－80，2014．

［14］Baillie R. , and Myers R. , 1991. Bivariate GARCH Estimation of the Optimal Commodity Futures Hedge［J］. Journal of Applied Econometrics, （6）：109－124.

［15］Bollerslev T. , and Engle R. F. , and Wooldridge J M, 1988. A capital asset pricing model with time varying covariances［J］. Journal of Political Economy, （96）：116－131.

［16］Bollersley T. , 1990. Modeling the coherence in short－run nominal exchange rates：Amultivariate generalized ARCH model［J］. Review of economics and statistic, （72）：498－505.

［17］Ederington L. H. , 1979. The hedging performance of the new futures markets［J］. Journal offinance, （34）：157－170.

［18］Johnson L. L. （1960）. The theory of hedging and speculation in commodity futures［J］. Reviewof economic studies, （27）：139－151.

［19］Kroner, K. F. , and Sultan, J. , Time－varying distributions and dynamic hedging with foreign currency futures［J］. Journal of Financial and Quantitative Analysis , （28）：535－551.

［20］Stein, J. , 1961. The Simultaneous Determination of Spot and Futures Prices［J］. American Economic Review, （51）：1012－1025.

［21］Working H. , 1953. Hedging reconsidered［J］. Journal of farm economics, （35）：544－561.

Treasury bonds futures hedging strategy research

Zong Liang   Xiong Qiyue

(*Institute of International Finance, Bank of China, Beijing* 100621, *China*)

Abstract: By using daily market trading data from Oct, 2013 to Aug, 2014, this paper examines 6 different hedge strategies of treasury bond futures. The results show that (Duration and Convexity) method could at most reduce portfolio risk with minimum cost, hedge strategies perform better during the upturn of bond market; (Duration and Convexity) method performs better than other methods in non – delivery month.

Keywords: Hedge, Optimal Hedge Ratio, Treasury Bond Futures, Cheapest to Deliver Bond

管理者心理偏好、股权激励与企业投资①

◎ 夏鑫　甘柳　杨金强②

内容摘要：管理者风险厌恶、自信和乐观等心理偏好是影响公司治理的重要因素。本文考虑市场非完备下，基于实物期权框架，建立委托—代理模型，研究管理者个人特质对公司股权激励成本和投资决策的影响。研究发现：（1）管理者风险厌恶特质会导致投资不足并增加股权激励成本；（2）管理者的乐观信念和自信信念会导致过度投资，同时会降低其对股权激励的敏感性；（3）风险厌恶的管理者拥有轻度乐观信念或自信信念时，会对其因风险厌恶特质导致的投资不足和股权激励成本的增加产生抑制作用。本文模型结论得到了相关实证研究的佐证。

关键词：股权激励　风险厌恶　自信信念　乐观信念

中图分类号：F272　**文献标识码**：A

一、引言

所有权与经营权的"两权分离"是现代企业的一个显著特征，而信息不对称导致的管理者与股东利益冲突却常困扰着企业发展以及经营的持续性。因此，在实业界，大量企业会通过设计合理的薪酬激励计划来减轻委托—代理冲突问题，其中赋予管理者股票期权或限制性股票是近年来最为常见的激励方案。在全球五百强企业中，有近90%对其高管采用了股权的激励方式（陈其安等，2012）。特别地，截至2016年1月，我国有

---

①　基金项目：国家自然科学基金项目（71522008，71202007）；教育部"新世纪优秀人才支持计划"（NCET－13－0895）；霍英东教育基金会第十五届高等院校青年教师基金基础性研究课题（151086），上海财经大学创新团队建设项目（2016110241）；湖南省社会科学成果评审委员会课题（XSP17YBZZ070）。

②　作者简介：夏鑫，上海财经大学金融学院，博士研究生，研究方向：公司金融；甘柳，湖南商学院财政金融学院，博士，讲师，研究方向：金融工程；杨金强，上海财经大学金融学院，博士，教授，研究方向：资产定价，公司金融。

847家上市企业对其高管实施了股票期权或限制性股票等股权激励方案，而创业板市值排名前20的上市企业中，就有15家在上市后就推出股权激励计划。

与市场反应相对称，目前学术界公司金融领域的热点问题之一便是通过研究委托代理冲突对公司决策的影响，进而探析内在激励机制以达到减轻甚至消除管理者自利行为对股东权益价值造成损失的目的。譬如，Morellec（2004）以及Lambrecht和Myers（2007，2008）利用实物期权方法分别从不同角度研究了管理者和股东的代理冲突对公司资本结构和投资决策的影响；Hugonnier和Morellec（2007）则进一步讨论了市场非完备下，管理者不可分散特质风险时其自利行为如何影响公司的投资决策。但这些研究都是假定管理者薪酬外生给定并与企业价值呈线性关系，从而股东无法内生地调节薪酬结构（如最优股权激励数量）来减轻委托—代理冲突问题。Grenadier和Wang（2005）则设计了一个激励相容的薪酬合约以消除管理者逆向选择的非效率投资行为对股东权益价值的影响。遵循这一研究路线，Hori和Osano（2014）建立了内生化的股票期权或限制性股票激励下的委托—代理模型，得到了在一般情况下限制性股票激励优于股票期权激励的结论，并显式地给出了最优股权激励数量。然而，以上研究均是基于管理者充分理性的前提。

在行为金融中，大量相关研究表明管理者个人心理偏好对企业决策有着重要影响（Roll和Richard，1986），其中Gervais等（2011）的实证研究发现管理者过度乐观和过度自信信念会低估项目风险从而导致企业过度投资，而风险厌恶特质会导致管理者的薪酬激励成本增加。因而除了信息不对称，管理者个人特质也是公司在设计薪酬契约时不可忽视的重要因素。基于这种认知，陈其安和陈亮（2008）研究了心理偏好（过度自信）对上市公司经理股票期权补偿的影响；此外，Gervais等（2003）、Goel和Thakor（2008）和黄健柏等（2009）也分别从投资行为、高管选择、委托人和代理人关系等不同角度探析了股权激励下管理者个人特质对公司治理的影响，在一定程度上揭示了管理者心理偏好与激励契约设计之间的内在关系。但这些静态金融模型并不能解决公司拥有未来投资机会下，管理者和股东投资决策不一致的委托—代理问题。投资决策作为公司最重要的经营决策之一，影响甚至直接决定着股东权益的价值。因此，分析管理者特质对投资决策的影响，对揭示其与股权激励薪酬契约设计之间的内在机理显得尤为重要。另一方面，目前企业给予管理者的激励薪酬多为限制性股票，由于无法在二级市场上通过股价上涨获取资本利得，管理者的主要获利方式只能是固定薪酬和股利分红，这种市场的非完备性造成了其巨大的财富风险暴露（见Hall和Murphy，2002），因而除了自信与乐观信念，管理者的风险偏好也是影响公司激励薪酬设计的重要因素。于是，本文研究要点为：企业拥有未来增长机会（实物期权）时，管理者个人特质（风险厌恶、自信信念以及乐观信念）是否以及如何影响股权激励成本？在股权激励合约下，管理者个人特质又如何影响公司投资决策，进而如何影响股东权益价值？新模型结论能否得到相关实证研究支持？我们将就这些问题展开系列研究。

与本文研究关系最为密切的文献为 Hackbarth（2008，2009），他们同样利用实物期权框架研究了管理者个人特质（乐观信念和自信信念）对企业投融资决策的影响，但他并没有考虑管理者与股东之间的利益冲突问题，也没有考虑股东如何通过调节薪酬结构来影响管理者的决策行为，更没有考虑管理者的风险偏好。

相较于已有文献，本文的主要贡献体现在以下两个方面：首先，考虑到市场的非完备性以及管理者可以通过平滑消费、投资择时来最大化自身效用，本文率先基于实物期权框架，利用效用无差别定价方法研究了管理者的乐观、自信、风险厌恶等心理偏好对公司投资决策以及股权激励成本的影响，从而为企业制定合理的薪酬激励合约提供一个理论参考。其次，本文在理论上首次发现管理者的风险厌恶特质会增加股权激励成本并扭曲投资，而如果雇佣的管理者能同时拥有轻度乐观或自信信念，则能抑制因其风险厌恶而导致的投资扭曲和激励成本的增加，从而为 Gervais 等（2011）、Goel 和 Thakor（2008）、Gervais 等（2003）以及 Niu（2010）等的实证研究提供了理论支撑。

本文其余内容安排如下：第二部分是模型框架与基本假设；第三部分给出管理者财富价值及其投资期权的效用无差别定价；第四部分给出均衡下股东的权益价值和投资期权价值；第五部分给出最优合同（最优股权激励水平）的设计；第六部分是数值分析与经济解释；第七部分是结论。

二、模型框架与基本假设

假定公司拥有一个永久性的项目投资机会（实物期权），投资后在 t 时刻项目运营产生的息税前随机收益流（EBIT）δ_t 服从如下算术布朗运动（Miao JJ 和 Wang N，2007）：

$$d\delta_t = \mu dt + \sigma dz_t, \delta_0 = x \tag{1}$$

其中 μ 和 σ 是常数，分别表示项目收益的平均增长率与波动率，z_t 是定义在赋有满足通常条件的信息流 $\mathbb{F} = (\mathcal{F}_t)_{t \geq 0}$ 的概率空间 $(\Omega, \mathbb{F}, P)$ 上的标准布朗运动。

假定股东自身没有运营和管理企业的能力，于是需聘请专业的管理人员来决策企业何时执行投资。同时，为了激励和约束管理者的行为，股东与其事前签订雇佣合同。为突出分析的重点，假定合约中股东给予管理者的薪酬为比例为 a（$0 \leq a \leq 1$）的股权（限制性股票）。对于股东和管理者而言，企业投资是有成本的，项目执行时股东付出的一次性不可逆投资成本为 I，管理者付出的努力成本为 C_m [①]。

另外，根据 Hackbarth（2008，2009），假定管理者在做决策时偏向于非理性，而股东是理性的。具体表现为：理性的股东对公司收益流水平的信念与市场角度一致

---

① 本文遵循 Hori 和 Osano（2014）的假设，将努力成本设为一个常数。

（相当于真实水平），记为 $b = (\mu, \sigma)$ ；而管理者的信念与市场角度不一致，我们用 $b' = (\gamma, \mu', \sigma')$ 来表示管理者的偏见，其中 $\gamma > 0$ 表示管理者的绝对风险厌恶水平，μ' 表示管理者的乐观信念，拥有乐观信念的管理者认为公司期望收益率大于真实期望收益率，即 $\mu' > \mu$ ，σ' 表示管理者的自信信念，拥有自信信念的管理者认为项目运营的风险低于真实风险，即 $\sigma' < \sigma$ 。同时，假定管理者的风险偏好满足如下 CARA 效用函数（Miao JJ 和 Wang N，2007）：

$$U(C_t) = \frac{-e^{-\gamma C_t}}{\gamma} \tag{2}$$

其中，$\{C_t, t \geq 0\}$ 表示管理者的消费过程。

接下来，给出管理者财富及其投资期权的定价。

三、管理者财富及其投资期权定价

考虑到管理者在依据自身利益最大化做公司投资决策时与其面临的市场非完备有关，因此，本小节基于投资者风险态度建模给出管理者偏见下其财富及投资期权的主观价值①。

对管理者拥有的随机权益进行定价，须首先明确其财富动态过程。定义 τ 为管理者依据自身消费效用最大化选择的项目投资时间，满足 $\tau = \inf\{t \mid \delta_t \geq \bar{x}\}$ ，其中 $\bar{x}$ 是公司收益流首次向上到达的投资触发水平。在投资前（$t < \tau$），假定管理者仅依赖于无风险资产收益进行消费，因而其流动性财富累积的动态过程满足：

$$dW_t = (rW_t - C_t)dt \tag{3}$$

其中 r 为无风险资产收益率。（3）式表明在企业投资之前，管理者没有别的收入来源，其财富在单位时间内的增量为其财富投资于无风险资产获得的收益减去当前消费。

项目执行后（$t \geq \tau$），在给定薪酬下，管理者单位时间内得到的息税后收益流为 $a(1 - \theta)\delta_t$ ，其中 θ 为所得税率。于是，管理者流动性财富累积的动态过程满足：

$$dW_t = [rW_t + a(1 - \theta)\delta_t - C_t]dt \tag{4}$$

（4）式是标准的非完全市场下投资者消费储蓄过程，其表明在项目投资之后，管理者有了收入来源，即企业给予的薪酬。在投资时刻 τ ，管理者需要支付努力成本 C_m ，此时其财富水平降为 $W_{\tau-}$ ，从而有 $W_\tau = W_{\tau-} - C_m$ 。

管理者的目标是根据当前公司的收益流水平 x 和自身流动性财富水平 w ，通过选取最优消费策略 c_t 和最优投资时机 τ 来最大化无限生命期内的期望消费总效用，目标函数（值函数）如下：

---

① 管理者由于不可分散风险的特质，面临的市场往往是非完备的（见 Hall 和 Murphy，2002）。

$$F(w,x) = \sup_{c,\tau} \mathrm{E} \Big[\int_0^\infty e^{-\beta t} U(C_t) dt \Big] \tag{5}$$

受限于预算约束（3）式和（4）式。式中 $\beta > 0$ 表示管理者的主观折现因子，反映了其不同时期消费偏好的差异，为了方便讨论，不失一般性假定 β 等于无风险利率 r。注意到投资前后，管理者流动性财富累积的不同，我们采用倒向递推的方法求出以上最优化问题的解。

首先，在企业投资之后 $t > \tau$，管理者的值函数满足如下形式：

$$J(w,x) = \sup_c \mathrm{E}_t \Big[\int_t^\infty e^{-\beta(u-t)} U(C_n) du \Big] \tag{6}$$

利用伊藤引理和动态规划法，可得 $J(w,x)$ 满足如下微分方程：

$$rJ(w,x) = \max_c \{ U(c) + [rw + a(1-\theta)x - c]$$
$$J_w(w,x) + \mu' J_x(w,x) + 0.5\sigma'^2 J_{xx}(w,x) \} \tag{7}$$

受限于横截面条件 $\lim_{T \to \infty} e^{-rT} |J(w,x)| = 0$。其次，在企业投资之前 $t < \tau$，根据贝尔曼原理，管理者的最优化问题（6）等价于：

$$F(w,x) = \sup_{\tau,c} \mathrm{E} \Big[\int_0^\tau e^{-\beta t} U(C_t) dt + e^{-\beta \tau} J(W_\tau - C_m, \delta_\tau) \Big] \tag{8}$$

这是一个最优控制与最优停时组合优化问题，由伊藤引理和动态规划法，得 $F(w,x)$ 满足如下微分方程：

$$rF(w,x) = \max_{c \in R} \{ U(c) + (rw - c)F_w(w,x) + \mu' F_x(w,x) + 0.5\sigma'^2 F_{xx}(w,x) \} \tag{9}$$

利用一阶优化条件可以得到投资前后管理者的最优消费策略分别为

$$U_c(c) = J_w(w,x), U_c(c) = F_w(w,x) \tag{10}$$

这表示最优策略应使得当前消费的边际效用等于财富增加的边际间接效用。另外，解微分方程（7）式和（9）式还需满足如下边界条件：

非泡沫条件：$\lim_{x \to -\infty} F(w,x) = -\exp(-r\gamma(w))/r\gamma \tag{11}$

价值匹配条件：$F(w,x) = J(w - C_m, x) \tag{12}$

光滑粘贴条件：$\partial F(w,x)/\partial x \big|_{x = \tilde{x}(w)} = \partial J(w - C_m, x)/\partial x \big|_{x = \tilde{x}(w)} \tag{13}$

$$\partial F(w,x)/\partial w \big|_{x = \tilde{x}(w)} = \partial J(w - C_m, x)/\partial w \big|_{x = \tilde{x}(w)} \tag{14}$$

其中光滑粘贴条件表明投资前后最优目标函数收益的边际变化率相等。

效用无差别定价方法将随机权益的主观价值定义为这样一个财富水平，以消费效用无差别价格成交，使得投资者在投资和不投资这一未定权益的两种不同情形下，具有相同的无限生命期内期望消费总效用。因而根据 Miao 和 Wang（2007），通过猜测与验证的方式可得管理者投资后的主观财富价值 $M(x)$ 和投资期权的主观价值 $G(x)$ 分别满足：

$$J(w,x) = -\frac{1}{r\gamma}\exp[-r\gamma(w + M(x))], F(w,x) = -\frac{1}{r\gamma}\exp[-r\gamma(w + G(x))] \tag{15}$$

将以上表达式代入微分方程（7）式和（9）式以及边界条件，即可总结得出如下定理。

定理 1 投资后，管理者主观财富价值 $M(x,b)$ 满足如下非线性常微分方程：

$$a(1-\theta)x + \mu' M_x + 0.5\sigma'^2 M_{xx} - 0.5\sigma'^2 r\gamma (M_x)^2 = rM \tag{16}$$

其解为

$$M(x) = a(1-\theta)\left(\frac{x}{r} + \frac{\mu'}{r^2}\right) - a^2(1-\theta)^2 \frac{\gamma\sigma'^2}{2r^2} \tag{17}$$

投资前，管理者投资期权的主观价值 $G(x)$ 满足以下非线性常微分方程：

$$rG = 0.5\sigma'^2 G_{xx} + \mu' G_x - 0.5\sigma'^2 r\gamma (G_x)^2 \tag{18}$$

及边界条件

价值匹配条件：$G(\bar{x}) = M(\bar{x}) - C_m$ $\tag{19}$

光滑粘贴条件：$\partial G(x)/\partial x|_{x=\bar{x}} = \partial M(x)/\partial x|_{x=\bar{x}}$ $\tag{20}$

非泡沫条件：$\lim_{x\to-\infty} G(x) = 0$ $\tag{21}$

投资前后的消费策略分别满足：

$$\begin{cases} \bar{c}(w) = r(w + G(x)), \\ \bar{c}(w,x) = r(w + M(x)). \end{cases} \tag{22}$$

定理 1 的经济学分析：首先，（17）式和（18）式中右边的最后一项（含 γ 的项）均直接体现了管理者的风险态度对其财富价值和期权价值的影响。显然，非完备市场中，风险厌恶系数 γ 越大，管理者财富与投资期权的主观价值会越低。如果管理者是风险中性的（$\gamma = 0$），（17）式和（18）式就变成了风险中性定价下标准的资本资产定价等式。（19）式表示在投资时刻，管理者投资期权的主观价值等于管理者的薪酬价值减去其执行投资项目时付出的努力成本 C_m；（20）式则保证了管理者最优投资触发水平 $\bar{x}$ 的选择；（21）式表明当项目产生的随机收益很低时，管理者将不愿意进行投资，所以投资机会的价值趋于零。（22）式表明最优消费策略为管理者的总财富产生的等价无风险收入，这些财富包括流动性财富 w 和工作产生的确定性等价财富。另外，管理者的风险态度 γ 同样会通过（17）式、（18）式及其边界条件影响到公司投资决策以及股权激励成本。

四、股东权益及其投资期权定价

给定管理者投资决策下，本小节给出股东权益及其投资期权（投资前股东权益价值）的定价。与管理者不同，股东可以通过资本市场充分分散特质风险，从而面临的市场是完备的。因此根据 Duffie（2010），可以采用风险中性定价方法来给出股东权益的价值。

项目执行后（$t > \tau$），股东单位时间内得到的息税后收益流为 $(1-\theta)(1-a)\delta_t$，由标准资本资产定价公式可得股权价值满足：

$$E(x) = \mathrm{E}_t^Q \Big[\int_t^\infty e^{-r(s-t)} (1-\theta)(1-a)\delta_s ds \Big] \qquad (23)$$

在企业投资之前，股东的投资期权价值满足：

$$P(x) = \mathrm{E}^Q \big[e^{-r\tau}(E(\delta_\tau) - I) \big] \qquad (24)$$

其中，$\mathrm{E}^Q[q]$ 是风险中性概率测度 Q 下的条件期望算子。由动态规划及伊藤引理，可得股权价值满足如下常微分方程及边界条件：

$$(1-\theta)(1-a)x + \mu E_x + 0.5\sigma^2 E_{xx} = rE \qquad (25)$$

$$\lim_{x \to -\infty} E(x) = 0, \lim_{x \to \infty} E(x)/x < \infty \qquad (26)$$

股东期权价值满足如下常微分方程及边界条件：

$$0.5\sigma^2 P_{xx} + \mu P_x = rP \qquad (27)$$

$$\lim_{x \to -\infty} P(x) = 0, P(\bar{x}) = E(\bar{x}) - I \qquad (28)$$

进而可以直接总结得如下定理（证明见附录二）。

定理2 企业投资后，股权价值为 $E(x) = (1-\theta)(1-a)\left(\dfrac{x}{r} + \dfrac{\mu}{r^2}\right)$，投资前股东期权价值为 $P(x) = [E(\bar{x}) - I]e^{-\xi_2(x-\bar{x})}$。其中 ξ_2 是方程 $0.5\sigma^2 x^2 - \mu x - r = 0$ 的一个负根，满足 $\xi_2 = \dfrac{\mu - \sqrt{\mu^2 + 2r\sigma^2}}{\sigma^2} < 0$。

五、最优股权激励合同

股东与管理者之间的委托代理冲突直接体现为自利的管理者会根据个人利益最大化决策项目投资何时执行。于是，股东为减轻这一自利行为对其权益价值造成的损失，会在初始时刻设计一个最优的股权激励合约。具体管理者与股东的博弈过程如下：首先，股东决定一个合适的股权激励系数 a 来最大化初始时刻自身的投资期权价值 $P(x)$。然后，管理者在得到薪酬合约下，来决定什么时候投资。因此，最优股权激励合约等价于求解如下优化问题：

$$\max_a \big\{ (E(\bar{x}) - I)e^{-\xi_2(x-\bar{x})} \big\}, \qquad (29)$$

$$\text{受限于：} \partial G(x)/\partial x \big|_{x=\bar{x}} = \partial M(x)/\partial x \big|_{x=\bar{x}}, \qquad (30)$$

$$G(x) \geqslant 0, \qquad (31)$$

$$1 \geqslant a > 0. \qquad (32)$$

其中约束条件（30）式来自于定理1，表明合同是激励相容的；约束条件（31）式是自然的，即管理者不能没有报酬地工作；约束条件（32）式则保证了股权激励参数需处在合理的水平。同时注意到，股东的决策是在理性的情况下作出的，目标函数是风险中性定价的结果，而管理者是带有偏见的，其投资决策建立在其主观价值的基础之上［（30）式］，这正是本文在设计最优合同时能考虑到管理者个人特质的关键所在。

六、数值分析

前面的理论建模充分考虑了管理者个人特质（自信、乐观和风险厌恶）在资产定价中的作用，但究竟个人特质对股权激励成本、投资决策以及股东权益价值的具体影响如何，尚需精确的定量分析，因此，本小节通过数值模拟的方法给出以上理论结果的经济分析。为获得更多经济学含义，借鉴经典文献 Hackbarth（2008，2009）以及 Miao 和 Wang（2007）在数值计算中的参数设置，本文取如下基本参数：无风险利率 $r = 0.05$，投资成本 $I = 20$，波动率 $\sigma = 0.3$，期望收益率 $\mu = 0.1$，随机收益初始值 $x_0 = 1$，所得税率 $\theta = 0.2$；管理者轻度乐观和轻度自信参数分别设为 $\mu' = 0.2$，$\sigma' = 0.25$。另外，不失一般性，设管理者的努力成本为 $C_m = 1$（可自由选取）。

（一）管理者特质与股权激励成本

首先，考虑管理者个人特质对股权激励成本的影响。为此，图1、图2和图3分别给出了最优股权激励系数关于管理者风险厌恶系数、乐观信念和自信信念变化的关系，其中图1坐标横轴的零点表示管理者是理性的，此时其信念和市场信念一致，即 $\gamma = 0$，$\mu' = \mu = 0.1$，$\sigma' = \sigma = 0.3$，最优股权激励系数分别为 $a^* = 0.039$（$C_m = 0.2$）和 $a^* = 0.052$（$C_m = 1$）。从图1不难发现，最优的股权激励成本是关于管理者风险厌恶系数的单调递增函数，从而相比于理性管理者，风险厌恶特质使得股权激励成本上升，并且管理者的努力成本越高，股权激励成本越高。这一点不难理解，由定理1可知，管理者风险厌恶水平的增加以及努力成本的上升均会降低其对以股权薪水为主形成的财富主观价值（投资后）的评价，因而为了激励管理者，股东需要支付更多份额的股权薪水，这一结论在 Gervais 等（2011）、Goel 和 Thakor（2008）以及 Gervais 等（2003）的实证分析中都有阐述，本文从实物期权框架，利用效用无差别原理，为他们的实证发现提供了理论支撑。

从图2可以看出，随着风险厌恶管理者的乐观信念增加，股权激励成本表现为先显著下降，然后有一个平缓的回升过程，这表明：企业聘请的风险厌恶管理者，若拥有轻度的乐观信念，可以显著降低股权激励成本，但是随着管理者乐观信念不断增加，股权激励成本最终会增加。另外，图3也表明随着风险厌恶管理者的自信信念增加，股东为降低风险厌恶特质对其价值造成的损失而需付出的股权激励成本显著下降，特别地，当管理者表现为极度风险厌恶时（$\gamma = 5$），乐观信念下，股权激励成本的下降幅度更大。在实证研究中，Niu（2010）通过实证研究发现，风险厌恶且有自信信念的 CEO 有着较低的薪酬绩效敏感度。Gervais 等（2011）发现了管理者的自信信念可以给企业带来益处，即可以减少风险规避所带来的负面影响，继而有利于节省企业的激励成本。于是，本文的理论模型在股权激

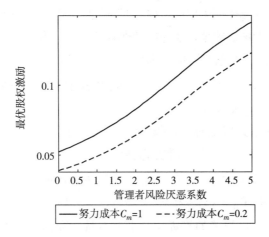

图1　最优股权激励随风险厌恶系数变化关系

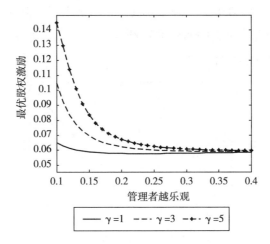

图2　最优股权激励随乐观信念变化关系

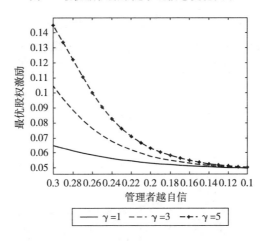

图3　最优股权激励随自信信念变化关系

励薪酬下为他们的实证发现提供了理论支撑。同时，以上结论也为上市公司制定激励薪酬合约时提供了一个理论参考，即公司在聘用管理者工作时，除了充分了解其领导才能与优良品质外，还需尽可能了解到管理者的心理偏好，发挥管理者自信或轻度乐观的信念在公司治理中的作用，则在最优激励合约设计时，可以显著降低公司付出的成本。

（二）管理者特质与投资决策

接下来分析管理者个人特质对公司投资决策的影响。图4、图5和图6分别给出了管理者决策的投资触发水平关于其风险厌恶特质、乐观信念和自信信念变化的关系，其中图4坐标横轴的零点表示管理者是理性的，此时其信念和市场信念一致，最优投资触发水平分别为 $\bar{x} = 1.783 (C_m = 0.2)$ 和 $\bar{x} = 1.834 (C_m = 1)$。从图4不难发现，随着风险厌恶系数的增大，由管理者决策的投资触发水平不断上升，即相比于理性管理者，风险厌恶特质导致了公司投资不足，并且管理者的努力成本越高，投资不足的动机越强。这一方面是由于风险厌恶特质降低了管理者对其未来财富主观价值（投资后）的评价，另一方面，项目执行后管理者面临的额外非系统性风险也降低了其执行投资期权的动机，因而这两方面效应叠加导致了以上结论。

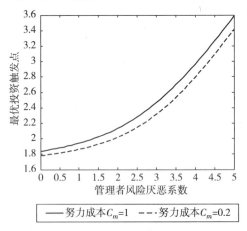

图4 最优投资触发水平随风险厌恶系数变化关系

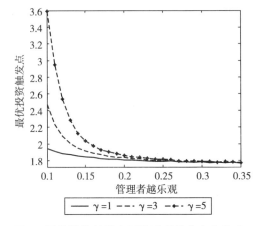

图5 最优投资触发水平随乐观信念变化关系

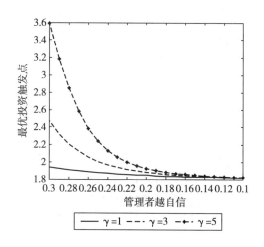

图6 最优投资触发水平随自信信念变化关系

图5和图6分别给出了乐观信念和自信信念对不同风险厌恶程度下管理者投资决策的影响。从中观察到，拥有乐观信念或自信信念的风险厌恶管理者相比没有这一信念时，加速了投资期权的执行，同时，管理者越乐观或越自信，风险厌恶的管理者加速投资的动机越强。这对比于图4的结论表明：风险厌恶的管理者拥有乐观信念或自信信念时，可以抑制其对风险的规避效应，从而降低了公司的投资不足。特别地，对于管理者极度风险厌恶时（$\gamma = 5$），降低公司投资不足的作用越明显。

（三）管理者特质与股东期权价值

最后，我们探析管理者个人特质对股东权益价值的影响。图7、图8和图9分别给出了股东期权价值（投资前股东权益价值）关于管理者风险厌恶特质、乐观信念和自信信念变化的关系。

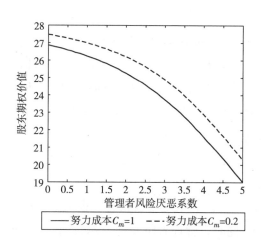

图7 股东权益价值随风险厌恶系数变化关系

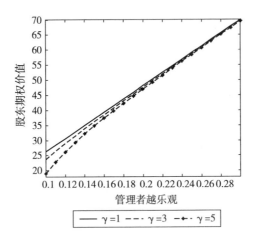

图8 股东权益价值随乐观信念变化关系

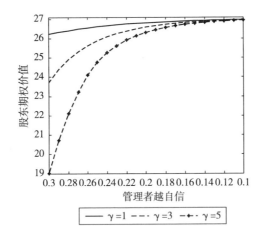

图9 股东权益价值随自信信念变化关系

显然,从图7可以看出,随着管理者风险厌恶系数的增大,股东权益价值显著降低。例如,当管理者极度风险厌恶($\gamma=5$)时,股东权益价值仅为19.00,相比管理者风险中性时的26.86下降了7.86个单位。这一方面是由于管理者越厌恶风险,为规避未来收益不确定性而扭曲公司投资决策的动机增强(见图4),另一方面,股东为激励风险厌恶管理者需付出的激励成本增加(见图1),因而增大了股东权益价值的损失。另外,从图8和图9可知,拥有乐观信念或自信信念的风险厌恶管理者相比没有这一信念时,导致的股东权益价值更高(如$\gamma=5$以及乐观(自信)信念为0.3(0.1)时,股东权益价值为69.64(27.00),相比没有乐观(自信)信念时的19.00(19.00),股东权益价值增加了50.64(8.00),同时,管理者越乐观或越自信,股东权益价值越高。这表明:企业聘请的风险厌恶管理者若能同时拥有自信信念或乐观信念,在降低股东付出的激励成本(见图2和图3)以及缓减公司投资决策扭曲(见图5和图6)的同时,还可以降低管理者风险厌恶特质对股东权益价值造成的损失，特别地，风险厌恶管理者拥有的乐观信念对改善公司治理的作用更明显。

七、结论

管理者风险厌恶、乐观以及自信等心理偏好是影响公司激励薪酬设计以及投资决策的重要因素。本文基于实物期权框架和效用无差别定价理论，考虑理性的股东将公司决策权赋予不理性的管理者下，为降低委托代理冲突给股东权益价值造成的损失，研究了实业界普遍存在的股权激励薪酬契约设计，给出了股东以自身价值最大化为决策目标拟定的最优股权激励合约，进而探析了管理者个人特质与公司股权激励成本以及投资决策之间的内在关系。本文主要结论表明：管理者的风险厌恶特质会增加公司的股权激励成本并导致投资不足，从而降低了股东权益价值。然而，如果风险厌恶的管理者能同时拥有轻度的乐观信念或自信信念，则会对因风险厌恶特质导致的投资不足产生抑制作用，同时还会降低公司的股权激励成本和股东权益价值损失。因此，本文的理论模型为 Gervais 等（2011）、Goel 和 Thakor（2008）、Gervais 等（2003）以及 Niu（2010）等的实证研究提供了理论支撑。

基于本文的研究发现，我们得到如下启示：公司在劳动市场雇佣管理者工作时，除了了解其领导能力和优良品质外，管理者个人特质也是需要详细了解的重要因素。若聘用的管理者拥有风险厌恶特质，由于其为规避风险导致了公司投资不足和股权激励成本的增加，因此，此时若在股权激励薪酬设计时能充分考虑风险厌恶管理者的乐观或自信信念在公司治理中的作用，可使得风险厌恶的管理者提高公司投资决策的效率，并且还能减轻股东付出的激励成本和权益价值损失，进而可达到改善公司治理的目的。

参考文献

[1] 陈其安，张红真，徐礼. 基于股权激励的上市企业委托—代理模型研究 [J]. 中国管理科学，2012，(S1)：374 – 379.

[2] 陈其安，陈亮. 过度自信条件下的上市企业经理股票期权补偿 [J]. 系统工程理论与实践，2008，(5)：11 – 19.

[3] 郝颖，刘星，林朝南. 我国上市企业高管人员过度自信与投资决策的实证研究 [J]. 中国管理科学，2005，5 (3)：142 – 148.

[4] 黄健柏，杨涛，伍如昕. 非对称过度自信条件下委托代理模型 [J]. 系统工程理论与实践，2009，29 (4)：92 – 102.

[5] 王霞，张敏，于富生. 管理者过度自信与企业投资行为异化——来自我国证券市场的经验证据 [J]. 南开管理评论，2008，(02)：77 – 83.

[6] Duffie D. Dynamic asset pricing theory [M]. Princeton University Press, 2010.

［7］ Gervais S, Heaton J B, Odean T. The positive role of overconfidence and optimism in investment policy ［J］. RODNEY L WHITE CENTER FOR FINANCIAL RESEARCHWORKING PAPERS, 2002.

［8］ Gervais S, Heaton J B, Odean T. Overconfidence, compensation contracts, and capital budgeting ［J］. The Journal of Finance, 2011, 66 (5): 1735 – 1777.

［9］ Gervais S, Heaton J B, Odean T. Overconfidence, investment policy, and executive stock options ［J］. Rodney L. White Center for Financial Research Working Paper, 2003 (15 – 02).

［10］ Goel A M, Thakor A V. Overconfidence, CEO selection, and corporate governance ［J］. The Journal of Finance, 2008, 63 (6): 2737 – 2784.

［11］ Grenadier S R, Wang N. Investment timing, agency, andinformation ［J］. Journal of Financial Economics, 2005, 75 (3): 493 – 533.

［12］ Hackbarth D. Managerial traits and capital structure decisions ［J］. Journal of Financial and Quantitative Analysis, 2008, 43 (04): 843 – 881.

［13］ Hackbarth D. Determinants of corporate borrowing: A behavioral perspective ［J］. Journal of Corporate Finance, 2009, 15 (4): 389 – 411.

［14］ Hall B J, Murphy K J. Stock options for undiversifiedexecutives ［J］. Journal of accounting and economics, 2002, 33 (1): 3 – 42.

［15］ Hori K, Osano H. Investment timing decisions of managers under endogenous contracts ［J］. Journal of Corporate Finance, 2014, 29: 607 – 627.

［16］ Hugonnier J, Morellec E. Corporate control and real investment in incomplete markets ［J］. Journal of Economic Dynamics and Control, 2007, 31 (5): 1781 – 1800.

［17］ Lambrecht B M, Myers S C. A theory of takeovers and disinvestment ［J］. The Journal of Finance, 2007, 62 (2): 809 – 845.

［18］ Lambrecht B M, Myers S C. Debt and managerial rents in a real – options model of the firm ［J］. Journal of Financial Economics, 2008, 89 (2): 209 – 231.

［19］ Miao JJ, Wang N. Investment, consumption and hedging under incomplete markets ［J］. Journal of Financial Economics, 2007, 86 (3): 608 – 642.

［20］ Morellec E. Can managerial discretion explain observed leverage ratios? ［J］. Review of Financial Studies, 2004, 17 (1): 257 – 294.

［21］ Niu J. The effect of overconfidence on the sensitivity of CEO wealth to equity risk ［J］. Journal of Financial Services Research, 2010, 38 (1): 23 – 39.

［22］ Roll, Richard. The hubris hypothesis of corporate takeovers ［J］. Journal of Business, 1986, 59, 197 – 216.

附　录

定理 1 的证明： 首先，将（15）式代入（10）式，即可得到管理者投资前后的最优消费策略（22）式。进而将（15）式和（22）式分别对应代入微分方程（7）和（9）得到，即可得到（16）式和（18）式。其次，由（16）式的形式我们很自然地猜测其解具有如下形式：$M(x) = Ax + B$，其中 A 和 B 为待定常数，将 $M(x) = Ax + B$ 带入（16）式验证，即可直接可以得到（17）式，证毕。

定理 2 的证明： 经计算，方程（25）的通解为

$$E(x) = N_1 x^{-\xi_1} + N_2 x^{-\xi_2} + (1 - \theta)(1 - a)\left(\frac{x}{r} + \frac{\mu}{r^2}\right) \tag{A1}$$

其中 $\xi_{1/2}$ 是方程 $0.5\sigma^2 x^2 - \mu x - r = 0$ 的两个根，即 $\xi_{1/2} = \dfrac{\mu \pm \sqrt{\mu^2 + 2r\sigma^2}}{\sigma^2}$，$N_1$ 和 N_2 是待定系数，将边界条件（26）式带入到通解（A1）便可以得到 $E(x) = (1 - \theta)(1 - a)\left(\dfrac{x}{r} + \dfrac{\mu}{r^2}\right)$，同理可解得期权价值 $P(x) = [E(\bar{x}) - I]e^{-\xi_2(x - \bar{x})}$。证毕。

Manager's preference, equity incentive and corporate investment

Xia Xin [1]   Gan Liu[2]   Yang Jinqiang [3]

(1. *School of Finance, Shanghai University of Finance and Economics,*
Shanghai 200433, *China*; 2. *Finance School, Hunan University of Commerce,*
Changsha Hunan 410205, *China*; 3. *School of Finance, Shanghai*
University of Finance and Economics, Shanghai 200433, *China*)

Abstract: In this paper, based on a real – options framework we build a principal – agent model to study how managerial traits (optimistic belief, confident belief and risk aversion) affect the cost of equity incentive and corporate investment decisions under incomplete markets. We find that: 1) managerial risk averse trait results in underinvestment and increases the cost of equity incentive; 2) managerial optimistic belief and confident belief lead to overinvestment, and also reduce the sensitivity of the equity incentive cost; 3) if a risk – averse manager has mild optimistic belief or confident belief, it will constrain overinvestment and the increasing cost of equity incentive caused by managerial risk averse trait. These predicted results are consistent with the empirical evidence.

Keywords: stock – based incentive, risk aversion, confident belief, optimistic belief

金融普惠和京津冀家庭财富差距

——来自 CHFS 数据的证据[①]

尹志超　张号栋　杨阳[②]

内容摘要：本文基于 2015 年中国家庭金融调查（CHFS）京津冀样本数据，在社区层面估计发现，京津冀社区金融普惠提高 1 个百分点，家庭财富基尼系数将显著下降 20.1%，分类来看，社区储蓄比例、社区支付比例、社区信贷比例和社区商业保险比例分别提高 1 个百分点，家庭财富基尼系数将分别显著下降 17.3%、13.8%、37.7% 和 53.1%。进一步发现，金融普惠对家庭财富的影响呈现出如下特征：金融普惠对在 0.4 分位点、0.5 分位点、0.6 分位点家庭财富的影响最大，对在 0.1 分位点、0.2 分位点、0.3 分位点家庭财富的影响次之，对 0.4 分位点、0.5 分位点、0.6 分位点、0.7 分位点、0.8 分位点和 0.9 分位点家庭财富的影响呈递减趋势。金融普惠对中低财富组的影响对于高财富组，这是金融普惠显著降低京津冀家庭财富差距的内在原因。本文的政策含义是，在京津冀地区推进金融普惠，可显著缩小家庭财富差距。

关键词：京津冀　金融普惠　家庭财富差距

中图分类号：F83　**文献标识码**：A

一、引言

2015 年 4 月 30 日，中共中央政治局审议通过了《京津冀协同发展规划纲要》，确立

---

①　基金项目：国家自然科学基金一般项目（71373213）、北京市社科重大项目（15ZDA45）、中组部青年拔尖人才支持计划、教育部新世纪优秀人才支持计划和中央高校基本科研业务费专项资金（JBK1407024）资助。

②　作者简介：尹志超，首都经济贸易大学金融学院，教授，研究方向：应用微观计量经济学、家庭金融、银行管理等；张号栋，河南财经政法大学金融学院，金融学博士；杨阳，首都经济贸易大学金融学院讲师，金融学博士。

了疏导北京非首都功能、解决大城市病问题、打造具有较强竞争力世界级城市群的京津冀协同发展目标，将京津冀交通、生态环境、产业升级等作为京津冀协同发展的具体内容，完成了京津冀协同发展的国家顶层设计。

推行金融普惠使更多人能够享受到金融带来的便利与福利，使金融发展的成果能够惠及更多人。传统生命周期理论假设家庭在生命周期的不同阶段转移财富（Modigliani and Brumberg，1954），实现消费平滑，从而实现终生消费最大化（Friedman，1957），增强发展的协调性，最终改善民众福祉和家庭福利最大化，促进共同繁荣。

表1显示出金融普惠和京津冀家庭财富差距情况，从数据可以发现，京津冀金融普惠家庭比非金融普惠家庭的家庭净财富差距1282779元，金融普惠家庭是非金融普惠家庭的家庭净财富的3.6倍。北京、天津和河北地区的家庭净财富差距分别是1440042元、640868元和482456元，金融普惠家庭是非金融普惠家庭的家庭净财富的1.9倍、2.7倍和3.3倍。

从数据可以看出，京津冀地区金融普惠家庭和非金融普惠家庭财富的差距很大。所以，研究和论证金融普惠和京津冀家庭财富差距之间关系，既具有现实意义，也具有很强的政策含义。

表1   金融普惠和京津冀家庭财富差距   单位：元

地区	金融普惠家庭	非金融普惠家庭	差距	倍数
北京	2985479	1545437	1440042	1.9
天津	1029143	388275	640868	2.7
河北	693645	211189	482456	3.3
京津冀	1774438	491659	1282779	3.6

数据来源：中国家庭金融调查（CHFS2015）。

本文以下部分结构安排如下：第二部分就相关文献进行了综述；第三部分描述数据和变量解释，第四部分是模型设定和实证分析部分，第五部分是稳健性检验，第六部分是结论。

二、文献综述

从国外文献来看，研究金融普惠和收入差距的文献较多。Kuznets（1955）认为，经济发展过程中的高增长会导致收入差距先扩大再缩小。但是，当考虑经济增长和收入差距被同时决定的可能性时，Barro（1993），Forbes（2000）发现了相反的证据。Garcia - Herrero and Turegano（2015）发现，金融普惠能够显著降低收入差距。Karpowicz（2014）发现，降低抵押约束可以带来经济增长，而降低金融参与成本可以带来收入差距缩小。Dabla - Norris et al.（2014）发现，金融深化的不同维度对增长和差距有不同的影响，而且国别特征对金融、增长和差距的相互作用具有重要影响。Honohan（2007）用基尼系数衡量差距，金融可得可以显著降低收入差距。Townsend and Ueda（2006）发现在新兴市场国家，非均衡的金融深化所带来的经济膨胀将带来收入的差距。Karpowic（2014）指出金融普惠对于穷人而言就是拓宽小额信贷渠道，扩展正规金融账户的使用，促进电子支付方式的使用，使金融产品和服务更容易获得。金融普惠通过消除摩擦力对经济增长不平等而发生作用。Dabla－Norris et al.（2015）建立了一个微观的均衡模型，发现金融普惠的宽度是由参与成本决定的，深度是由信贷约束决定的，金融中介的效率是由监督成本决定的；就收入差距而言，减少参与成本将有利于贫困而有能力的人，信贷约束和监督成本的缓解有益于富裕而有能力的人。

从国内文献来看，研究金融发展和收入差距的文献较多。张立军、湛永（2006）认为金融发展是通过门槛效应、非均衡效应和降低贫困效应来影响城乡收入差距的。胡宗义、刘亦文（2010）发现中国金融系统在资源分配上表现出明显的城市化倾向，农村储蓄流向城市是造成中国城乡差距扩大的内在机制，并进一步发现，在金融发展初期，金融发展与城乡收入差距呈正向关系，在金融发展中期，金融发展对城乡收入没有显著关系，在金融发展的高级阶段，金融发展有利于缩小收入差距。叶志强、陈习定、张顺明（2011）实证发现，金融发展显著扩大收入差距，并且与农村居民收入增长存在显著的负相关关系，与城市居民收入不存在显著相关关系。孙永强，万永琳（2011）从长期来看，金融发展和对外开放均显著扩大城乡居民收入差距，且金融发展的影响大于对外开放。孙永强（2012）发现农村部门与城市部门外部融资度的提高将提高居民收入，整体金融发展水平的提高将扩大城乡居民收入差距，但是金融城乡二元结构缓解和城市化都有利于缩小城乡收入差距。

关于财富差距，国外文献从不同角度进行了研究。Keister（2000）调查显示，白人比黑人购买了更多高风险、高收益资产，控制家庭财富历史、教育水平、婚姻行为等的因素，发现种族差异是影响家庭财富差异的重要因素。Campbell and Kaufman（2006）对黑人、白人、美籍亚洲人、美籍墨西哥人和美籍西班牙人家庭财富状况进行了分析，发现其他族人与白人财富差距明显。Lusardi and Mitchell（2006）利用生命周期框架下的财富积累模型，控制家庭特征变量教育水平、婚姻、孩子和性别等变量，发现金融知识能够解释为什么有人接近退休没有财富或者有很少的财富。

很多关于财富差距的研究主要从"收入创造"（Nee，1989；Walder，1994；Parish and Michelson，1996）和"财富积累"（Keister，2000）视角展开。王弟海、龚六堂（2006）讨论了当个人劳动能力和偏好存在差距的情况下，资本收入和劳动收入分配的差距如何通过遗产机制影响收入和财富分配的持续性差距程度。王弟海、严成樑、龚六堂（2011）研究了收入和财富分配差距的动态演化过程和均衡时持续性差距决定问题。何晓斌、夏凡（2012）指出将通过生产、劳动以及所有权的变化导致的收入机会变化而产生的"收入创造"等同于"财富积累"是不恰当的。陈彦斌（2008）认为财富差距的研究要比研究收入差距更具价值。张春安、唐杰（2004）指出随着时间的推移，收入差距逐渐转化为财富差距，财富差距化程度往往比收入差距化程度更大（Keister，2000）。原鹏飞等（2014）发现我国城镇居民的财富不平等显著高于收入不平等。张大永、曹红（2012）基于家庭金融微观调查数据发现，房地产财富效应大于金融资产的财富效应。陈彦斌（2008）计算了我国2007年城乡财富分布，发现高财富家庭的资产组合呈现出多元化，而中低财富家庭则较为单一。

从现有文献资料中，研究财富差距主要从两条线展开：一是从经济增长的角度，该角度偏宏观；二是从微观基础入手，该角度属于家庭资源配置的范畴。然而，这些文献中涉及金融普惠和家庭财富差距关系的文献甚少。由于我国家庭金融调查起步较晚，家庭微观数据的缺乏制约着对金融普惠、家庭财富差距问题的研究，本文研究金融普惠和京津冀家庭财富差距之间的关系，并且从潜在的微观机理方面探求家庭财富差距的原因，这是对现有文献的一个重要补充。

三、数据与变量

本文使用的数据来自于西南财经大学中国家庭金融调查与研究中心2015年在全国范围内开展的中国家庭金融调查（China Household Finance Survey，CHFS）。根据CHFS在京津冀地区共调查124个社区（村），其中北京32个、天津28个和河北64个，共包含3926多户家庭的资产与负债、收入与支出、保险与保障，家庭人口特征及就业等方面详细信息的微观数据。CHFS项目采用了多项措施控制抽样误差和非抽样误差，数据代表性好、质量高（甘犁、尹志超等，2013）。本文重点关注金融普惠对京津冀家庭财富差距的影响。下面分别就家庭财富差距、金融普惠指标和其他控制变量进行说明。

（一）社区家庭财富差距

本文参考Morissette and Zhang（2006）的界定方法，将家庭财富界定为家庭净财富值，即等于家庭总资产减去家庭总债务。根据CHFS数据，家庭总资产包括农业、工商业、房产、汽车、耐用品、奢侈品、活期存款、定期存款、股票、基金、期货、权证、外汇资产、黄金和借出款等。家庭总负债包括正规金融贷款和非正规金融贷款。社区家庭平均财富是指社区家庭净财富的平均值。基尼系数经常被用作衡量收入、财富差距的指标，李强（1997）使用基尼系数以及五个等分的收入组的收入差距作为研究社会经济分层的指标。金烨、李宏彬和吴斌珍（2011）按年龄对收入进行分组，采用基尼系数衡量收入差距。我们采取国际上比较通用的做法，用社区家庭财富基尼系数衡量家庭财富差距程度。

表 2   京津冀社区家庭财富基尼系数比较

地区	整体	城镇	农村
北京	0.520	0.491	0.628
天津	0.468	0.455	0.481
河北	0.563	0.545	0.580
京津冀	0.512	0.492	0.538

根据表 2，整体来看，京津冀社区家庭财富基尼系数为 0.512，天津、北京和河北的财富基尼系数分别是 0.468、0.520 和 0.563。从城镇上看，京津冀地区社区家庭财富基尼系数为 0.492，天津、北京和河北的财富基尼系数分别是 0.455、0.491 和 0.545。从农村上看，京津冀地区社区家庭财富基尼系数为 0.538，天津、河北和天津的财富基尼系数分别是 0.481、0.580 和 0.628。

（二）社区金融普惠指标

Demirguc–Kunt and Klapper（2013）从世界 148 个国家成年人在储蓄、支付、信贷和商业保险四个方面的调查，用成人使用正规金融产品和服务的人口比例度量金融普惠，研究发现中国有 36% 成年人没有正规金融机构账户，中国最穷的 20% 的人该比例是41%，最富的 20% 的人该比例是 27%。

根据世界银行《全球金融普惠性数据库 2014》（The Global Findex Database 2014）报告，截至 2014 年，中国成年人口中最贫穷的 40% 人口在储蓄、贷款、信用卡、借记卡、手机银行等正规金融服务使用上的人口占比分别为 30.5%、5.9%、4%、8.6%、5.3%，而中国成年人口中其余的 60% 的富裕人口在上述正规金融服务使用上的人口占比分别达到 48.4%、12%、20.4%、23.1%、20.4%，说明在各项基本金融服务的使用方面，贫困阶层都远远落后于富裕阶层。

1990 年以来，由于我国银行业巨大的制度变迁，网点规模大幅度下降，金融机构逐渐向经济中心区集中，加剧了金融机构布局和服务的不平衡。所以，尽管现代金融日趋多元化、网络化和综合化，金融领域仍然存在无法触及的盲点，家庭获得金融产品和服务仍然存在障碍，金融排斥现象广泛存在（许圣道等，2008；李涛等，2010；田霖，2011；董晓林等，2012；王修华等，2013）。中共十八届三中全会正式提出，"发展普惠金融。鼓励金融创新，丰富金融市场层次和产品"。"普惠金融"第一次被正式写入党的决议之中，并作为全面深化金融改革的内容之一。

我们从储蓄、支付、信贷和商业保险（Demirguc–Kunt and Klapper，2013）四个方面界定金融普惠的外延，按照世界银行（2014）的做法，我们将金融普惠定义成家庭使用金融产品和服务的比例。具体而言，我们用京津冀地区社区家庭金融账户的持有比例度量京津冀金融普惠，进一步又区分为社区储蓄比例、社区支付比例、社区信贷比例和社区商业保险比例四个分项指标。根据 2015 年 CHFS 数据，我们发现，京津冀社区家庭金融账户占比73.5%，社区储蓄比例、社区支付比例、社区信贷比例和社区商业保险比例分别是71.4%、53.2%、12.9%和10.8%。

（三）其他控制变量

参照以往文献，本文选取的控制变量主要为社区特征变量，包括社区户主平均年龄、社区户主平均年龄平方/100、社区户主男性比例、社区户主平均教育年限、社区家庭已婚比例、社区风险爱好家庭比例、社区风险厌恶家庭比例等，表3详细给出了变量的描述性统计。

表3   样本数据描述性统计

变量	观察值	均值	标准差	最小值	最大值
被解释变量					
社区家庭财富基尼系数	124	0.512	0.113	0.245	1
关注变量					
社区金融普惠	124	0.735	0.194	0.200	1
社区储蓄比例	124	0.714	0.202	0.150	1
社区支付比例	124	0.532	0.243	0.053	0.980
社区信贷比例	124	0.129	0.110	0	0.471
社区商业保险比例	124	0.108	0.066	0	0.286
工具变量					
Ln社区附近金融机构数量	124	1.646	2.019	0	12.472
社区特征变量					
社区户主平均年龄	124	53.438	4.340	39.500	66.514
社区户主平均年龄平方/100	124	30.662	4.406	16.422	45.166
社区户主男性比例	124	0.534	0.161	0.250	0.900
社区户主平均教育年限（单位：年）	124	9.530	3.945	0	19.000
社区家庭已婚比例	124	0.867	0.075	0.622	1.000
社区风险偏好家庭比例	124	0.087	0.065	0	0.314
社区风险厌恶家庭比例	124	0.684	0.140	0.286	1.000

注：为节省篇幅，没有报告家庭层次各变量的描述性统计。

四、实证分析

（一）金融普惠对京津冀家庭财富差距的影响分析

为考察金融普惠对京津冀家庭财富差距的影响，模型设定为

$$Wealth\_Inequality = \alpha Financial\_Inclusion + X\beta + u \qquad (1)$$

模型中，$u \sim N(0, \sigma^2)$。$Wealth\_Inequaity$ 是家庭财富差距指标，用社区家庭财富的

基尼系数来衡量，是被解释变量；*Financial_ Inclusion* 是金融普惠指标，用社区家庭持有金融账户的比例来度量（世界银行，2014；NAB，2011）；*X* 是控制变量，包括社区特征变量和省、市哑变量。

金融普惠和家庭财富差距之间可能存在反向因果、遗漏变量等导致的内生性问题。一方面，家庭财富差距可能造成家庭受教育机会不均以及对经济信息关注不均等，限制家庭参与金融活动，减少家庭金融普惠概率；另一方面，遗漏变量问题也可能导致高估或低估金融普惠的影响。因而，我们选取工具变量解决可能存在的内生性问题。我们选取"社区附近金融机构数量"作为金融普惠的工具变量，主要考虑社区附近金融机构数量越多，家庭更方便获得金融账户，社区金融普惠水平就越高，但社区附近金融机构数量的客观分布对社区家庭之间的财富差距并没有直接影响。

从表 4 的 OLS 和 2SLS 回归结果来看，2SLS 回归的第一阶段 F 值近似等于 10，说明不存在弱工具变量问题，但 DWH 值并不显著，金融普惠不存在显著的内生性问题，OLS 回归是无偏的估计。从表 4 第（1）列显示，京津冀社区金融普惠提高 1 个百分点，社区家庭财富基尼系数将显著下降 20.1%。

表 4   社区金融普惠对京津冀家庭财富差距的影响

被解释变量：社区家庭财富基尼系数	(1)	(2)
	OLS	2SLS
社区金融普惠	− 0.201 ***	− 0.348 *
	(0.063)	(0.201)
社区户主平均年龄	0.014	0.005
	(0.029)	(0.030)
社区户主平均年龄平方/100	− 0.014	− 0.006
	(0.027)	(0.027)
社区户主男性比例	0.097	0.056
	(0.079)	(0.092)
社区户主平均受教育年限	− 0.002	− 0.000
	(0.004)	(0.005)
社区户主已婚比例	− 0.467 **	− 0.516 **
	(0.199)	(0.209)
社区风险偏好家庭比例	− 0.089	− 0.064
	(0.240)	(0.235)
社区风险厌恶家庭比例	− 0.032	− 0.001
	(0.109)	(0.117)
北京	0.044	0.063
	(0.047)	(0.055)

续表

被解释变量：社区家庭财富基尼系数	（1）	（2）
	OLS	2SLS
河北	−0.001	−0.016
	（0.034）	（0.043）
常数项	0.760	1.149
	（0.663）	（0.751）
样本量	124	124
F 值/Wald chi2	2.47 ***	25.04 ***
R^2	0.191	0.152
DWH 内生性检验		0.576
p 值		0.447
第一阶段 F 值		9.911 ***

注：*、**、*** 分别表示在 10%、5%、1% 置信水平显著，括号内为异方差稳健标准误。

（二）家庭金融普惠影响家庭财富的分位数回归

为了考察社区金融普惠影响京津冀社区家庭财富差距的微观机制，我们在京津冀家庭样本下分析金融普惠对家庭财富的影响。Koenker 和 Bassett（1978）提出标准分位数回归模型（Quantile Regression），可在考虑个体异质性的基础上识别出差异分布，获得更多结构性认识，同时不依赖于 OLS 的正态性、同方差性要求。现有研究中，不少学者使用分位数方法对不同部门的收入差异进行估计，因为分位数回归可以依据整个样本的分布来分析自变量对因变量的影响，而不像 OLS 回归那样依赖条件均值（Buchinsky，1998）。张义傅（2012）利用分位数模型指出公共部门对非公共部门的收入优势在不同分位数和年份上变化明显。余向华、陈雪娟（2012）利用分位数模型指出户籍分割使城乡户籍劳动力面临不同的工资决定机制。为考察金融普惠对家庭财富差异影响的原因，模型设定为

$$Household\_Wealth = \eta Financial\_Inclusion\_dummy + Z\gamma + \upsilon \qquad (2)$$

$$Q^\tau = 0 \qquad (3)$$

在模型中，$Household\_Wealth$ 是家庭财富对数值，是被解释变量；$Financial\_Inclusion\_dummy$ 是我们关注的家庭金融普惠哑变量，家庭拥有金融账户取值为 1，否则为 0；Z 是控制变量，包括户主特征变量和省、市哑变量。υ 指个体间的残差项，Q^τ 指残差 υ 的 τ 分位数。

表 5 的估计结果表明，社区金融普惠对京津冀家庭财富差距有显著的负向影响。为了分析社区金融普惠影响京津冀家庭财富差距的内在机制，我们分析家庭金融普惠对京津冀不同分位数家庭的财富的影响。表 5 回归结果说明了家庭金融普惠在不同分位点是如何影响京津冀家庭财富的。从家庭层次来看，金融普惠在 0.1 分位点、0.2 分位点、

0.3 分位点、0.4 分位点、0.5 分位点、0.6 分位点、0.7 分位点、0.8 分位点和 0.9 分位的家庭财富显著高出非金融普惠家庭财富的 2.274 倍、2.195 倍、2.256 倍、2.479 倍、2.462 倍、2.296 倍、2.142 倍、1.908 倍和 1.906 倍，据对这些系数的 F 检验来看，存在显著的差异，可以看出京津冀金融普惠对家庭财富的影响呈现出如下特征：京津冀金融普惠对在 0.4 分位点、0.5 分位点、0.6 分位点家庭财富的影响最大，对在 0.1 分位点、0.2 分位点、0.3 分位点家庭财富的影响次之，对 0.4 分位点、0.5 分位点、0.6 分位点、0.7 分位点、0.8 分位点和 0.9 分位点家庭财富的影响呈递减趋势，如图 1 所示，金融普惠对中等财富组的影响大于低财富组和高财富组，这也是金融普惠显著降低京津冀家庭财富差距的内在原因。

表 5　　　　　　　　　京津冀家庭金融普惠对不同分位数上家庭财富的影响

解释变量	(1)	(2)	(3)	(4)	(5)	(6)	(7)	(8)	(9)
	Q10	Q20	Q30	Q40	Q50	Q60	Q70	Q80	Q90
家庭金融普惠	2.274 ***	2.195 ***	2.256 ***	2.479 ***	2.462 ***	2.296 ***	2.142 ***	1.908 ***	1.906 ***
	(0.743)	(0.507)	(0.335)	(0.229)	(0.190)	(0.178)	(0.178)	(0.155)	(0.194)
户主年龄	0.429 *	0.330 **	0.134	-0.005	-0.035	-0.062	-0.087 **	-0.076 *	-0.065
	(0.240)	(0.161)	(0.240)	(0.065)	(0.056)	(0.044)	(0.042)	(0.043)	(0.050)
户主年龄平方	-0.435 *	-0.312 *	-0.111	-0.032	0.075	0.098 **	0.122 ***	0.113 **	0.101 **
	(0.230)	(0.169)	(0.086)	(0.064)	(0.055)	(0.046)	(0.044)	(0.045)	(0.049)
户主男性	-0.361	-1.230 *	-1.776 ***	-1.979 ***	-1.801 ***	-1.746 ***	-1.617 ***	-1.390 ***	-1.149 ***
	(0.808)	(0.635)	(0.336)	(0.262)	(0.239)	(0.191)	(0.204)	(0.181)	(0.219)
户主受教育年限	0.290 ***	0.255 ***	0.211 ***	0.138 ***	0.106 ***	0.093 ***	0.091 ***	0.086 ***	0.076 ***
	(0.027)	(0.022)	(0.016)	(0.013)	(0.009)	(0.007)	(0.007)	(0.008)	(0.008)
户主已婚	1.445 ***	1.432 ***	1.396 ***	0.858 ***	0.518 ***	0.379 ***	0.275 ***	0.196 ***	0.270 ***
	(0.319)	(0.212)	(0.219)	(0.205)	(0.104)	(0.093)	(0.071)	(0.061)	(0.069)
户主风险偏好	6.525 **	4.464 ***	3.330 ***	2.922 ***	2.559 ***	1.644 ***	1.094 **	1.510 ***	1.001
	(3.246)	(1.587)	(0.901)	(0.753)	(0.572)	(0.465)	(0.498)	(0.563)	(0.638)
户主风险厌恶	2.030	-0.112	-0.045	-0.197	-0.462	-0.628 **	-0.562 *	-0.617 **	-0.622 *
	(1.244)	(0.813)	(0.513)	(0.389)	(0.337)	(0.270)	(0.296)	(0.250)	(0.326)
北京	-0.066	-0.043	0.125	0.293 ***	0.450 ***	0.499 ***	0.553 ***	0.605 ***	0.587 ***
	(0.263)	(0.190)	(0.119)	(0.077)	(0.054)	(0.054)	(0.047)	(0.047)	(0.061)
河北	-0.012	-0.300 *	-0.523 ***	-0.538 ***	-0.506 ***	-0.472 ***	-0.508 ***	-0.399 ***	-0.429 ***
	(0.247)	(0.173)	(0.114)	(0.073)	(0.050)	(0.057)	(0.060)	(0.068)	(0.065)
样本量	3926	3926	3926	3926	3926	3926	3926	3926	3926
Pseudo R^2	0.086	0.114	0.145	0.178	0.206	0.223	0.236	0.236	0.224

注：*、**、*** 分别表示在 10%、5%、1% 置信水平显著，括号内异方差稳健标准误。

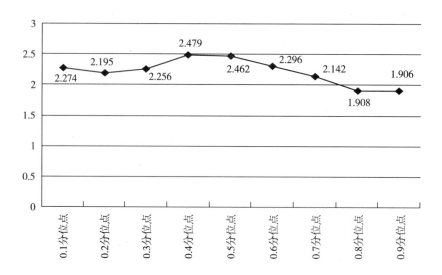

图1　家庭金融普惠对不同分位点上家庭财富的影响趋势

从家庭特征变量来看，表5标准分位数回归结果显示，年龄随着家庭财富增加，增加财富积累作用逐步减弱，甚至0.7分位点、0.8分位点的影响显著为负，而在其他百分位上不存在显著的影响。男性户主家庭基本上和家庭财富积累呈负相关关系，女性户主更善于积累家庭财富。户主受教育年限对家庭财富积累有显著的正向影响，但对作用也随着百分位上升而减弱。已婚家庭和家庭财富积累呈正相关，但随着财富增加，增幅趋于减弱。户主风险偏好对家庭具有显著的正向影响，但作用随着家庭财富增加而减弱。户主风险厌恶家庭在0.1分位点、0.2分位点、0.3分位点、0.4分位点、0.5分位点上对家庭财富没有显著的影响，但是在0.6分位点、0.7分位点、0.8分位点和0.9分位点上对家庭财富有显著的负向影响。北京地区家庭从0.4分位点以后的财富水平显著高于天津和河北地区家庭。河北地区家庭从0.2分位点以后的财富水平显著低于天津和北京地区的家庭。

（三）社区金融普惠分项指标对京津冀家庭财富差距的影响

从表6的OLS的回归结果来看，社区商业保险比例提高一个百分点，京津冀家庭财富基尼系数显著下降53.1%，在金融普惠四个分项指标中对京津冀家庭财富差距的显著负向影响最大，社区信贷比例、社区储蓄比例和社区支付比例提高一个百分点，京津冀家庭财富基尼系数分别显著下降37.7%、17.3%和13.8%。

表6　　　　　　　　社区金融普惠分项指标对京津冀家庭财富差距的影响

解释变量	（1）	（2）	（3）	（4）
	储蓄	支付	信贷	商业保险
社区金融普惠	− 0.173 ***	− 0.138 **	− 0.377 **	− 0.531 ***
分项比例	(0.059)	(0.063)	(0.153)	(0.174)

续表

解释变量	(1) 储蓄	(2) 支付	(3) 信贷	(4) 商业保险
社区户主 平均年龄	0.016	0.017	0.001	0.017
	(0.030)	(0.030)	(0.030)	(0.030)
社区户主 平均年龄/100	−0.016	−0.017	−0.004	−0.017
	(0.027)	(0.027)	(0.027)	(0.027)
社区户主男性比例	0.103	0.111	0.121	0.135
	(0.079)	(0.083)	(0.088)	(0.083)
社区户主平均受 教育年限	−0.002	−0.003	−0.005	−0.002
	(0.004)	(0.004)	(0.004)	(0.004)
社区户主 已婚比例	−0.451**	−0.413**	−0.345*	−0.369*
	(0.197)	(0.199)	(0.198)	(0.190)
社区户主风险 偏好比例	−0.109	−0.098	−0.061	−0.040
	(0.243)	(0.251)	(0.260)	(0.258)
社区户主风险 厌恶比例	−0.052	−0.078	−0.032	−0.059
	(0.109)	(0.108)	(0.109)	(0.107)
北京	0.043	0.052	0.015	0.055
	(0.046)	(0.049)	(0.042)	(0.046)
河北	−0.000	0.000	0.013	0.006
	(0.034)	(0.035)	(0.039)	(0.032)
常数项	0.679	0.609	1.007	0.540
	(0.675)	(0.693)	(0.694)	(0.701)
样本量	124	124	124	124
F 值	2.29**	1.92*	2.51***	2.46***
R^2	0.175	0.149	0.173	0.167

注：*、**、*** 分别表示在 10%、5%、1% 置信水平显著，括号内为异方差稳健标准误。

五、稳健性检验

为了考察上文模型估计结果的可靠性，本部分对上文模型的估计结果进行稳健性检验[①]。

Olivier 等人（2014）采取 90 分位数和 10 分位数的差额作为家庭财富差距程度指

---

① 稳健性检验部分的回归结果中所有其他控制变量均与前文相同。为节省篇幅，除关注变量金融普惠外，没有报告其他控制变量的结果，想了解具体结果的读者可直接与本文作者联系。

标；金烨等（2011）用 25% 最高收入家庭的收入和 25% 最低收入家庭的收入的比值（Ratio75/25）为收入差距指标作稳健性分析，我们用 p90\P10 度量家庭财富差距。表 7 中稳健性检验 1 显示京津冀金融普惠对家庭财富差距影响的稳健性。表 7 中稳健性检验 2 上下删除 1% 样本，也显示京津冀金融普惠对家庭财富差距影响的稳健性。然而，在北京、天津和河北的子样本下，社区金融普惠对家庭财富差距并没有显著的影响。

表 7 社区金融普惠对京津冀家庭财富差距的影响：稳健性检验

	（1）	（2）
	OLS	2SLS
稳健性检验 1：用 p90/p10 度量家庭财富差距		
社区金融普惠	− 0. 393 ***	− 0. 528 *
	（0. 077）	（0. 222）
稳健性检验 2：上下删除 1% 样本		
社区金融普惠	− 0. 197 ***	− 0. 347 *
	（0. 062）	（0. 196）

注： *、**、*** 分别表示在 10%、5%、1% 置信水平显著，括号内为异方差稳健标准误，控制了社区特征变量和省、市哑变量。

六、结论

本文基于 2015 年 CHFS 京津冀样本数据，在社区层面估计发现，京津冀社区金融普惠提高 1 个百分点，社区家庭财富基尼系数将显著下降 20.1%，家庭财富差距显著下降。分类来看，社区储蓄比例、社区支付比例、社区信贷比例和社区商业保险比例提高 1 个百分点，家庭财富基尼系数将分别显著下降 17.3%、13.8%、37.7% 和 53.1%。

我们进一步发现，京津冀金融普惠对家庭财富的影响呈现出如下特征：京津冀金融普惠对在 0.4 分位点、0.5 分位点、0.6 分位点家庭财富的影响最大，对在 0.1 分位点、0.2 分位点、0.3 分位点家庭财富的影响次之，对 0.4 分位点、0.5 分位点、0.6 分位点、0.7 分位点、0.8 分位点和 0.9 分位点家庭财富的影响呈递减趋势，这也是金融普惠显著降低京津冀家庭财富差距的内在原因。我们的研究表明，金融普惠对中等财富组的影响大于低财富组和高财富组，这为未来政府制定政策促进普惠金融提高了参考依据。因此，京津冀协同发展除了强调京、津、冀三地实体区域经济层面的协同发展，更需注重京、津、冀三地现代金融的核心功能和协同普惠作用，比如，强化北京金融管理功能、发展天津金融创新功能、突出河北金融后台服务功能，从而减少京、津、冀金融资源的错配。

所以，在京津冀地区，积极推进金融普惠，使更多家庭能够享受到金融普惠带来的便利，使金融普惠的成果惠及更多家庭，从而增强京津冀家庭金融发展的协调性，最终改善民众福祉，实现家庭福利最大化，促进京津冀地区协同发展和共同繁荣。

参考文献

［1］陈彦斌．中国城乡财富分布的比较分析［J］．金融研究，2008（12）：87-100.

［2］甘犁，尹志超，贾男，徐舒，马双．中国家庭资产状况及住房需求分析［J］．金融研究，2013（4）1-14.

［3］何晓斌，夏凡．中国体制转型与城镇居民家庭财富分配差距——一个资产转换的视角［J］．经济研究，2012（2）：28-40.

［4］金烨，李宏彬，吴斌珍．收入差距与社会地位寻求——一个高储蓄率的原因［J］．经济学（季刊），2011第10卷（3）：887-911.

［5］董晓林，徐虹．我国农村金融排斥影响因素的实证分析——基于县域金融机构网点分布的视角［J］．金融研究，2012（9）：115-126.

［6］胡宗义，刘亦文．金融非均衡发展与城乡收入差距的库兹涅茨效应研究［J］．统计研究，2010（5）：25-31.

［7］李强．经济分层与政治分层．［J］．社会学研究，1997（4）：34-43.

［8］李涛，王志芳，王海港，谭松涛．中国城市居民的金融排斥状况研究［J］．经济研究，2010（7）15-30.

［9］孙永强，万玉琳．金融发展、对外开放与城乡居民收入差距——基于1978~2008年省际面板数据的实证分析［J］．金融研究，2011（1）：28-39.

［10］孙永强．金融发展、城市化与城乡居民收入差异研究［J］．金融研究，2012（4）：98-109.

［11］王弟海，龚六堂．新古典模型中收入和财富分配持续不平等的动态演化［J］．经济学（季刊），2006第5卷（3）：777-802.

［12］王弟海，严成樑，龚六堂．遗产机制和生命周期储蓄和持续性不平等［J］．金融研究，2006（7）：14-31.

［13］王修华，傅勇，贺小金，谭开通．中国农户受金融排斥状况研究——基于我国8省29县1547户农户的调研数据［J］．金融研究，2013（7）：139-151页．

［14］原鹏飞，冯蕾．经济增长、收入分配与贫富分化——基于DCGE模型的房地产价格上涨效应研究［J］．经济研究，2014（9）：77-90.

［15］田霖．我国金融排斥的城乡二元性研究［J］．中国工业经济，2011（2）36-141.

［16］许圣道，田霖．我国农村地区金融排斥研究［J］．金融研究，2008（7）：195-206.

［17］叶志强，陈习定，张顺明．金融发展能减少城乡收入差距吗？［J］．金融研究，2011（2）：42-56.

［18］余向华，陈雪娟．中国劳动力市场的户籍分割效应及其变迁——工资差异与机会差异双重视角下的实证研究［J］．经济研究，2012（12）：97-111.

　　［19］张春安，唐杰．不平等对经济增长影响的经验分析［J］．世界经济，2004（6）：27－36页．

　　［20］张大永，曹红．家庭财富与消费：基于微观调查数据的分析［J］．经济研究，2012增1期56－65.

　　［21］张义博．公共部门与非公共部门收入差异的变迁［J］．经济研究，2012（4）：77－88.

　　［22］张立军，湛泳．中国农村金融发展对收入差距的影响——基于1978—2004年数据的检验［J］．中央财经大学学报，2006（5）：34－39.

　　［23］Barro，R. J. and J. W. Lee. 1993. "Winner and Losers in Economic Growth." NBER Working Paper，No. 4341.

　　［24］Buchinsky，M. 1998. "Recent Advances in Quantile Regression Models：A Practical Guideline for Empirical Research." Journal of Human Resources，33（1）：Pages 88－126.

　　［25］Campbell，L. A. and R. L. Kaufman. 2006. "Racial differences in household wealth：Beyond Black and White." Research in Social Stratification and Mobility Volume 24，Pages 131－152.

　　［26］Dabla－Norris，E.，Y. Ji，R. M. Townsend，and D. F. Unsal，2015. "Distinguishing Constraints on Financial Inclusion and Their Impact on GDP，TFP，and Inequality." NBER Working Paper No. 20821，2015（1）.

　　［27］Demirgüç－Kunt，A. and L. Klapper，2013. "Measuring Financial Inclusion：Explaining Variation in Use of Financial Services across and within Countries." Brookings Papers on Economic Activity，279－321.

　　［28］Forbes，K. J. A. 2000. "Reassessment of the Relationship between Inequality and Growth." American Economic Review，90（4）：869－887.

　　［29］Friedman，M.，1957. "A Theory of the Consumption Function. Princeton." Princeton University Press.

　　［30］Garcia－Herrero，Alicia and David Martinez Turegano. 2015. "Financial Inclusion，Rather Than Size，Is the Key to Tackling Income Inequality." BBVA Working Paper.

　　［31］Karpowicz，I. 2014. "Financial Inclusion，Growth and Inequality：A Model Application to Colombia." IMF Working Paper，WP/14/166，2014（9），pp. 1－31.

　　［32］Keister，L. A. 2000. "Wealth in America：Trends in Wealth Inequality." Cambridge：Cambridge University Press.

　　［33］Koenker，R. and G. W. Bassett. 1978. "Regression Quantiles." Econometrica，46：Pages 33－50.

　　［34］Kuznets S. 1955. "Economic growth and income inequality ." American Economic Reviews，45（1）：1－28.

　　［35］Lusardi，A. and O. S. Mitchell. 2006. "Baby Boomer Retirement Security：The Roles of Planning，Financial Literacy，and Housing Wealth." NBER Working Paper，No. 12585.

　　［36］Modigliani，F. and B. Richard. 1954. "Utility Analysis and the Consumption Function：An Interpretation of Cross－section Data." In Kenneth K. Krihara，ed.，Post－Keynesian Economics，Pages 388－436.

　　［37］Morissette，R. and Zhang. 2006. "Revisiting wealth inequality." statistic Canada，12：Pages

5 – 16.

[38] Nee, V. , 1989. "A Theory of Market Transition: From Redistribution to Markets in State Socialism." American Sociological Review, 54: Pages 663 – 681.

[39] Olivier, Y. M. and Mondragon. 2014. "Does Greater Inequality Lead to More Household Borrowing? New Evidence from Household Data." NBER Working Paper, No. 19850.

[40] Parish, W. L. and E. Michelson. 1996. "Politics and Markets: Dual Transformations." American Journal of Sociology, 101: Pages 1042 – 1059.

[41] Walder, A. G. 1994. "Evolving Property Rights and Their Political Consequences, 3 – 18 in China's Quiet Revolution: New Interactions Between State and Society." edited by DSG Goodman and B. Hooper, New York: St. Martin's Press.

[42] WORLD BANK. 2014. "2014 Global Financial Development Report."

Financial Inclusion and Households' Wealth Inequality in Beijing – Tianjin – Hebei Region: Evidence from CHFS Data

YinZhichao[1]   ZhangHaodong[2]   Yang Yang[1]

(1. *Institute of Finance, Capital University of Economics and Business, Beijing* 100070, *China*;

2. *School of Finance, Henan University of Economics and law, Henan* 450046, *China*)

Abstract: Based Beijing – Tianjin – Hebei data on China Household Finance Survey in 2015, this paper finds that Households' Wealth gini coefficient can reduce significantly by 20.1% if community financial inclusion increases by 1% in Beijing – Tianjin – Hebei region. Households' Wealth gini coefficient can reduce significantly by 17.3%, 13.8%, 37.7% and 53.1% if community savings rate, community payment rate, community credit rate and community commercial insurance rate increases respectively by 1% in Beijing – Tianjin – Hebei region. Furtherly, community financial inclusion impacting on household wealth shows the following characteristics: financial inclusion has the largest influence on household wealth in 0.4 tercile, 0.5 tercile and 0.6 tercile, the second influence in 0.1 tercile, 0.2 tercile and 0.3 tercile, and diminishing in 0.4 tercile, 0.5 tercile, 0.6 tercile, 0.7 tercile, 0.8tercile and 0.9 tercile. financial inclusion being greater in lower and middle wealth group is the internal causes that financial inclusion significantly reduces households' wealth inequality in Beijing – Tianjin – Hebei region. The policy implication is that promoting financial inclusion in Beijing – Tianjin – Hebei region can reduce households' wealth inequality.

Keywords: Beijing – Tianjin – Hebei, Financial Inclusion, Households' Wealth Inequality

基金管理模式对股票型基金绩效、
现金流入和投资风格的影响

周铭山　刘畅[①]

内容摘要：近年来越来越多的基金开始采取两人或两人以上的团队管理模式，行业中团队管理模式的流行趋势促使学术界开始关注基金管理模式是否对基金外部表现产生影响的问题。本文运用 2004—2014 年国内股票型开放式基金数据，研究了个人管理模式和团队管理模式在基金的业绩表现、现金流入、风险特征和投资风格持续性四个方面是否存在显著差异。本文首先以风险调整后超额收益 alpha 衡量基金绩效，发现总体上两种管理模式下基金绩效没有显著差异，但是绩效最优的 20% 的样本中，个人经理人基金绩效显著优于团队经理人基金；通过构建净现金流入率指标，本文发现团队经理人基金的净现金流入显著大于个人经理人基金；在基金风险的差异性方面，本文发现团队经理人基金的总体风险和非系统风险显著小于个人经理人基金，但二者在系统风险和风险调整上并没有显著差异；最后，本文基于规模—价值两个维度，分别通过构建投资风格波动性指标和相关系数法两个模型对两种管理模式下基金投资风格的持续性进行比较分析，实证结果均显示团队经理人基金比个人经理人基金投资风格的持续性更加明显。

关键词：团队管理　业绩表现　现金流入　风险特征　投资风格

中图分类号：F832　**文献标识码：**A

一、引言

一只基金传统上由一名基金经理管理，但随着投资需求的多元化，基金规模不断扩大，投资标的品种日益丰富，越来越多的基金开始采取由两名或两名以上基金经理共同管理的团队管理模式。Morning Star 数据显示，美国 1997 年由团队管理的共同基金净值

---

① 作者简介：周铭山，西南财经大学金融学院，教授，研究方向：公司金融和资本市场；刘畅，西南财经大学金融学院，硕士研究生，研究方向：资本市场。

总额占全部共同基金的20%，至2005年采取团队管理模式的共同基金净值规模比例达到60%，可见在美国，团队管理人模式俨然已在基金管理中超过了半壁江山。在我国，公募基金的团队管理模式自2003年开始一直持续发展，股票型基金中，团队经理人基金的规模已由2004年和2005年的6%逐步上升，至2014年达到15%。

国内基金行业所体现的发展趋势促使学术研究开始关注团队管理模式对基金外部表现的影响。国内目前已经对团队和个人两种管理模式在基金绩效和风险等方面有过分析和探讨。本文在国内外研究的基础上，考虑到投资者和基金母公司等多个角度，采用新的研究方法对两种管理模式下基金的绩效和风险进行了比较分析，并且在国内首次对团队管理模式与个人管理模式在现金流入和投资风格的稳定性上的差异进行了研究，意在为管理模式决策及投资者选择提供更全面依据和更有价值的参考。本文将通过回答以下问题逐层展开分析和研究：

1. 基金管理模式（个人或团队）是否对基金绩效有显著影响？

2. 投资者是否对某种管理模式的基金有偏好？与绩效比较结果是否一致？

3. 如果实证结果显示某种基金管理模式更受投资者欢迎，那么可能是受哪些因素影响？

二、文献综述及研究假设

（一）不同管理结构的行为模式

对于两种管理模式内部决策的作用机理，学术界存在两种相反的观点。一种观点认为，团队的决策是成员内部意见协调的结果（Sah/Stiglidz，1991），多元化的团队组成能够帮助团队获取更全面的信息，纠正决策的错误，从而缓解和降低决策风险（Sharpe，1981）；与之对立的观点认为团队决策机制会助长内部决策的极端化，倾向于更极端或危险的决策。

第一种观点即为意见折中理论，该理论认为团体决策相对于个人决策有分散化效应（diversification – of – opinion effect），即团队能够通过集思广益、风险分散、意见折中从而降低决策行为的极端性（Mosco – vici/Zavalloni，1996）。Sah/Stiglize等（1986，1991）认为团队成员不得不平衡各个成员的观点，所以有动机采取更折中和平均的决策，这使得团队更少地会作出极端性决策。Sharpe（1981）提出团队模式的重要优势在于多元化，同时多元化对于降低团队决策风险非常有利，如果团队成员间相互合作、共同决策，个人偏差或极端的意见能被其他团队成员改正；如果团队成员间各自行动，独立决策，个人错误或极端的意见也能在其他团队成员正确或稳健的意见下被抵消。Masclet等（2009）发现在彩票游戏中团队决策更加具有安全性和保守性。Barry/Starks（2001）提出风险共担是基金采取团队管理模式的重要原因之一，如果每个投资者对自身的风险承受力有比较准确的认识，那么投资者为了控制投资组合整体风险水平，可以将资金交给多个基金经理来管理，那么团队经理人模式就正好满足投资者的风险分担需求。

与之相对的是群体极化理论，该理论认为团队相较个人有采取更危险或更极端的决策的倾向，这有可能是因为自我归类机制：一般地，人们是通过自我构建来作出决策行为，因而，当外部参照组的决策具有高风险时，团队的决策更倾向稳健，但当外部参照组采取更稳健的决策时，团队决策就倾向于高风险（Turneret et al. 1990）。团队强化理论认为团队可能会强化个人的偏见，如果个人决策出现了某种偏差或错误，团队决策会放大这种错误，同理，如果个人决策时倾向于某种决策，那么团队决策将有可能放大和助推这种倾向（Hinszet et al. 1997）。有学者提出团体决策行为的组内学习机制，即人们通过观察和模仿组内成员，尤其是领导人物来调整自己的行为，从而产生的从众现象（Bikhchandaniet et al. 1998），这种机制也有助于解释群体极化现象。

（二）管理模式对基金绩效的影响

对两种管理模式在基金绩效表现方面差异的研究在国内外存在不同的理论流派和实证结果。一些学者发现团队经理人基金投资表现更理性，绩效更好（Bone/Hey/Suckling，1999；Blinder/morgan，2000；Rockenbach/Matauschek，2001；Cooper/Kagel，2004）。团队管理模式在管理基金方面的优势可能源于两个方面的原因：第一，团队成员在决策时彼此之间能够改正他人的错误（Shaw，1932；Sharpe，1981），在个人有限理性的前提下，依照一定的规律和原则对决定基金的投资策略在高度不确定和复杂的投机环境下是尤其重要的；第二，团队管理模式将会因为能够获得更广泛的专业知识和技术支持而获得好于个人经理人模式的投资表现（Pelled/Eisenhardt/Xin，1999）。然而，团队管理模式也会增加相应的决策成本（如协调合作成本）从而减少收益。甚至有研究表明群体决策存在无效性和偏差性，比如，一些学者发现，团队成员在团队工作中将会表现出相对消极的态度，并且付出的努力显著地小于他们独自完成任务时的程度（Williams/Nida/Baca/Latane，1987；Weldon/Gargano，1988）。Holmstrom（1982）认为这是由于团队中存在信息不对称现象，而且集体行为会使得有较高凝聚力的团队为了达到一致的意见而牺牲决策的质量（Janis，1982）。另外，团队管理模式会被基金公司用于磨炼经验不足的基金管理者（Pizzani，2004），也可能会使得团队经理人基金的表现劣于个人经理人基金。

Kon（1983）利用37只基金作为样本，研究显示个人经理人基金在择时能力和业绩会显著优于团队经理人基金，而采用团队管理模式的基金不能基于无法预料的市场变化而获得特别的信息。Prather（2001）使用1993—1998年中148只澳洲基金的风险调整收益（三因子模型的阿尔法）为被解释变量，发现个人经理人基金与团队经理人基金绩效表现方面没有显著差异。之后，Prather与Middleton（2002）利用美国162只共同基金数据采用相同研究方法得到了一致的结论。Prather（2004）使用5000只股票基金，利用大样本验证了个人经理人基金和团队经理人基金在基金业绩上没有显著性差异。2006 年 Prather 与 Middleton 又使用晨星数据库 1992—2001 年的数据，将基金绩效分解为择时能力和选股能力，实证结果显示，两种管理模式在择时能力上没有体现出显著差异。骆盈盈和任颋（2015）使用我国 2003—2012 年全部开放式基金为样本，通过夏普比率、择时能力和选股能力衡量基金业绩，整体业绩并没有显著差异。针对两种管理模式下基金绩效的比较结果也有少数学者得出了显著的结果。

假设 1：团队经理人基金绩效劣于个人经理人基金。

（三）管理模式对基金现金流入的影响

学术界对两种管理模式下基金的业绩优劣尚存在争议，我们发现多数研究结果并不支持团队经理人基金的业绩优于个人经理人基金的结论，那么投资者如果不能直观地通过绩效表现区分两种基金，他们是否会对某种管理模式产生偏好呢？Bar、Kempf 和 Ruenzi（2005）利用美国 1994—2004 年开放式基金作为样本，研究发现团队经理人基金的净现金流入率显著大于个人经理人基金，说明投资者对团队管理型的基金更加青睐。由于投资者更多的现金买入直接增加了基金管理公司的收益，笔者认为这也从某种角度解释了团队管理模式发展迅速、日益流行的原因。

假设 2：团队经理人基金的现金净流入率大于个人经理人基金。

（四）管理模式对基金投资风格的影响

对组合投资风格的关注有很多动机，第一，明确基金的投资风格能够通过更准确地评价基金管理人的选股能力从而更好地评价基金的绩效表现。第二，掌握投资风格能够加强对资产组合整体风险的把握和控制，比如投资者可以透过投资风格判断资产组合的配置是否足够分散化等（Louis K. C. Chan，2002）。Bar 等（2005）利用美国 1994—2004 年开放式基金作为样本，分别使用基金收益率标准差和市场模型（CAPM）中残差的标准差衡量风险指标，实证结果表示团队经理人管理模式显著地降低了基金的整体风险。Bliss（2006）实证发现团队经理人基金的风险和换手率低于个人经理人基金。Bellers（2011）用集中度指标作为被解释变量，结果显示团队经理人基金集中度显著小于个人经理人。Lordanis Karagiannidis（2012）利用美国 1997—2005 年的股票型基金作为样本，证明了团队经理人基金在资产配置方面更多样化，相对于个人经理人基金有显著的风险分散化效应，Karaginnidis（2007）发现在市场处于熊市阶段，个人经理人基金风险调整收益显著高于团队经理人。Bellers 等（2011）发现团队管理基金比个人管理基金的风险和投资集中度都更低，Zhang 和 Casari（2012）通过实证研究发现团队决策趋于风险中性。

Chan/Karceski/Lakonishok（2000）证明了规模—价值（size－value）因素在描述资产表现上具有一定的稳定性，Chan/Chen/Lakonishok（2002）对基于市值和价值—成长性两个维度的投资风格分类与其他分类方式做了比较，实证结果证明规模—价值

（size - value）的分类体系体现出了最佳的持续性，因此得出基于规模—价值（size - value）的投资风格分类方式是有效的。Bar 等（2005）利用美国 1994—2004 年开放式基金的作为样本，借助 Chart 的四因子模型中各因子的回归系数，构造了衡量基金投资极端性行为和风格稳定性的两个指标，并且利用两独立样本的 T 检验验证了团队经理人基金的极端性行为显著低于个人经理人基金，在稳定性方面团队管理模式显著高于个人管理模式。Iordanis Karagiannidis（2012）利用 Morning Star 数据库中 1997—2005 年美国共同基金的数据，发现团队经理人基金在规模和收益方面的极端性显著小于个人经理人，但在价值方面两者的极端性没有显著差异。

假设 3 - 1：团队经理人基金风险更低。

假设 3 - 2：团队经理人基金的投资风格更加稳定。

三、数据与变量

（一）样本和数据来源

本文选取 Wind 数据库中 2004 年 1 月至 2014 年 12 月的我国普通股票型（持股比例大于等于 60%）开放式基金数据，剔除被动管理型股票基金、混合管理型基金和存续期小于一年的基金，但保留了目前已经停止发行的基金。同时，由于分级基金的资产配置和基金管理者等是一样的，防止重复计算问题，对于分级基金，本文只保留其中 A 级基金。

本文的主要研究对象是基金管理模式，即个人基金管理者和团队基金管理者，但现有的数据库中并没有对基金管理模式进行清晰区分和标注，因此，参考国内外学者的公认定义和普遍的标准，本文对团队经理人基金的具体的定义标准是：

若在某年中某只基金有两位及以上的经理人共同任职时间超过 10 个月，则当年该基金为团队管理人基金；若某年中某只基金仅有一位基金管理人，或者有两位及以上的基金管理人，但是若他们的共同任职时间少于 2 个月，则当年该基金为个人经理人基金；若某年中某只基金有两位及以上的基金管理人并且他们共同任职的时间在 2—10 个月，则当年该基金被定义为混合管理型基金。

（二）主要变量定义

本文涉及基金在绩效、现金流入、风险特性与投资风格持续性等 4 个方面的研究，在综合和归纳之前国内外学者对相应问题的研究后，结合国内数据结构，主要变量定义如下：

1. 基金绩效衡量：无风险报酬 $Perf_{i,t}$。本文采用考虑了市场、公司规模和成长性的 Fama - French 三因子因子模型，使用周收益率数据代入三因子模型，计算出超额收益 alpha 用来衡量基金投资业绩。

Fama – French 三因子模型：

$$R_{i,m,t} - R_{f,m,t} = a_{i,t} + \beta_{i,M,t}(R_{M,m,t} - R_{f,m,t}) + \beta_{i,S,t} SMB_{m,t} + \beta_{i,H,t} HML_{m,t} + \varepsilon_{i,m} \quad (1)$$

其中，被解释变量 $R_{i,m,t}$ 是基金 i 的周收益率，$R_{f,m,t}$ 是该周的无风险利率。解释变量包括市场的风险溢价 $R_{M,m,t} - R_{f,m,t}$，其中 $R_{M,m,t}$ 是市场平均收益，$SMB_{m,t}$ 是规模因子，代表小盘股票组合与大盘股票组合收益的差，$HML_{m,t}$ 是账面/市值因子，表示剔除规模因素后，高 book – market 与低 book – market 的收益率之差，代表股票的成长性。三因子数据均直接源于 RESSET 数据库周数据。

2. 基金净现金流入率：Fund Flow$_{i,t}$。本文采用 Sirri/Tufano（1998）构建的一种对现金流入的度量方法，基本思想是从基金净值总增加额中剔除投资收益变化（基金本年收益率增加）只留下数量变化，从而反映出基金本年因新份额买入带来的现金流：

$$\text{Fund Flow}_t = \frac{TNA_t - TNA_{t-1}(1 + R_t)}{TNA_{t-1}} \quad (2)$$

其中，TNA_t 是 t 年末基金总规模，TNA_{t-1} 是 $t-1$ 年末基金总规模，R_t 代表基金 t 年收益率。

3. 总风险、非系统性风险、系统性风险：Fund Risk$_{i,t}$、Unsystematic Risk$_{i,t}$、Systematic Risk$_{i,t}$。$FundRisk_{i,t}$ 代表基金 i 在第 t 年的整体风险，用该基金在第 t 年月度数据计算的当年收益率的标准差来衡量。系统风险和非系统风险，采用 Chebalier/ Ellison（1999）的做法，借助市场模型（CAPM），用基金 i 在 t 年的 beta 值代表基金 i 的系统性风险（$SystematicRisk_{i,t}$），用 CAPM 模型残差项序列的标准差来表示非系统性风险（$Unsystematic Risk_{i,t}$）。

4. 风险调整：risk change。为了考察两种管理模式中基于基金上一期的绩效表现对风险的调整行为是否存在差别，本文参考 Bar（2005）的方法，构建描述风险动态调整的变量 Change Risk$_{i,t}$，用来表示 t 年末相对于 t 年中风险的变化量，数值上等于下半年月度收益的标准差与上半年月度收益率标准差的差值。

5. 因子载荷：Factor Weighting$_{i,t}^f$。本文借助 Fama – French 三因子模型，采用基金收益对三个因子的敏感程度来描述基金的在某一维度上的投资风格（Carhart 1997），因子载荷（Factor Weighting）是由（1）式中各个基金对规模因子（SMB）和价值因子（HML）的回归系数 $\beta_{i,S,t}$ 和 $\beta_{i,H,t}$ 组成的矩阵，因子载荷中的两个因子（$\beta_{i,S,t}$ 和 $\beta_{i,H,t}$）分别用于衡量基金在规模和成长性两个维度上的投资风格，其中 f 表示 SMB 因子或 HML 因子。

6. 风险波动率：SDM$_i^{rel}$。参考 Bar（2005）的方法构造了描述基金投资风格随时间变动的变量 SDM$_i$，依据每只基金对规模因子（SMB）和价值因子（HML）的因子载荷（$\beta_{i,S,t}$ 和 $\beta_{i,H,t}$），本文分别计算出每只基金某个因子载荷的标准差 STD（Factor Weighting$_f$）$_i$，对投资风格波动性（style shift）指标 SDM$_i$ 的量化，数值上取基金两个因子载荷标准差的算术平均数：

$$\text{SDM}_i^{\text{abs}} = \frac{1}{2} \sum_f \text{STD}(\text{Factor Weighting}_{t,f})_{i,t} \tag{3}$$

其中，f 表示第 f 个因子载荷，如果 $\text{SDM}_i^{\text{abs}}$ 值更高，说明其因子载荷的标准差更大，也就是说基金投资风格的持续性更小。但是这种比较并没有剔除同细分市场基金平均因子载荷的大小对结果的影响，会使得本文对两种管理模式基金的 SDM 指标大小的比较失去准确性，因此本文在 $\text{SDM}_i^{\text{abs}}$ 指标基础上进一步对（3）式进行了调整，剔除不同管理模式下基金风格基准（Style Benchmark）的影响，调整后的 $\text{SDM}_i^{\text{rel}}$ 表示基金风格对于该基金同类投资风格基金的平均风格基准的变化波动程度。

$$\text{SDM}_i^{\text{rel}} = \frac{1}{2} \sum_f \text{STD}^{\text{resc}}\left[(\text{Factor Weighting}_f)_{i,t} - (\text{Style Benchmark}_{t,f})\right] \tag{4}$$

$$\text{SDM}_{i,S}^{\text{rel}} = \text{STD}^{\text{resc}}\left[\beta_{i,S,t} - (\text{Style Benchmark}_{t,S})\right] \tag{5}$$

$$\text{SDM}_{i,H}^{\text{rel}} = \text{STD}^{\text{resc}}\left[\beta_{i,H,t} - (\text{Style Benchmark}_{t,H})\right] \tag{6}$$

7. 基金是否由团队经理人管理：Team Dummy$_{i,t}$。Team Dummy$_{i,t}$ 为虚拟变量，如果基金是团队经理人基金则 Team Dummy$_{i,t}$ 为 1，如果基金是个人经理人基金则 Team Dummy$_{i,t}$ 为 0。

8. 细分市场收益/现金流（Segment Perf/flow）。由于本文的研究对象是股票型基金，它本身作为一种组合资产会因为内部各个资产在不同行业、领域的不同配置而产生差异，而本文主要研究两种管理模式下基金各个表现的差异，应尽可能排除它们因资产配置于不同细分市场下从而产生的差异对结果造成的影响。大多数国外的基金对细分市场都给出了比较明确的区分，但是国内基金还没有统一的标准化分类，因此，参考国内外文献对类似问题的处理方法，本文采用 K–means 聚类分析的原理，根据基金收益率月度数据的特征，人为地将所有样本分为了八大类，用各个类别中基金规模作为权重，计算出所需要的相应指标（收益率或现金流入等）的细分市场平均数（Segment Perf/flow）。

9. 其他控制变量。基金规模（Size）：本文中基金规模相当于基金净值与份额的乘积，采用 Wind 数据库中基金年报中披露的净值和份额数据。

基金成立时间（Age）：基金成立时间数据来源于 Wind 数据库。

基金费率（Fees）：由于数据的可得性原因，本文中基金总费率是指基金管理费、基金托管费和基金销售服务费之和，即用基金管理费、基金托管费和基金销售服务费用之和除以基金资产净值得到，数据来源于 Wind 数据库。

基金换手率（Turnover）：代表基金投资组合变化的频率，是取股票资产购买额和股票资产卖出额中较小者除以基金净值得到的比率。

四、实证模型与结果

(一) 团队管理模式对基金绩效的影响——假设1

$$Perf_{i,t} = \alpha + \beta_1 (Team\ Dummy)_{i,t} + \beta_2 (Perf)_{i,t-1} + \beta_3 (Size)_{i,t-1} + \beta_4 (Age)_{i,t-1}$$

$$+ \beta_5 (Turnover)_{i,t-1} + \beta_6 (Fees)_{i,t-1} + \beta_7 (Segment\ Perf)_{i,t} + \beta_8 (Family\ Size)_{i,t-1}$$

$$+ \beta_9 (Family\ Age)_{i,t-1} + \sum_{y}^{k} \alpha_y \cdot D(y)_{i,t} + \varepsilon_{i,t} \tag{7}$$

其中，除了基本的控制变量外，为了控制基金母公司整体的各个因素对旗下基金绩效的影响，模型还加入了母公司层面的两个变量$(Family\ Size)_{i,t-1}$和$(Family\ Age)_{i,t-1}$，分别表示母公司管理基金份额净值的对数和母公司成立时间的对数。最后，为了控制基金特定年份影响，加入了代表时间效应的虚拟变量$D(y)_{j,t}$。

由于同一基金母公司下可能同时存在个人经理人基金和团队经理人基金，已有研究发现基金母公司（即基金管理公司）会对旗下的基金进行内部补贴或让渡部分基金的利益对另一部分基金进行利益输送（Jose – miguel，2006）。考虑到基金管理公司层面对结果的影响，本文将样本分为两组：基金母公司旗下既有团队管理模式基金也有个人管理模式基金的样本归为混合型基金母公司组，将母公司旗下有团队经理人基金以及只有个人经理人基金的样本归为单一型基金母公司组。分别采用全样本和分类后的两组样本进行三次回归。回归结果见表1。

表1　　　　　　　　　　　　　管理模式对基金绩效的影响

	全样本	混合型基金母公司	单一型基金母公司
$Team\_dummy_t$	− 0.0094	− 0.0114	− 0.0014
$Perf_{t-1}$	− 0.0633 *	− 0.0593	− 0.0908 **
Age_{t-1}	− 0.0058	− 0.0148	− 0.0020
$Size_{t-1}$	− 0.0030	.0016	− 0.0080 **
$Turnover_{t-1}$	− 0.0037 *	− 0.0003	− 0.0074 ***
$Fees_{t-1}$	− 0.6533	− 1.401	− 0.3702
$SegmentPerf_{t-1}$	1.0670 ***	1.1528 ***	1.0261 ***
$Family\_Age_{t-1}$	0.0076	0.0062	0.0097
$Family\_Size_{t-1}$	0.0126 ***	0.0132 *	0.0074
$Year\_dummies$	Yes	Yes	Yes
$Adjusted\ R^2$	0.6072	0.6431	0.6615
N	1098	516	745

注：*** 显著性水平是1%，** 显著性水平是5%，* 显著性水平是10%。

三组回归中 Team Dummy 的系数都为负但都不显著，全样本实证结果没有对假设1

提供支持。

在此基础上，本文对样本进行了进一步分类，将基金按照绩效排位，根据绩效排名将样本平均分成五组（每组包含 20% 分位数的基金），再分别代入（7）式，然后观察虚拟变量 Team Dummy 的显著性，结果如表 2 所示。

表 2 管理模式对基金绩效分组条件下的影响

	β_1	$t\_Stat.$
最劣绩效组	0.0009	0.05
次劣绩效组	− 0.0019	− 0.09
中等绩效组	− 0.0076	− 0.53
次优绩效组	− 0.0068	− 0.43
最优绩效组	− 0.0527 **	− 2.30
时间效应变量	Yes	

注：*** 显著性水平是 1% ，** 显著性水平是 5% ，* 显著性水平是 10% 。

进一步分组后的实证结果显示，对绩效排名最靠前的 20% 的基金来说，团队经理人模式和个人经理人模式对基金绩效在 5% 的显著性水平下有显著差异，并且团队经理人基金绩效要劣于个人经理人绩效，通过分组实证结果对假设 1 提供了一定的支持。

（二）团队管理模式对基金现金流入率的影响——假设 2

投资者对于不同基金的选择可以体现在投资者愿意用多少钱购买基金上，因此本文使用基金现金净流入来描述基金受欢迎的程度，检验团队管理模式是否能带来更多新的现金流入，本文采用以下回归模型：

$$Fund\ Flow_{i,t} = \alpha + \beta_1\,(Team\ Dummy)_{i,t} + \beta_2\,(Fund\ Flow)_{i,t-1} + \beta_3\,Perf\_Rank_{i,t-1}$$
$$+ \beta_4\,Perf\_Rank_{i,t-1}^2 + \beta_5\,(Risk)_{i,t-1} + \beta_6\,(Age)_{i,t-1} + \beta_7\,(Turnover)_{i,t-1} + \beta_8\,(Size)_{i,t-1}$$
$$+ \beta_9\,(Fees)_{i,t-1} + \beta_{10}\,(Segment\ Flow)_{i,t} + \beta_{11}\,(Family\ Size)_{i,t-1} + \beta_{12}\,(Family\ Age)_{i,t-1}$$
$$+ \sum_{y}^{k} \alpha_y \cdot D\,(y)_{i,t} + \varepsilon_{i,t} \qquad (8)$$

Sirri/Tufano（1998）证明投资者对收益的反应有延迟效应，为了描述这种时间上非对称的关系，本文采用 Barber/Odean/Zhang（2004）的做法，加入了滞后一期的收益率的绩效排名 Perf_Rank$_{i,t-1}$，为了刻画现金流入和基金绩效排名之间非线性的关系，参考 Barber/Odean/Zhang（2004）的做法，将绩效排名指标的平方项纳入模型，控制变量还包括相同细分市场下基金的加权平均现金流入（Segment Flow）等变量，模型对该基金所属基金母公司层面的因素也进行了控制，包括基金公司的管理全部股票型基金的净值规模平均值（Family Size）以及平均基金成立时间（Family Age）。

与上一节的方法类似，文章首先以全样本为研究对象，将变量数据代入（8）式。第二步，考虑到同一基金母公司下可能同时存在个人经理人基金和团队经理人基金，为排除内部作用对结果的影响，分别对混合基金母公司组和单一基金母公司组进行（8）式的回归，结果如表3所示。

表3 管理模式对基金现金流入的影响

	全样本	混合型基金母公司	单一型基金母公司
$Intercept$	0.0140	0.1379	− 0.0637
$Team\_dummy_t$	0.0813 *	0.0854 *	0.0787 *
$Fund\_Flow_{t-1}$	− 0.0277	0.0012	− 0.0253
$Perf\_Rank_{i,t-1}$	− 0.2800	− 0.6431 *	− 0.3394
$Perf\_Rank_{t-1}^2$	0.2364 **	0.5054 ***	0.2542 *
$Risk_{i,t-1}$	0.8406	− 0.5291	1.241
Age_{t-1}	0.0331	0.0863 **	− 0.0020
$Size_{t-1}$	− 0.0573 ***	− 0.0745 ***	− 0.0513 ***
$Turnover_{t-1}$	0.0150	0.0182	0.0066
Fee_{t-1}	− 6.7229	− 20.4143 **	− 0.1987
$SegmentFlow_{t-1}$	0.4175 ***	0.3051 ***	0.4079 ***
$Family\_Age_{t-1}$	− 0.0151	− 0.0712	0.0351
$Family\_Size_{t-1}$	0.0407 *	0.0773 **	0.0291
$Year\_dummies$	Yes	Yes	Yes
$Adjusted\ R^2$	0.1746	0.1870	0.1855
N	1088	514	736

注：*** 显著性水平是1%，** 显著性水平是5%，* 显著性水平是10%，被解释标量为 Fund Flow$_{i,t}^1$。

从上述三组回归结果可以看出，无论团队经理人与个人经理人是否属于同一基金母公司，Team_dummy$_t$ 对基金现金流入的影响都是显著为正的。说明团队经理人基金的投资者现金流入率显著大于个人经理人基金，实证结果对假设2提供了系统性的支持。

（三）团队管理模式对基金风险特性的影响——假设3 - 1

国内已有学者对两种管理模式在风险特性上的差异展开过实证分析，但样本数据都只截至2010年，本文更新数据到2014年，考察总体风险与基金管理模式的关系：

$$Fund\ Risk_{i,t} = \alpha + \beta_1 (Team\ Dummy)_{i,t} + \beta_2 (Age)_{i,t-1} + \beta_3 (Size)_{i,t-1} + \beta_4 (Turnover)_{i,t-1}$$

$$+ \beta_5 (Family\ Size)_{i,t-1} + \beta_6 (Family\ Age)_{i,t-1} + \beta_7 (Fees)_{i,t-1} + \sum_{y}^{k} \alpha_y \cdot D(y)_{i,t} + \varepsilon_{i,t}$$

（9）

实证结果如表 4 所示。

表 4 管理模式对基金风险特性的影响

	全样本	混合型基金母公司	单一型基金母公司
$Intercept$	0.6014 ***	0.0628 ***	0.5782 ***
$Team\_dummy_t$	− 0.0025 **	− 0.0026 **	− 0.0027 ***
Age_{t-1}	− 0.0006	− 0.0057	− 0.0001
$Size_{t-1}$	0.0103 *	0.0021 **	0.0001
$Turnover_{t-1}$	0.0011 ***	0.0011 ***	0.0010 ***
Fee_{t-1}	− 0.2375 *	− 0.0026 ***	− 0.2003 **
$Family\_Age_{t-1}$	− 0.0078	0.0019	− 0.0024 *
$Family\_Size_{t-1}$	− 0.0013 *	− 0.0031 ***	− 0.0020
$Year\_dummies$	Yes	Yes	Yes
$Adjusted\ R^2$	0.5631	0.5233	0.6009
N	1278	615	872

注：*** 显著性水平是 1%，** 显著性水平是 5%，* 显著性水平是 10%。

实证结果表明，Team Dummy 的系数在 5% 的置信水平下显著为负，团队经理人基金比个人经理人基金风险更小，这与国内学者已有的研究结果一致。

结合意见折中理论，团队经理人基金表现出的相对更低的风险可能是由于分散化配置的结果。为了进一步佐证团队管理模式具有分散化效应，本文将风险指标进一步细分为系统性风险和非系统性风险，用非系统性风险和系统性风险替换（9）式的被解释变量，再观察 Team Dummy 系数的正负符号和显著性。

$$Unystematic\ Risk_{i,t} = \alpha + \beta_1\ (Team\ Dummy)_{i,t} + \beta_2\ (Age)_{i,t-1} + \beta_3\ (Size)_{i,t-1}$$
$$+ \beta_4\ (Turnover)_{i,t-1} + \beta_5\ (Family\ Size)_{i,t-1} + \beta_6\ (Family\ Age)_{i,t-1}$$
$$+ \beta_7\ (Fees)_{i,t-1} + \sum_{y}^{k} \alpha_y \cdot D\ (y)_{i,t} + \varepsilon_{i,t} \tag{10}$$

$$Systematic\ Risk_{i,t} = \alpha + \beta_1\ (Team\ Dummy)_{i,t} + \beta_2\ (Age)_{i,t-1} + \beta_3\ (Size)_{i,t-1}$$
$$+ \beta_4\ (Turnover)_{i,t-1} + \beta_5\ (Family\ Size)_{i,t-1}$$
$$+ \beta_6\ (Family\ Age)_{i,t-1} + \beta_7\ (Fees)_{i,t-1} + \sum_{y}^{k} \alpha_y \cdot D\ (y)_{i,t} + \varepsilon_{i,t} \tag{11}$$

回归结果整理如表 5 所示。

表 5	管理模式对基金风险的影响		
	全样本	非系统性风险	系统性风险
Intercept	0. 6014 ***	0. 0371 ***	0. 7189 ***
Team_ dummy$_t$	− 0. 0025 **	− 0. 0019 **	− 0. 0149
Age$_{t-1}$	− 0. 0006	− 0. 0023	− 0. 0187
Size$_{t-1}$	0. 0103 *	0. 0001	0. 0024
Turnover$_{t-1}$	0. 0011 ***	0. 0015 ***	0. 0046
Fee$_{t-1}$	− 0. 2375 *	− 0. 4092 ***	2. 0689
Family_ Age$_{t-1}$	− 0. 0078	0. 0008	− 0. 0065
Family_ Size$_{t-1}$	− 0. 0013 *	− 0. 0003	− 0. 0195 *
Year_ dummies	Yes	Yes	Yes
Adjusted R^2	0. 5631	0. 2954	0. 3040
N	1278	1278	1278

注: *** 显著性水平是 1% , ** 显著性水平是 5% , * 显著性水平是 10% 。

从结果可以看出,团队管理人基金的非系统性风险显著小于个人经理人基金,但两者的系统性风险并无明显差异。可以推断两种管理模式在风险承受上表现出的差异主要来源于它们在非系统性风险上的不同,这是由于团队管理型基金在资产配置上的分散化程度更明显。实证结果不仅对假设 3 – 1 提供了支持,还证明了意见折中理论中关于团队决策存在分散化效应观点的正确性和合理性。

上述对于两种管理模式下基金在风险特性上的分析都是基于静态的风险比较,本文接下来想探究团队经理人与个人经理人在风险的动态调整方面是不是也存在差异。Brown/Harlow/Starks (1996) 首次提出基金经理有动机会基于上一期的基金表现调整基金配置用高风险赢得打败对手的机会,依据竞争对手锦标赛(Turnament – Tike Fashion)理论,这种因前期绩效而改变基金组合风险偏好动机源于基金经理的绩效排名激励机制。

参考 Michaela Bar (2005) 的方法,构建描述风险动态调整的变量 Change Risk$_{i,t}$。

$$\text{Change Risk}_{i,t} = \beta_1 \text{Perf Rank}_{i,t}^{(1)} + \beta_2 (\text{Team Dummy})_{i,t} \text{Perf Rank}_{i,t}^{(1)} + \beta_3 (\text{Risk})_{i,t}^{(1)} + \beta_4 \text{Change in Segment Risk}_{i,t} + \varepsilon_{i,t} \qquad (12)$$

(12) 式中主要的被解释 PerfRank$_{i,t}^{(1)}$ 选用学术界常用的两种方式进行衡量:

Ⅰ. 基金上半年 (前六个月) 收益率;

Ⅱ. 基金年度业绩综合排名。

为了体现团队经理人和个人经理人的差异,模型引入团队经理人与上一期基金收益率的交叉项 (Team Dummy)$_{i,t}$ Perf Rank$_{i,t}^{(1)}$。如果 β_1 与 β_2 符号相反且显著时,可以证明不同基金管理模式下基金的风险调节情况有显著差异。为了控制同投资风格基金共同的风险特性对结果的影响（Daniel/Wermers，2000），本文加入了同细分市场基金的平均风险调整指标Change in Segment Risk$_{i,t}$，它是与基金 i 相同细分市场分类下的基金的 Change Risk 指标的加权平均数，两组模型的实证结果如表6所示。

表6　　　　　　　　　　　　　　　**基金管理模式对风险调整的影响**

	模型 I	模型 II
Intercept	0.0127 ***	0.0129 ***
PerfRank$_{i,t}^{(1)}$	0.0029 *	− 0.0011
(*TeamDummy*)$_{i,t}$	− 0.0039	0.0011
(*Risk*)$_{i,t}^{(1)}$	− 0.2315 ***	− 0.2263 ***
ChangeinStyleRisk$_{i,t}$	0.9419 ***	0.9525 ***
Adjusted R^2	0.8529	0.8526
N	1319	1319

注：*** 显著性水平是1%，** 显著性水平是5%，* 显著性水平是10%。

两个模型中，β_1 与 β_2 异号说明团队管理人基金相对于个人管理人基金来说 Change Risk 更小，但是 β_2 均不显著。但是，通过观察模型中其他控制变量的系数，本文得出了三个有趣的结论，从模型 I 中 Perf Rank$_{i,t}^{(1)}$ 的系数 β_1 显著为正，可以看出前半年绩效更好的基金，后半年风险增加，主动承担更大的风险追求更高的收益；从两个模型中 (Risk)$_{i,t}^{(1)}$ 的系数 β_3 均显著为负，可以说明前半年风险水平高的基金，后半年会主动降低风险水平，反之则相反；从两个模型中变量Change in Segment Risk$_{i,t}$ 的系数 β_4 均显著为正，可以说明相同细分市场的基金风险水平接近，证明本文基于基金收益表现对基金进行细分市场分类的合理性。

（四）团队管理模式对基金投资风格稳定性的影响——假设 3 − 2

由于代理问题等原因，投资者在委托基金经理人管理基金的过程中可能存在道德冒险的行为，因此，实际管理中基金经理人实际采取的投资策略和资产配置可能并不符合最初披露的投资原则和策略描述。而投资风格的定义应该建立在其具有相当稳定性和持续性的基础上，选择用来描述投资风格的指标必须在时间上具有一定的稳定性，因此我们不能简单地采用披露的信息量化投资风格。Chan，Karceski/Lakonishok（2000）证明了规模—价值（size − value）因素在描述资产表现上具有最好的稳定性，Louis K. C. Chan/Hsiu − Lang Chen/Josef Lakonishok 对基于规模和价值—成长性两个维度的投资风格分类与其他分类方式做了比较，实证结果证明规模—价值（size − value）的分类体系体现出了最佳的持续性，得出基于规模—价值（size − value）的投资风格分类体系是有效的结论。因此，本文将采用基于规模—价值（size − value）的投资风格分类方式，从基金规模和成长性两个维度研究团队经理人基金和个人经理人基金投资风格的持续性问题。

1. 模型（1）——"相关系数法"。参考 Louis K. C. Chan/Hsiu − Lang Chan（2002）

在基金风格稳定性方面的研究方法，在对投资风格的持续性（Style Consistency）进行量化时，用上一年末基金 i 风格系数的排名，即规模因子 SMB 或价值因子 HML 的回归系数的大小排名，与本年末该基金风格系数的排名的相关系数来衡量基金的某个维度上投资风格的持续性。本文基于基金规模（SMB）和基金成长性（HML）两个维度探究团队管理人基金与个人经理人基金在投资风格持续性上是否存在显著差异。

"相关系数法"的具体检验步骤如下：

第一步：由于 2004 年、2005 年和 2006 年团队管理型基金的数量过少，因此剔除三年数据，用来比较分析的时间窗口从 2007 年起始。

第二步：将基金周收益数据代入 Fama 三因子模型，计算出每只基金每年某个风格维度的风格系数（$\beta_{i,S,t}$ 或 $\beta_{i,H,t}$）；为了下文中对 $Rank_{t,T,f}$ 和 $Rank_{t,S,f}$ 逐年进行对比的步骤，将不能连续两年保持同一种管理模式的基金从样本中剔除。

第三步：将个人经理人基金和团队经纪人基金在两个风格维度的回归系数 $\beta_{i,S,t}$ 和 $\beta_{i,H,t}$ 分别进行排序，将序号形成的数列命名为 $Rank_{t,T,f}$ 和 $Rank_{t,S,f}$，其中，t 代表年份，T 代表团队经理人（team），S 代表个人经理人（single），f 代表第 f 个因子（SMB 或 HML）；

第四步：将 Rank 序列中的序数进行标准化处理，使其满足均值为 0，方差为 1。

第五步：标准化后的序列对应不同风格因子和管理模式，逐年进行相关性检验，相关系数越大，则说明投资风格持续性越强，反之则相反。

通过以上步骤，本文分别得到团队经理人基金和个人经理人基金在规模因子和账面价值/市值因子两个投资风格维度上回归系数的序列与上一年比较，观察相关系数的大小。从 2008—2014 年共有 7 组对比，本文将规模因子和账面价值/市值因子经标准化的序列进行简单的算术平均，计算出一个综合性的投资风格指标 $\overline{Rank}$，同样进行团队经理人基金和个人经理人基金的两组的相关性检验，检验结果如表 7 所示。

表7　　　　　　　　　　管理模式对基金投资风格的持续性的影响

年份	$Rank_{SMB}$ 相关系数		$Rank_{HML}$ 相关系数		$\overline{Rank}$ 均值相关系数	
	Team	Single	Team	Single	Team	Single
2008/2007	0.9862	0.4503	0.6321	0.0806	0.8959	0.1585
2009/2008	0.8323	0.3675	0.7611	0.0947	0.2096	0.3565
2010/2009	0.0051	0.2205	0.1671	0.3619	0.5271	−0.2538
2011/2010	0.7569	0.3941	0.8514	0.5455	0.7494	0.5810
2012/2011	0.8091	0.5727	0.8774	0.6632	0.8629	0.6127
2013/2012	0.0882	0.0395	0.6460	0.1083	0.6330	0.5416
2014/2013	0.6907	0.4085	0.4569	0.1716	0.4020	0.2232
mean	0.5883	0.3576	0.6274	0.2894	0.6114	0.3171
T 检验 p 值	0.07		0.08		0.10	

实证结果显示，团队经理人基金的投资风格持续性无论总体上还是各风格维度上均显著地大于个人经理人基金，实证结果支持假设 3 - 2。

2. 模型（2）——风格波动率 SDM_i^{rel}。前文已经对风格波动率指标做了定义，参考 Bar（2005）的方法，分别求出每个样本的 SDM_i^{rel}、$SDM_{i,S}^{rel}$ 和 $SDM_{i,H}^{rel}$ 指标；将样本分为团队经理人基金和个人经理人基金两组（团队经理人组的筛选标准：在 11 年中，如果某只基金是团队管理人基金的年份大于等于 3 年，则将其归类为团队经理人基金组，标准差的计算窗口以其作为团队经理人基金的真实年份确定）；对两组样本的上述三个指标分别进行 T 检验。结果如下：

表8   管理模式对基金投资风格的持续性的影响

	SDM_i^{rel}	$SDM_{i,S}^{rel}$	$SDM_{i,H}^{rel}$
团队经理人基金	− 0.2620	− 0.3002	− 0.2238
个人经理人基金	0.0831	0.0953	0.0710
Team − single	− 0.3451 ***	− 0.3955 **	− 0.2948 *

注：*** 显著性水平是 1%，** 显著性水平是 5%，* 显著性水平是 10%。

实证结果显示团队经理人基金在投资规模和账面价值/市值两方面的持续性均优于个人经理人基金，实证结果支持假设 3 - 2。

综合上面两个模型，实证结果一致，说明管理模式对基金投资风格的持续性确实存在影响，团队管理模式下基金投资风格的持续性更加明显。

五、结论

综合本文的分析，团队和个人管理模式总体上在基金绩效表现方面没有显著差异，但是绩效表现最好的 20% 的基金样本中，团队经理人基金的绩效劣于个人经理人基金。实际上，投资者更加关注绩效排名靠前的那些基金，也就是说，相对于投资表现不够好的那些基金来说，投资者可能对表现靠前的那部分基金的绩效更加敏感，如果假设投资者主要是根据基金业绩选择基金的前提成立，那么由此推测，个人经理人基金应该比团队经理人基金更受投资者的欢迎。但是，在两种模式现金流入率的比较研究中我们发现，团队经理人基金的现金流入率显著大于个人经理人基金。上述矛盾的产生说明投资者基于基金绩效选择基金的假设并不成立，也就是说在业绩略逊色的情况下，如果投资者更偏爱团队经理人基金，这很可能是因为投资者偏好这种管理模式所带来的其他好处，比如风险更低、投资风格更具持续性等原因。

通过实证结果，本文得出团队管理模式基金的总体风险更低，管理模式对风险的影响主要作用在非系统性风险上，因此进一步证实了意见折中理论，说明团队意见是各个成员之间相互妥协的结果，团队管理模式在股票型基金的管理中存在分散化效应，采用团队管理模式后控制和分散风险的效果更明显。接下来，本文试图从风险的动态调整方面对两种管理模式进行比较分析，实证模型的结论并不显著，但是，通过对其他控制变量回归系数的分析，本文发现：（1）前半年绩效更好的基金，后半年风险会增加，主动承担更大的风险追求更高的收益；（2）前半年的风险水平高的基金，后半年会主动降低风险水平，反之则相反；（3）相同细分市场的基金风险水平接近。

最后，本文通过两种实证方法得到了团队经理人基金的投资风格持续性显著高于个人经理人基金的结论，说明团队整体观点的改变相对个人观点的变化要更加困难，投资风格变化可能被团队决策的风散效应平均化了。另外，这也有可能是因为个人经理人如果出现经理人替换则新经理人很有可能改变前一个经理人的投资风格，但对于团队经理人管理模式来说，个别人员调动对整个基金的风格影响可能十分有限。

综合上述分析研究和实证结果，本文回答了开篇提出的三个问题，团队经理人基金和个人经理人基金在绩效表现上并没有显著的差异，但绩效靠前的20%的基金中，个人经理人基金的投资绩效显著好于团队经理人基金。然而投资者对团队经理人基金现金净买入显著地高于个人经理人，说明团队管理模式更受投资者的青睐，这可能是由于团队管理模式能够更好地控制风险、更多地忠诚于披露的投资策略和风格、在投资风格上更加稳定等原因。

本文以基金经理人的数量和合作时间来定义团队经理人基金，虽然这种定义在学术研究中得到了普遍应用和广泛认可，但是，实际上团队管理结构存在多种分工模式，例如，双人管理中的"主辅"模式；没有明确分工，共同讨论作出决策的"共同管理"模式；各司其职的"合理配合"模式等。不同的分工模式，决定基金表现的因素就不同。本文对两种管理模式基金各层面的表现做了比较全面的研究和分析，但是对于团队管理结构的分工模式没有作出一定的细分，而这有待于在未来的研究中做进一步的完善。

参考文献

［1］骆盈盈，任颋. 基金管理模式对、投资风格于经营绩效：来自中国公募基金探索性研究［J］. 金融研究，2015，04：25 – 33.

［2］江萍，田澍. 基金管理公司股权结构与股权绩效研究［J］. 金融研究，2011，06：123 – 135.

［3］Adams, R. B., and Ferreira, D., 2003, Individual versus Group Decision – Making: A Comparison Using Data on Bets on Ice Breakups in Alaska, Working Paper.

［4］Barry, C., and L. T. Starks, 1984, Investment Management and Risk Sharing with Multiple Managers, Journal of Finance, 39, 477 – 491.

［5］Berk, J., and R. C. Green, 2004, Mutual Fund Flows and Performance in Rational Markets, Journal of Political Economy, 112, 1269 – 1295.

［6］Bollen, N. P. B., and J. Busse, 2005, Short – Term Persistence in Mutual Fund Performance,

Review of Financial Studies, 18, 569 – 597.

[7] Brown, K. C., W. V. Harlow, and L. T. Starks, 1996, Of Tournaments and Temptations: An Analysis of Managerial Incentives in the Mutual Fund Industry, Journal of Finance, 51, 85 – 110.

[8] Brown, S. J., and W. N. Goetzmann, 1995, Performance Persistence, Journal of Finance, 50, 179 – 698.

[9] Brown, S. J., W. N. Goetzmann, and R. Ibbotson, 1999, Offshore Hedge Fund: Survival and Performance, 1989 – 95, Journal of Business, 71, 91 – 117.

[10] Busse, J. A., 2001, Another Look at Mutual Fund Tournaments, Journal of Financial and Quantitative Analysis, 36, 53 – 73.

[11] Carhart, M., 1997, On Persistence in Mutual Fund Performance, Journal of Finance, 52, 57 – 82.

[12] Chan, L., Chen, H., and J. Lakonishok, 2002, On Mutual Fund Investment Styles, Review of Financial Studies, 15, 1407 – 1437.

[13] Chen, J., Hong, H., Huang M., and J. D. Kubik, Does Fund Size Erode Mutual Fund Performance? The Role of Liquidity and Organization, 2004, American Economic Review, 1276 – 1302.

[14] Chevalier, J., and G. Ellison, 1999a, Career Concerns of Mutual Fund Managers, Quarterly, Journal of Economics, 389 – 432.

[15] Cross – Sectional Patterns in Behavior and Performance, Journal of Finance, 875 – 899.

[16] Cohen, S. I., and D. E. Bailey, 1997, What Makes Team Work: Group Effectiveness Research from the Shop Floor to the Executive Suite, Journal of Management, 23, 239 – 290.

[17] Cooper, D. J, andKagel, John H., 2004, Are Two Heads Better than One? Team versus Individual Play in Signalling Games, American Economic Review forthcoming.

[18] Daniel, N. D., M. Grinblatt, S. Titman and R. Wermers, 1997, Measuring Mutual Fund Performance with Characteristics – Based Benchmarks, Journal of Finance, 52, 1035 – 1058.

[19] Elton, E., Gruber, M., and C. Blake, 2001, A First Look at the Accuracy of the CRSP Mutual Fund Database and a Comparison of the CRSP and Morningstar Mutual Fund Databases, Journal of Finance, 56, 2415 – 2430.

[20] Elton, E., Gruber, M., Das, S. and C. Blake, 1996, The Persistence of Risk Adjusted Mutual Fund Performance, Journal of Business, 69, 133 – 157.

[21] Elton, E., Gruber, M., and C. Blake, 1999, Common Factors in Mutual Fund Returns, European Finance Review, 3, 53 – 78.

[22] Fama, E. F., and J. MacBeth, 1973, Risk, Return and Equilibrium: Empirical Tests, Journal of Political Economy, 607 – 636.

[23] Golec, J. H., 1996, The Effects of Mutual Fund Managers' Characteristics on their Portfolio Performance, Risk and Fees, Financial Services Review, 5, 133 – 148.

[24] Grinblatt, M., and S. Titman, 1992, The Persistence of Mutual Fund Performance, Journal of Finance, 47, 1977 – 1984.

[25] Hendricks, D., Patel, J. and R. Zeckhauser, 1993, Hot Hands in Mutual Funds: Short – Run

Persistence of Relative Performance, 1974 - 1988, Journal of Finance, 43, 91 - 130.

[26] Holmstrom, B., 1982, Moral Hazard in Teams, Bell Journal of Economics, 13, 324 - 340.

[27] Ippolito, R. A., 1992, Consumer Reaction to Measures of Poor Quality: Evidence from the Mutual Fund Industry, Journal of Law and Economics, 35, 45 - 70.

[28] Jose-Miguel Gaspar, Massimo Massa, and Pdero Matos, 2006, Favoeitism in Mutual Fund Families? Evidence on Strategic Cross - Fund Subsidization, Journal of Finance, 73 - 103.

[29] Kahneman, D., and A. Tversky., 1979, Prospect Theory: An Analysis of Decision under Risk, Econometrica, 47, 263 - 291.

[30] Kerr, N., and S. Bruun, 1983, Dispensability of Member Effort and Group Motivation Losses: Free Rider Effects, Journal of Personality and Social Psychology, 45, 78 - 94.

[31] Khorana A., and H. Servaes, 1999, The Determinants of Mutual Fund Starts, Review of Financial Studies, 12, 1043 - 1074.

[32] Kogan, N., and M. Wallach, 1965, The Roles of Information, Discussion, and Consensus in Group Risk Taking, Journal of Experimental Social Psychology, 1, 1 - 19.

[33] Lamm, H., and D. G. Myers, 1978, Group - Induced Polarization of Attitudes and Behavior, Advances in Experimental Social Psychology, 11, 145 - 195.

[34] Latané, B., K. Williams, and S. Harkins, 1979, Many Hand Make Light in the Work: The Causes and Consequences of social loafing, Journal of Personality and Social Psychology, 37, 822 - 832.

[35] Louis K. C. C, Hsiu - Lang C, Josef Lakonishok, 2002, On Mutual Fund Investment Styles [J], The Review of Financial Studies, 1412 - 1428.

[36] Moscovici, S., And M. Zavalloni, 1969, The Group as a Polarizer of Attitudes, Journal of and Social Psychology, 12, 125 - 135.

[37] Mulvey, P., and H. Klein, 1998, The Impact of Perceived Loafing and Collective Efficacy on Group Goal Processes and Group Performance, Organizational Behavior and Human Decision Processes, 7, 62 - 87.

[38] Pelled, L. H., K. M. Eisenhardt, and K. R. Xin, 1999, Exploring the Black Box: An Analysis of Work Group Diversity, Conflict and Performance, Administrative Science Quarterly, 44, 1 - 28.

[39] Prather, L., Bertin, W., and T. Henker, 2004, Mutual Fund Characteristics, Managerial Attributes, and Fund Performance, Review of Financial Economics, 13, 305 - 326.

[40] Prather, L., and K. L. Middleton, 2002, Are N + 1 heads better than one?, The Case of Mutual Fund Managers, Journal of Economic Behavior & Organization, 47, 103 - 120.

[41] Qiu, J., 2003, Termination Risk, Multiple Managers and Mutual Fund Tournaments, European Finance Review, 7, 161 - 190.

[42] Sah, R. K, and J. Stiglitz, 1986 The Architecture of Economic Systems: Hierarchies and Polyarchies, American Economic Review, 76, 716 - 727.

[43] Sharpe, W. F., 1981, Decentralized Investment Management, Journal of Finance, 36, 217 - 234.

[44] Sirri, E. R., and P. Tufano, 1998, Costly Search and Mutual Fund Flows, Journal of Finance, 53, 1589 - 1622.

［45］Taylor, J. D. , 2003, Risk – Taking Behavior in Mutual Fund Tournaments, Journal of Economic Behavior and Organization, 50, 373 – 383.

［46］Treynor, J. L, and F. Black, 1973, How to Use Security Analysis to Improve Portfolio Selection, Journal of Business, 46, 66 – 86.

［47］Weldon, E. , and G. M. Gargano, 1988, Cognitive loafing: The Effects of Accountability and Share Responsibility on Cognitive Effort, Personality and Social Psychology Bulletin, 14, 159 – 171.

［48］Williams, K. D. , S. A. Nida, L. D. Baca, and B. Latané, 1989, Social Loafing and Swimming: Effects of Identifiably on Individual and Relay Performance of Intercollegiate Swimmers, Basic and Applied Social Psychology, 10, 71 – 81.

The Effect of fund management mode on the performance, cash inflows and investment style of stock fund

Zhou Mingshan   Liu Chang

(*School of Finance, Southwestern University of*

Finance and Economics, Sichuan 611130, *China*)

Abstract: In recent years, team management has become increasingly popular in the mutual fund industry. In this paper, we analyze team management among four broad dimensions: performance, inflows, risk – taking and investment style consistency. First, we address the consequences of team management on fund performance. On the full sample there is no difference between team and single funds, however in the top 20% sample single funds perform significantly better than team funds. Second, our findings show that team – managed funds experience significantly higher inflows. The results on the effect of fund management structure on fund risk taking in the next section indicate that teams funds take on less total – risk and unsystematic risk than single funds. Finally using size and value as style dimensions, we find that teams' investment style is more consistent over time.

Key Words: Team Management, Fund Performance, Cash Inflow, Risk – taking, Investment Style

基金代投公司的雇佣及解雇

陈阳　周鸿博[①]

内容摘要： 本文围绕活跃的代投公司变更事件，通过使用共同基金及代投公司 2006 年至 2012 年月度数据的全面信息，研究发现了一些有关共同基金及其代投公司有趣的经验规律：第一，共同基金业绩下滑与资金流出量增加预示着基金公司更换其代投公司的可能性更高；第二，共同基金会追踪代投公司的过往业绩；第三，即使在控制了基金类别、过往收益率和历史资金流量之后，在更换代投公司后 18 个月内，共同基金业绩仍比基准低约 1%。我们发现，正如 Berk & Green（2004）所指，共同基金持续业绩不佳可归咎于代投公司的投资策略具有规模收益递减性。

关键词： 代投变更　基金业绩　资金流量　规模收益递减性

中图分类号： F832.5　**文献标识码：** A

一、绪论

一些共同基金将其投资管理决策转授予外部公司，这些基金通常被称为被代投基金，这些外部公司通常被称为代投公司。虽然在过去的十年里共同基金产业经历了巨幅增长，被代投基金的资产规模所占的市场比重却相当稳定。2001 年 12 月，被代投的共同基金资产（包括变额年金）约为 8350 亿美元，占整个共同基金行业规模的 11%[②]。而在 2011 年 12 月，被代投的资金为 1.489 万亿美元，仍占行业的 12% 左右。

为什么有些共同基金会选择将投资管理决策转授给代投公司？Del Guercio、Reuter

① 作者简介：陈阳，哥伦比亚商学院，研究方向：资本市场。周鸿博，Strategic Insight，研究方向：资本市场。感谢 Fabrizio Ferri、Vyacheslav Fos、Laurie Hodrick、Robert Hodrick、Gur Huberman、Wei Jiang、Kevin Ng 及 Paul Tetlock 为本文提供的有益意见和建议。我们也感谢 Kenneth Beitler、Kevin Ng、Chris Yeomans 与我们分享行业知识。本文仅代表作者的观点，不代表哥伦比亚商学院及 Strategic Insight 的观点。当然文责自负。

② 2012 Sub – advisory Study，Strategic Insight。有关数据与投资公司协会公布的报告相一致。http：//www.idc.org/pdf/idc_10_subadvisors.pdf。

和 Tkac（2007）认为，转授合约必须是对双方都有利的。对于共同基金来说，好处之一是节约成本。当一家基金想要在他们不擅长的领域扩展基金产品，或者由于地域限制很难在内部留住优秀的基金经理时，聘用一个在该领域已经提供产品的代投公司的成本会比较低。另外，如果代投公司本身已经提供了优秀的产品和品牌，那么转授投资决策可能会为该基金带来更多的需求。对于代投公司而言，一个显而易见的好处是提供代投服务可以收取费用，此外，如果基金公司和代投公司是非竞争者，比如他们有不同的产品销售渠道，那么代投可以带来原来没有的客户资源。

尽管有这些理论，经验证据则表明转授合约并非是最优选择。举个例子，Chen、Hong 和 Kubik（2011）表示，外包的共同基金比内部运营的基金每年收益率低 50 个至 72 个基点（即 0.5% ~ 0.72%）。他们将这个现象归因于企业边界带来的契约外部性，比如，外包基金关门与否对历史回报或超额风险的敏感度更大，因此他们宁愿承担更小的风险。

围绕更换代投公司这一事件，我们研究了共同基金及其代投公司，试图解决以下具体几个问题：（1）什么因素影响共同基金决定要聘用或解雇其代投公司？（2）更换代投公司后共同基金的业绩有何变化？（3）是什么导致了共同基金业绩的变化？

解答这几个问题有其重要性，原因如下：

首先，如果有能力，代投公司总是希望扩大它们的业务。一方面，对于代投公司来说，若要扩大规模，了解共同基金筛选代投公司的标准是很有帮助的；另一方面，代投公司的规模是否真的越大越好呢？

其次，共同基金希望知道它们聘用和解雇代投公司的决定是否有效。本文解答了这一问题，针对基金和投资人更换代投公司后的影响进行了实证研究。这有可能帮助它们作出关乎聘用或解雇代投公司的更合理的决定。

最后，投资者一直在质疑谁贡献了共同基金的业绩。他们倾向于将大多数基金业绩归功于基金经理而非基金本身。由于本文天然地将基金经理和基金分开，因而我们能够评估共同基金是否可以通过解雇糟糕的基金经理、选择更佳的来提升价值。

我们假设，除了历史业绩以外，共同基金历史资金流向和更换代投公司的倾向之间也有反比关系。我们还假设，代投公司存在着规模收益递减，使得更换代投公司的共同基金持续表现不佳。

本文对文献的贡献有以下几点：第一，在现有文献中资金流向对历史表现的敏感度分析已受到许多关注。此前的文献通常从个人投资者的资金流量对共同基金或对冲基金的影响的角度进行研究，与此不同，本文提供了一个新的视角，即机构投资者（共同基金）的资金流量对代投公司业绩的影响。我们发现，与 Berk 和 Green（2004）的研究一致，共同基金追随代投公司的业绩并理性运用代投公司的历史信息。据我们所知，本文是第一篇用机构的资金流量实证分析 Berk 和 Green（2004）的文章。第二，本文实证证明了代投公司规模收益递减，从而解释了代投公司和共同基金业绩的不可持续性。第三，现有关于代投公司的文献大都集中于解聘代投公司与共同基金业绩和资金流量的关系分析（Kostovetsky 和 Warner，2011），本文与此也有不同。

二、背景

在 Tufano 和 Sevick（1997）的定义中，共同基金是一个没有雇员的合法实体，投资者分配他们的组合投资权给该实体。与此同时，这个基金将包括投资组合管理在内的基金运营的各方面委派给顾问。虽然名义上是基金"雇佣"了顾问，实际上是先有顾问后有基金。顾问可以保留投资组合决策权，也可以将其分配给独立的第三方（比如代投公司）。

在典型的外包协议里，通常共同基金保留营销和分销费用而代投公司获得管理费。Chen、Hong 和 Kubik（2006）研究表示，"如其他基金一样，外包基金通过董事会跟踪其业绩并监控基金活动，比如该基金相对于同行的风险承担行为。顾问保有更换代投公司或关闭基金的能力，而代投公司可以为其他顾问管理外包基金也可以管理内部基金。"业内较大的基金公司包括领航、约翰·汉考克、富达等；大的代投公司包括惠灵顿、太平洋投资管理公司、联博等。

按照《1933 年证券交易法》第 497 条规定，一般来说，投资公司（"基金"）向美国证券交易委员会（SEC）提交 497 表格，并报告它们的代投公司名称及其变化。然而，根据《1940 年投资公司法》的 15a - 5 法规，在大多数情况下，投资公司可以不需要股东投票就雇佣或解雇代投公司。因此，共同基金的投资者通常不知道代投公司的存在和变更。[1]

代投公司的离开一般是非自愿的，而且往往是由于业绩不佳。共同基金转移投资组合的摩擦成本可能占基金净资产价值的 2% ~ 5%（Proszek，2002；Bollen，2004 和 Werner，2001）。因此，在基于业绩的解雇中，只有当他们的业绩有可能改善时，基金才愿意承担成本。例如，在最近提交给 SEC 的材料中，投资顾问 Advisor Shares 通告了对 Mars Hill 全球相对价值 ETF 代投公司变更的消息。Advisorshares 的首席执行官 Noah Hamman 说："这一变化将为表现相对落后于同行的产品带来一个全球资产管理专家。在考察现在的代投业绩后，我们认为改变符合股东的最佳利益。"[2]

虽然业绩是决定是否变更代投公司的一个重要因素，但是聘用和解雇代投公司通常

---

① 本文在表 6 中证明了投资者没有意识到基金变更代投公司。

② 更多细节请参阅：http：//www. benzinga. com/pressreleases/11/11/n2141826/advisorshares - announces - change - in - sub - advisor - to - the - mars - hill - global - r。

涉及定量和定性因素。根据 Strategic Insight[①] 的一份报告，定量因素包括业绩、历史记录；定性因素包括投研过程、知识和技能、历史、公司整体资产情况，以及如果需要外包的情况下，这些公司是否已经接近特定投资类别的能力上限、基金是否多重代投、不同的管理者如何协作、之前与该基金的合作、资金、品牌、互惠产品分配、营销和销售支持等。

三、数据

（一）数据收集过程

我们从 Strategic Insight 获取了专有数据集，其中包括从 2006 年 12 月到 2012 年 9 月美国共同基金代投的月度信息。该数据涵盖了这一期间的 3622 只独立的共同基金和 1112 个独立的代投公司。由于倒闭的基金在清算后不从记录中删除，所以我们的数据不存在生存偏差。具体而言，数据包括月末每个共同基金的代投公司的名称及其受托管理的资产。同时，该数据还包括一个标签，标明在以月份为基础的情况下，代投公司是否隶属于该基金。（这里"隶属"的意思是，该基金拥有代投公司或基金和代投公司有一个共同的所有者）。该数据使我们能够识别在这期间的 1871 次活跃的代投公司变化，涉及 1219 只独立的共同基金和 842 个独立的代投公司。要注意的是，活跃的代投公司变化指的是当一个基金解雇、雇用或雇用和解雇至少一家代投公司，并排除包括清算、合并和建立新基金等此类被动变更。

通过沃顿研究数据系统（WRDS）获取由证券价格研究中心（CRSP）提供的月度共同基金信息补充了专有数据集。CRSP 在基金份额类别层面上提供共同基金信息[②]。鉴于我们的分析是在基金层面，本文根据 CRSP 的投资组合编号（基金层面），将基金份额类别整合到一个基金。因此，基金规模就可通过其管理的所有基金份额类别的资产加总计算得出。我们将基金年限定义为最资深基金份额类别的年数。基金回报通过加权其所有基金份额类别回报计算得出。

我们手工对专有数据集和 CRSP 共同基金的数据进行名称配对，成功配对 3214 家共同基金。但是，专有数据集里的 408 只基金却未能在 CRSP 数据库里找到。主要的原因是，CRSP 不包括封闭式基金和已关闭基金，如安本新兴市场电信和基础设施基金（从 1992 年存在至今）和 40/86 系列平衡基金（已关闭基金）。另一个原因是，虽然我们可以在这两个数据库中找到配对，但在 CRSP 系统里基金的其他相关历史信息是缺失的。

---

① "进入共同基金产业的窗口：2006 年 2 月"，Strategic Insight. http：//www. sionline. com/Security/login. aspx? ReturnUrl = % 2fresearch% 2fsubscriber_windows% 2f520. pdf。

② 有关项目的标签在 CRSP 数据库里有一些轻微差异，份额类别被命名为基金，共同基金被命名为投资组合。

AZL AIM 价值型基金就是其中一个例子。我们剔除了此类资金。通过与 CRSP 的代表沟通，这样的记录丢失似乎是随机的。总之，我们认为我们合并的数据库不存在生存偏差。

合并数据集最显著的特点是，它使我们能够在代投公司层面分析业绩变化，而不局限于基金层面。具体而言，由于我们可以观察到每对基金和代投公司每个月的代投资产，我们能够用被代投的基金回报按资产规模加权的平均值作为代投公司的月度绩效。这里，我们假设，基金业绩能对每一个代投公司对基金的表现作出恰当的估计。显然，这种假设对单一代投的基金及其代投公司是成立的。但对于多方代投基金，如果在同一家基金里代投公司的业绩存在显著差异而且该差异还具有系统性，那么我们的假设可能使分析结果有所偏差。为解决这个问题，我们使用为一家基金做单一任务的代投公司作为样本进一步测试了我们的假设，并与完整样本结果进行比较。

当然，读者对于我们的估计可能会提出两个额外的问题。首先，一些代投公司可能有内部业务，我们对这些代投公司的业绩估计就不能反映其非代投业务。这不是问题，因为我们的兴趣在于代投公司业绩对资金流入流出的敏感度。这正是我们要评估的代投业务。其次，如果一家代投公司同时为不同类型的基金提供服务呢（例如，大型成长型基金和小型综合型企业基金）？鉴于我们对共同基金业绩的测定方法之一是相对 Lipper Category 的超额收益，这样的代投公司的业绩与一个虚拟的代投公司作比较，这一虚拟的代投拥有相同的投资组合分配并输出"平均"回报。

值得注意的是，本文中使用的"data zero"（代投公司变更日期）的定义。对于这一点，我们在图 1 提供了代投公司变更的时间轴。在整篇论文里，"date zero"是指有关文件中代投公司变更的有效日期，更准确地说，是每月进行所有分析后的有效日期的月末。坦白说，如果问题是"过往不佳业绩是如何导致一个解雇决策的"，那么，决策日期（作出解雇决策的当天）或"考虑中的日期"则与之更相关。然而，这个日期是不可观测的。我们假设，在一般情况下，这个日期是有效日期的前两个月左右。如果问题是"机构的流动是如何影响代投公司业绩的"，那有效日期就与之更相关。这是因为资产过渡通常发生在有效日期前后。

（二）数据回顾

表 1 记录了主要变量的定义，表 2 对主要变量进行了描述性统计。样本中共同基金的平均年限为 7.8 年。平均基金代投变更率为 1.06%（共同基金变更代投公司的期望概率）。遵循共同基金文献的标准做法，用当月资金净流量与基金管理的上月净资产的百分比，我们测算了每月共同基金流量。在代投公司变更之前的 6 个月内，共同基金的月平均流量为 1.01%，中位数为 -0.23%。超出 Lipper Category 的月平均共同基金回报是 -0.03%，中位数是 -0.01%。

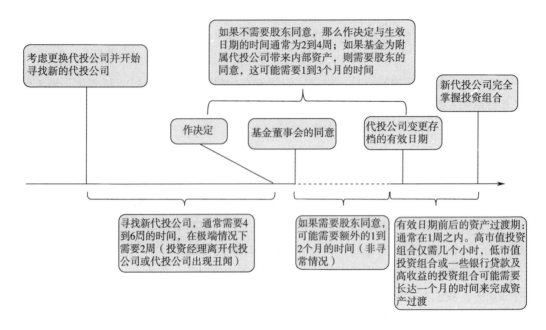

图1 代投公司变更的时间轴

表1 变量定义与概括统计量

面板 A：变量定义

Variable	Definition
Mutual Fund Level	
Agc	基金启动年数
Change	若基金进行一次积极代投变更，则 Dummy = 1
Equity	若为股权基金，则 Dummy = 1
ExpRatio	基金开支占总资产的比重
ExpExCat	某只基金的月度费率与同类所有基金均值之差
ExpExSub	某只基金的月度费率与同类所有被代投的基金均值之差
ExpExQtl	某只基金的月度费率与同一业绩梯队（基于过去 12 个月的费前业绩）的基金均值之差
Flow	每月资金净流入比重
Flow [*t1*, *t2*]	在［*t1*，*t2*］时间段内平均每月资金净流入比重
FOF	若为母基金，则 Dummy = 1
Index	若为指数基金，则 Dummy = 1
Out [*t1*, *t2*]	若 Flow［*t1*，*t2*］为负值，则等于1，否则为0
RetExCat	基金月超额收益率（缴费前）
RetExCat [*t1*, *t2*]	在所有同类基金里基金的月超额收益率，在［*t1*，*t2*］时间段内取均值
Poor [*t1*, *t2*]	若 RetExCat［*t1*，*t2*］为负值，则等于1，相反为0
RetExSub	在进行代投的同类基金里基金的月超额收益率
RetExQtl	在同类基金分位里基金的月超额收益率（以缴费前 12 个月为基础）
Size	基金总资产，单位百万元
Sub − Advisor Level	
RetExCat	代投公司的月超额收益率（通过其代投的共同基金的超额收益率平均值加权计算得出）
Fund − Sub − Advisor Level	
Affiliation	若基金属于代投公司，则 Dummy = 1

面板 B：关键变量的概括统计量

Variable	Mean	Std. Dev.	p1	p50	p99
Age	7.8	7.8	0.1	4.8	38.9
Change	1.06%	10.24%	0.00	0.00	1.00
ExpRatio	1.10%	0.56%	0.14%	1.05%	2.68%
Flow	0.77%	7.87%	−17.38%	−0.22%	37.03%
Flow ［−6，−1］	1.01%	6.32%	−8.69%	−0.23%	31.56%
Flow ［−12，−7］	1.12%	6.43%	−8.31%	−0.17%	31.52%
Flow ［−24，−13］	1.49%	6.48%	−6.03%	−0.02%	31.27%
Flow ［−36，−25］	1.77%	7.23%	−5.77%	0.09%	35.79%
RetExCat	−0.04%	2.07%	−5.22%	−0.02%	4.98%
RetExCat ［−6，−1］	−0.03%	0.78%	−2.35%	−0.01%	2.12%
RetExCat ［−12，−7］	−0.02%	0.78%	−2.31%	−0.01%	2.15%
RetExCat ［−24，−13］	−0.01%	0.54%	−1.52%	−0.01%	1.54%
RetExCat ［−36，−25］	−0.01%	0.54%	−1.48%	−0.01%	1.58%
Size	932.7	7654.8	0.9	189.4	11460.6

注：样本包含了从 2006 年 12 月到 2012 年 9 月 3214 家进行代投的基金，共计 145024 个月度观测值。这些数据是从价格研究中心（CRSP）共同基金数据库获得的。面板 A 定义了所有变量。面板 B 提供这些变量的描述性统计量。

样本中的共同基金规模是正偏的：平均数为 9.327 亿美元，中位数为 1.894 亿美元。

表 2 提供代投公司变更的概述。面板 A 显示，合并数据集包括从 2006 年 12 月到 2012 年 9 月 1812 个代投公司变更，其中 1534 个是活跃的。代投公司变更的总资产超过 12320 亿美元，其中 11290 亿美元与活跃变更相关。由于被动变更与本文分析目的不相关，在余下的文章里我们将只专注于积极变更。

表 2   **代投公司变更概述**

面板 A：从分类看代投公司变更

在该面板中，列（1）展示了每个类别里代投公司变更的数目，列（2）为总资产。取样周期为 2006 年 12 月到 2012 年 9 月。被动代投公司变更指当基金出现清算、合并或建立新基金的情况。活跃的代投变更指的是基金解雇、雇佣或同时解雇/雇佣至少有一家代投公司的情况。

	（1）事件发生的次数	（2）资产（百万美元）
被动变更		
清算	57	3，031.50
合并	102	93，088.75
新基金	119	7，556.73
总计	278	103，676.97
积极变更		
解雇	274	222，529.43
雇佣	320	433，047.90
解雇与雇佣	940	473，221.09
总计	1534	1，128，798.42

面板 B：从年限与业绩看代投公司积极变更的比重

该面板呈现了每年活跃代投变更的数量——绩效类别与在该类别里代投基金数量的百分比。RetExCat［-12，-1］是基金的月度超额收益率，是在变更代投公司的前 12 个月的平均值。

年份	（1）RetExCat［-12，-1］≤0	（2）RetExCat［-12，-1］>0
2006	2.2%	0.9%
2007	13.7%	10.7%
2008	20.1%	10.1%
2009	16.2%	10.6%
2010	15.2%	7.2%
2011	12.7%	11.3%
2012	9.3%	6.9%

注：2006 年的代投公司变更仅包含 12 月的数据；2012 年仅包含 1 月到 9 月的数据。

面板 C：比较基金成分：积极更换代投公司的基金 VS 进行代投的基金

面板 C 比较了有积极代投公司变更的基金和进行代投的基金成分。根据基金的结构、代投公司变更类型和规模，可将基金分成不同类别。列（1）展示了每个类别里积极更换代投公司的基金占所有变更代投公司的基金数量比例。列（2）展示了每个类别的基金数目占总基金数目的比例。

	积极变更	被代理
按结构分类		
多方管理	75.3%	70.3%
单方管理	24.7%	29.7%
按变更类别分类		
整个投资组合变更*	40.9%	NA
部分投资组合变更**	59.1%	NA
按规模分类		
<10MM	5.7%	5.2%
10MM—100MM	26.5%	24.9%
100MM—1000MM	48.2%	51.4%
>1000MM	19.6%	18.5%

注：* 整个投资组合变更指共同基金解雇其所有的代投公司并聘请全新的代投公司。

** 部分投资组合变更指其他所有情况。

表 2 的面板 B 呈现了每年活跃代投变更的数量——业绩类别与在该类别里代投基金数量的百分比。例如，在代投基金中，过去一年的超额收益相对于 2007 的超额回报，活跃变化占 13.7%。要注意的是，2006 年和 2012 年的数量远远小于其他年份，因为 2006 年，我们只有 12 月的观测数据，而 2012 年，我们只有 1 月到 9 月的数据。

两种模式值得注意。首先，左列中的数字比右列中的数字要大。这表明，一年业绩不佳（相对基准而言）的基金倾向于在接下来的一年里有更多的代投变更。其次，右列中的数字相对比较稳定，而左栏的数字则不然；这表明除了业绩不佳外，其他原因也可以解释代投公司变更。

表 2 的面板 C 比较了有积极代投公司变更的基金和进行代投的基金成分。我们根据结构、代投变更类型和规模将基金进行分类。例如，在有积极代投公司变更的基金中，有 75.3%（24.7%）是多方管理（单方管理）基金，而在进行代投的基金中，70.3%（29.7%）是多方管理（单方管理）。从中得出的重要信息是，有积极代投公司变更的基金并不偏向某一特定的代投基金类型。

四、假设

假设 1：在历史资金流量一定的情况下，基金历史业绩和基金变更代投公司发生率存在着反比关系。在历史业绩一定的情况下，基金历史资金流量和基金变更代投公司发生率也存在反比关系。

我们的假设基于 Khorana（1996）的研究，其研究表明在内部和外部的监督下，基金的管理变更概率与历史绩效是负相关的。直观地说，这种关系是由于董事会的监控作用。基金的资金流出量可能是董事会监控的另一个因素。因此，当共同基金业绩恶化，或当共同基金的资金流出量增加时，董事会改变共同基金代投公司的概率会增加。

假设 2：代投公司与众不同的投资能力有规模收益递减效应。

这个假设遵循 Berk 和 Green（2004）的开创性论文，他们认为，"管理者创造高平均回报的能力是有差别的，但由于管理者在运用其与众不同的投资能力时有规模收益递减效应，流入代投公司的新资金将达到一个点，该点的预期超额收益是有竞争性的"。由于共同基金通过代投公司的历史信息来作出雇佣和解雇决定，当代投公司的规模超过其最佳水平的时候，可能会出现效率低下的情况。

基于该假设，我们有三条推论：

1. 被聘用的代投公司（可能由于之前业绩较好）在聘用后获得更多资产而过后带来的客观收益减少。

2. 被解聘的代投公司（可能由于之前业绩较差）在解聘后资产减少而收益增加。

3. 基金更换代投公司后的业绩会持续落后于同行。

五、实验证据

（一）假设 1：业绩和资金流量的影响

1. 综述。我们的第一条假设是，由于共同基金董事会的监管，当基金业绩恶化或基金流量减少时，共同基金变更代投公司的概率增加。这一假设表明，当基金业绩下滑或基金资金流量减少时，进行代投公司变更的基金比例会相应增加。

在这部分，我们的研究表明共同基金变更代投公司的比例与基金业绩和资金流量成反比，我们从计算过去 12 个月在相对范畴内的超额收益率（$RetExCat[-12, -1]$）与取样期间每个基金每个月的资金流量（$Flow[-12, -1]$）开始。然后我们将其分成 5 个分位，1 表示最低端的分位，5 表示最顶端的分位。对于每对收益和资金流量，我们统计了有代投公司变更的基金数量与各月基金总数的百分比。表 3 给出了变更代投公司的基金在每对收益和资金流动的所有月份中的比例。我们测试了 5 - 1 在数量上的差异并展示在图表里。

表 3 显示，当共同基金过去 12 个月的资金流量一定时，共同基金变更代投公司的比例会随着过去 12 个月的收益率增加而减少。比如，处于资金流量最低分位的共同基金，如果同时处于低业绩分位的话，1.66% 的基金会更换代投公司，而处于高业绩分位的基金仅有 0.86% 会更换代投公司。对于所有资金流量分位，5 - 1 的差异都在 5% 的统计水平下显著。当控制过往 12 个月的收益率分位时，在资金流量分位里变更代投公司的共同基金的比重会下降。但只有当收益率处于第一、第二和第四分位的时候，5 - 1 差异才显著。该证据表明，当共同基金历史业绩相较而言是平庸或非常好的时候，不管是资金流入或流出，基金变更代投公司的可能性变化不大。

表 3　变更代投公司的共同基金比例：按历史业绩和历史资金流量进行双排序

表 3 展示了变更代投公司的基金比例的月度平均值，按上一年度的超额收益率 RetExCat 和资金流量进行双排序。

Past 1 year Flow Quintile

		1	2	3	4	5	5 - 1
Past 1 year RetExCat Quintile	1	1.66%	1.74%	1.46%	1.24%	1.02%	- 0.64% ** (- 2.28)
	2	1.62%	1.51%	1.37%	0.96%	0.82%	- 0.80% *** (- 3.43)
	3	1.08%	1.20%	1.10%	0.75%	0.92%	- 0.17% (- 0.82)
	4	1.46%	1.39%	0.83%	0.85%	0.93%	- 0.53% ** (- 2.11)
	5	0.86%	0.98%	0.48%	0.63%	0.61%	- 0.25% (- 1.37)
	5 - 1	- 0.80% *** (- 3.16)	- 0.77% ** (- 2.58)	- 0.98% *** (- 3.70)	- 0.61% ** (- 2.52)	- 0.41% ** (- 2.04)	- 1.05% *** (- 4.65)

2. 回归分析

（1）业绩的影响。为了估计共同基金历史业绩对代投变更的影响，本文在基金月度层面上进行了 probit 回归，结果列示于表 4：

$$Pr\left(Change_{i,t}\right) = \alpha + \beta \sum_k RetExCat_{i,[t-k-5,t-k]} + \gamma \sum_k Poor_{i,[t-k-5,t-k]}$$

$$+ \delta \sum_k \left(RetExCat_{i,[t-k-5,t-k]} \cdot Poor_{i,[t-k-5,t-k]}\right) + Control_{i,t} + \varepsilon_{i,t} \qquad (1)$$

在方程（1）中，如果在共同基金里有一次代投变更，则"$Change$"为1，否则为0。$RetExCat_i,[t_1,t_2]$是共同基金类别在期间的月度平均超额收益率。如果$RetExCat_i,[t_1,t_2]$是负值，则等于1，否则等于0。当共同基金过去业绩从微正值变成微负值，$Poor_i,[t_1,t_2]$的系数可得出更换代投公司概率的差异。引入$RetExCat_i,[t_1,t_2]$与$Poor_i,[t_1,t_2]$的交互项来测试业绩不佳的基金对代投公司变更对业绩影响的敏感度是否不同。控制变量（$Control$）包括基金历史资金流量（$Flow[t-k-5,t-k]$）、历史资金流量是否为负值的指标（$Out[t-k-5,t-k]$）、这两者的交互作用以及基金规模（$Size$）和年限（Age）。我们在回归中还加入了时间哑变量来控制代投公司变更的时间变化。所以，如果有一个特殊时间，在这一时间里共同基金倾向于一起更换代投公司，那么时间哑变量将会捕捉到这个时间点。为了计算标准差，我们假设不同基金之间的残差是相互独立的，但是允许对一个基金而言残差在时间序列上相关。

表4   **基金历史业绩对代投公司变更的影响**

	(1)	(2)	(3)	(4)
RetExCat [-6, -1]	-12.822***	-13.756***	-13.167***	-13.510***
	(4.698)	(4.668)	(4.636)	(4.702)
Poor [-6, -1]	0.043	0.037	0.036	0.034
	(0.032)	(0.031)	(0.031)	(0.031)
RetExCat [-6, -1] * Poor [-6, -1]	11.374**	12.060**	11.041**	11.317**
	(5.308)	(5.506)	(5.601)	(5.688)
RetExCat [-12, -7]		-17.949***	-16.772***	-17.878***
		(4.936)	(4.862)	(4.921)
Poor [-12, -7]		0.012	0.011	0.008
		(0.033)	(0.033)	(0.033)
RetExCat [-12, -7] * Poor [-12, -7]		11.596**	9.281*	10.265*
		(5.652)	(5.616)	(5.649)
RetExCat [-24, -13]			-19.055***	-21.465***
			(6.679)	(6.650)
Poor [-24, -13]			-0.002	-0.011
			(0.032)	(0.032)
RetExCat [-24, -13] * Poor [-24, -13]			17.480*	20.344**
			(9.021)	(8.934)
RetExCat [-36, -25]				0.796
				(4.556)
Poor [-36, -25]				0.032
				(0.033)

续表

	(1)	(2)	(3)	(4)
RetExCat [-36, -25] * Poor [-36, -25]				-9.501
				(6.305)
Size (Ln)	0.020 **	0.021 **	0.021 **	0.022 **
	(0.010)	(0.010)	(0.010)	(0.010)
Age (Ln)	0.019	0.020	0.021	0.023
	(0.025)	(0.024)	(0.024)	(0.024)
Time Dummies	Yes	Yes	Yes	Yes
Controls for Past Flows	Yes	Yes	Yes	Yes
Observations	89, 215	89, 215	89, 215	89, 215
R^2	0.025	0.028	0.030	0.031

表 4 记录了从 probit 回归中估计的系数。因变量是一个哑变量，如果该基金在 t 月份改变了它的代投公司则该值为 1，否则为 0。RetExCat [$t1$, $t2$] 表示基金月平均收益率在 [$t1$, $t2$] 时间段内所有基金的超额收益率。Poor [$t1$, $t2$] 是哑变量，当 RetExCat [$t1$, $t2$] 为负值时等于 1，否则为 0。表 1 列出了具体的定义与回归里所有变量的计算。所有的估计包括控制历史流量和"年—月"固定效应。观察值在基金—月份层面。标准差调整了异方差和集中在基金层面的集群内相关性。所以观察值的有效数量与基金数量是相近的。* 、** 和 *** 指分别在低于 10%、5% 和 1% 的统计意义上显著。

这些证据证实了我们的假设：基金过去两年的业绩与更换代投公司的概率之间存在着反比关系。此外，变更代投公司对业绩的敏感度呈现凹面曲线状。例如，过去 6 个月业绩为正的基金的敏感度要比业绩为负的基金的敏感度强。

已知在 probit 回归中，需要计算 Pr (Y = 1) 的边际效应。例如，为了测量影响变更代投公司概率的标准差在 $RetExCat$ [-6, -1]（前 6 个月的超额收益率）中是如何递减的，我们可以把所有独立变量的平均值代入计算 Pr (Y = 1) = Φ (Xβ)，然后把 $RetExCat$ [-6, -1] 用均值减去标准差的值代入，同时其他变量仍用均值代入，再次计算 Pr (Y = 1) = Φ (X*β)。这两个概率的差值测量的就是当其他独立变量都取均值时，RetExCat [-6, -1] 从均值下降一个标准差（即表现变差）所增加的代投公司变更的可能性。

回归系数表明，当过去 6 个月的超额收益率 $RetExCat$ [-6, -1] 降低一个标准差，其均值从 -0.03% 降为 -0.81% 时，变更代投公司的概率将上升 33%（从 0.98% 到 1.30%）。这个结果与表 3 的证据一致。

另一个有趣的发现是基金规模 (Size) 对变更代投公司的可能性的影响。假定，基金规模的影响可以抵消代投公司变更的可能性：一方面，一家大型基金可能更加结构化，并与其代投公司保持长期关系，因此变更代投公司的可能性较低。另一方面，大型基金因为有更多的资源，所以更积极地变更其代投公司。

回归结果表明，当基金规模从它的平均值增加一个标准差，变更代投公司的概率增加13%（从1.05%至1.19%），而且这个变化是显著的。结果表明，一般情况下大型基金倾向于更积极地更换代投公司。

（2）资金流量的影响。接着上部分，我们控制基金的历史业绩，估计基金历史资金流量对代投变更的影响。我们利用基金公司月度数据进行 probit 回归处理，回归结果列示于表5。

$$Pr\ (Change_{i,t})\ =\ \alpha\ +\ \beta \sum_k Flow_{i,[t-k-5,t-k]}\ +\ \gamma \sum_k Out_{i,[t-k-5,t-k]}$$
$$+\ \delta \sum_k (Flow_{i,[t-k-5,t-k]} \cdot Out_{i,[t-k-5,t-k]})\ +\ Control_{i,t}\ +\ \varepsilon_{i,t} \tag{2}$$

在这方程里，$Flow_i$，$[t_1,\ t_2]$ 是共同基金在 $[t1,\ t2]$ 时段里的月平均资金流量。Out_i，$[t_1,\ t_2]$ 是基金资金外流的指标，当为负值时，该值为1，否则为0。控制变量（$Control$）包括基金历史业绩（$RetExCat[t-k-5,\ t-k]$）、过往业绩是否为负值的指标（$Poor[t-k-5,\ t-k]$）、交互项以及基金规模（Size）和年限（Age）。我们在回归中加入了时间哑变量来控制代投公司变更的时间变化。为了计算标准差，我们假设在不同基金之间残差是独立的，但是允许对一个基金而言残差在时间序列上相关。

表5显示，当资金流量为负值时，基金过去6个月的流量与变更代投公司的概率呈负相关关系（介于 -1.66 和 -1.82 之间）。也就是说，当基金的资金流出量增加时，基金更有可能更换代投公司。这可归因于基金董事会的监控。比如，当董事会发现代投公司擅长的资产类别和投资策略在投资者间开始失去吸引力时，它们会倾向于更换代投公司。当资金流量是正值时，这个反比关系并不明显。这意味着基金对代投公司变更的敏感度是凸面的。然而，当考虑长期的基金资金流量时，这个反比关系就不明显。由于对控制变量的测度与表4差不多，本部分不再赘述。

表5　　　　　　　　　　　资金流量对代投公司变更的影响

	(1)	(2)	(3)	(4)
Flow [-6, -1]	-0.375	-0.330	-0.323	-0.326
	(0.336)	(0.310)	(0.321)	(0.318)
Out [-6, -1]	0.032	-0.008	-0.017	-0.016
	(0.034)	(0.034)	(0.034)	(0.034)
Flow [-6, -1] * Out [-6, -1]	-1.655**	-1.778**	-1.818**	-1.820***
	(0.682)	(0.704)	(0.710)	(0.705)
Flow [-12, -7]		-0.353	-0.340	-0.330
		(0.351)	(0.345)	(0.337)
Out [-12, -7]		0.113***	0.099***	0.099***
		(0.032)	(0.032)	(0.032)
Flow [-12, -7] * Out [-12, -7]		0.604	0.651	0.609
		(0.780)	(0.785)	(0.777)

续表

	（1）	（2）	（3）	（4）
Flow ［-24, -13］			-0.129	-0.125
			(0.132)	(0.128)
Out ［-24, -13］			0.045	0.046
			(0.033)	(0.033)
Flow ［-24, -13］ * Out ［-24, -13］			-0.306	-0.514
			(1.012)	(1.005)
Flow ［-36, -25］				0.004
				(0.004)
Out ［-36, -25］				0.007
				(0.033)
Flow ［-36, -25］ * Out ［-36, -25］				1.338
				(1.105)
Size （Ln）	0.018 *	0.021 **	0.023 **	0.022 **
	(0.010)	(0.010)	(0.010)	(0.010)
Age （Ln）	0.044 *	0.030	0.020	0.023
	(0.024)	(0.024)	(0.024)	(0.024)
Time Dummies	Yes	Yes	Yes	Yes
Controls for Past Performance	Yes	Yes	Yes	Yes
Observations	89, 215	89, 215	89, 215	89, 215
R^2	0.028	0.030	0.031	0.031

表 5 记录了 probit 回归中得出的估计值。因变量为哑变量，若基金在月份 t 更换代投公司，则因变量等于 1，否则为 0。若 Flow ［t1, t2］为负值则 Out ［t1, t2］等于 1，否则为 0。表 1 列出了具体的定义与回归里所有变量的计算。观察值在基金—月份层面（同上）。所有的估算包括控制业绩和"年—月"固定影响（同上）。标准差调整了异方差和集中在基金层面的集群内相关性。所以观察值的有效数量与基金数量是相近的。*、** 和 *** 指分别在低于 10%、5% 和 1% 的统计意义上显著。

我们现在量化分析基金过去 6 个月资金流量对变更代投公司的概率的边际效应。我们发现，当资金流量从其平均值 1.01% 减少一个标准偏差到 -5.31% 时，变更代投公司的概率将增加 14%（从 0.94% 到 1.07%）。上文中提到，当业绩下降一个标准差的时候，更换代投公司的概率就增加 33%。这一结果表明资金流量对变更代投公司的影响相较于业绩对变更代投公司的影响是比较小的。

（3）业绩和资金流量的交互影响。当业绩与资金流量相互作用的时候，对于变更代投公司的影响也有可能不同，从而混淆我们分析业绩或资金流量对变更代投公司的影响。我们构建以下模型并在表 6 中测试其可能性。

$$\text{Pr}(\text{Change}_{i,t}) = \alpha + \beta \sum_k \text{RetExCat}_{i,[t-k-5,t-k]} + \gamma \sum_k \text{Flow}_{i,[t-k-5,t-k]}$$

$$+ \delta \sum_k (\text{RetExCat}_{i,[t-k-5,t-k]} \cdot \text{Flow}_{i,[t-k-5,t-k]}) + \text{Control}_{i,t} + \varepsilon_{i,t} \qquad (3)$$

表6　　　　　　　　　历史业绩和资金流量交互影响对更换代投公司的影响

	(1)	(2)	(3)	(4)
RetExCat [−6, −1]	−6. 352 ***	−7. 455 ***	−7. 098 ***	−7. 207 ***
	(1. 216)	(1. 295)	(1. 385)	(1. 423)
Flow [−6, −1]	−0. 260	−0. 404	−0. 325	−1. 200 ***
	(0. 196)	(0. 330)	(0. 346)	(0. 420)
RetExCat [−6, −1] ×Flow [−6, −1]	−10. 358 *	−18. 158	−16. 701	−15. 959
	(5. 731)	(11. 076)	(12. 092)	(15. 742)
RetExCat [−12, −7]		−8. 775 ***	−9. 121 ***	−9. 456 ***
		(1. 273)	(1. 325)	(1. 394)
Flow [−12, −7]		−0. 003	0. 029	−0. 792 **
		(0. 027)	(0. 026)	(0. 363)
RetExCat [−12, −7] ×Flow [−12, −7]		1. 398	1. 436	15. 694
		(4. 187)	(2. 976)	(22. 823)
RetExCat [−24, −13]			−8. 665 ***	−8. 612 ***
			(2. 345)	(2. 469)
Flow [−24, −13]			−0. 227 **	−0. 345
			(0. 109)	(0. 346)
RetExCat [−24, −13] ×Flow [−24, −13]			17. 565	15. 972
			(17. 266)	(32. 061)
RetExCat [−36, −25]				−7. 169 ***
				(2. 465)
Flow [−36, −25]				0. 041 ***
				(0. 013)
RetExCat [−36, −25] ×Flow [−36, −25]				11. 531 ***
				(3. 518)
Size（Ln）	0. 014 *	0. 013	0. 014	0. 022 **
	(0. 008)	(0. 008)	(0. 009)	(0. 010)
Age（Ln）	0. 031 **	0. 050 ***	0. 045 **	0. 042 *
	(0. 015)	(0. 018)	(0. 020)	(0. 024)
Time Dummies	Yes	Yes	Yes	Yes
Observations	127, 625	115, 238	105, 781	89, 215
R^2	0. 013	0. 017	0. 020	0. 027

表6记录了 probit 回归中得出的估计值。因变量为哑变量，若基金在月份 t 更换代投公司，则因变量等于1，否则为0。$RetExCat[t1, t2]$ 等于 $[t1, t2]$ 期间该基金在所有相同基金的月超额平均收益率。$Flow[t1, t2]$ 等于 $[t1, t2]$ 期间基金月平均净流入量比例。表1列出了具体的定义与回归里所有变量的计算。观察值基于"基金—月"层面。所有的估算控制了"年—月"固定影响（同上）。标准差调整了异方差和集中在基金层面的集群内相关性。所以观察值的有效数量与基金数量是相近的。*、** 和 *** 指分别在低于 10%、5% 和 1% 的统计意义上显著。

在所有估计中，历史超额收益率和资金流量交互项的系数是不显著的。该结果表示，在历史资金流量里，历史业绩对变更代投的影响并不会改变。同样的，在历史业绩里，历史资金流量的影响也不会改变。该表格也证实了我们先前的发现，即历史基金业绩并不能预测代投公司的变更。

3. 投资者的无意识状态。在这一部分，我们测试了投资者对代投公司变更的意识状态。由于在大多数情况下，共同基金可以未经股东投票就聘请或解雇代投公司，所以普遍认为投资者并不知道代投公司的变更。如果是这样的话，那么基金资金流量就不会对代投公司变更有反应。我们利用基金月度数据进行了回归分析，回归结果列示于表7。

$$Flow_{i,t} = \alpha + \beta\, Change_{i,t} + \gamma\, Control_{i,t} + \varepsilon_{i,t} \tag{4}$$

在该方程中，是共同基金资金流量，是哑变量，当基金变更代投公司时等于1，否则为0。我们同时对这两个变量进行观察，因为当代投公司变更事件发生时，这些信息会立即公开并且可以在 SEC 网站上看到。

控制变量（Control）包括过去1月到6月的基金平均资金流量（$Flow[-6, -1]$），7月到12月的基金平均资金流量（$Flow[-12, -7]$），过去1月到6月的平均超额收益率率（$RetExCat[-6, -1]$），过去7月到12月的平均超额收益率率（$RetExCat[-12, -7]$），基金规模（Size），基金年限（Age）以及基金费用比率（ExpRatio）。我们控制了基金历史资金流量、收益率和年限，因为前文表明这些变量与代投公司变更有关联，我们还控制了基金费用比率，因为费用比率的增加可预测基金资金流量的减少。我们在回归里加入时间虚拟变量来控制在资金流量中的时间变量。为了计算标准差，我们假设在不同基金之间残差是独立的，但是允许对一个基金而言残差在时间序列上相关。

表7展示了所有基金的结果（股权基金、固定收益基金和混合基金等）与单独股权基金的结果。囊括所有观测数据，资金流量对代投公司变更的敏感性通过变量 Change 的系数进行测度，列（1）和（4）表明，资金流量对代投变更的敏感性不显著。这表明基金资金流量对代投公司变更并没有反应。

表7   投资者对变更代投公司的无意识状态

	全部基金			仅股权基金		
	All Observations	RetExCat [-6, -1] <0	RetExCat [-6, -1] <0 & RetExCat [-12, -7] <0	All Observations	RetExCat [-6, -1] <0	RetExCat [-6, -1] <0& RetExCat [-12, -7] <0
Change	0.005	0.011	0.005	0.011	0.005	0.009
	(0.009)	(0.012)	(0.015)	(0.010)	(0.013)	(0.017)
Flow [-6, -1]	0.235 ***	0.199 *	0.179 ***	0.253 ***	0.223 ***	0.237 ***
	(0.015)	(0.018)	(0.024)	(0.013)	(0.017)	(0.023)
Flow [-12, -7]	0.073 ***	0.070 *	0.096 ***	0.078 ***	0.071 ***	0.083 ***
	(0.007)	(0.010)	(0.013)	(0.008)	(0.010)	(0.013)
RetExCat [-6, -1]	0.710 ***	0.546 *	0.402 ***	0.794 ***	0.615 ***	0.424 ***
	(0.049)	(0.087)	(0.121)	(0.052)	(0.089)	(0.124)
RetExCat [-12, -7]	0.316 ***	0.350 *	0.391 ***	0.318 ***	0.316 ***	0.356 ***
	(0.041)	(0.055)	(0.103)	(0.046)	(0.058)	(0.110)
Size (Ln)	0.001 ***	0.002 *	0.001 ***	0.001 ***	0.001 ***	0.001 ***
	(0.000)	(0.000)	(0.000)	(0.000)	(0.000)	(0.000)
Age (Ln)	-0.006 ***	-0.006 *	-0.006 ***	-0.005 ***	-0.006 ***	-0.006 ***
	(0.000)	(0.001)	(0.001)	(0.000)	(0.001)	(0.001)
ExpRatio	-0.302 ***	-0.400 *	-0.416 ***	-0.256 ***	-0.300 ***	-0.301 **
	(0.060)	(0.083)	(0.114)	(0.068)	(0.091)	(0.124)
Time Dummies	Yes	Yes	Yes	Yes	Yes	Yes
Observations	95510	47814	25409	74279	37266	19391
R^2	0.084	0.072	0.069	0.104	0.093	0.097

表7记录了所有基金和股权基金变更代投公司时基金流量的敏感性。因变量是共同基金当月的资金流量。$Flow$ [$t1$, $t2$] 是在 [$t1$, $t2$] 期间月平均净流入量。$RetExCat$ [$t1$, $t2$] 指每月平均超额收益率。表1列出了具体的定义与回归里所有变量的计算。观察值基于"基金—月"层面（同上）。列（1）和（4）包括所有观察值。列（2）和

（5）包括 *RetExCat*［－6，－1］＜0 的观察值。列（3）和（6）包括 *RetExCat*［－6，－1］＜0 和 *RetExCat*［－12，－7］＜0 的观察值。所有的估算控制了"年—月"固定影响（同上）。标准差调整了异方差和集中在基金层面的集群内相关性。所以观察值的有效数量与基金数量是相近的。*、** 和 *** 指分别在低于 10%、5% 和 1% 的统计意义上显著。

现在我们区分两种与以前的研究结果一致的逻辑。一个是，投资者不知道代投公司的变更，另一个是，投资者实际上知道代投公司变更，但决定不予回应。我们认为，投资者如果知道代投公司变更了，而基金又长期业绩不佳，他们不太可能不去回应它。换言之，当基金历史业绩不佳，如果投资者不对代投公司变更作出反应，那很可能是因为他们不知道这个变更。

为了测试这点，我们用过去6个月的负平均超额收益率（*RetExCat*［－6，－1］＜0）的子样本和过去两个连续半年的负平均超额收益率（*RetExCat*［－6，－1］＜0 和 *RetExCat*［－12，－7］＜0）的子样本估计回归系数。在表7中，列（2）（3）（5）和（6）的结果（根据负历史业绩的子样本）与列（1）和（4）的结果（根据整个样本）很相似。这表明即使业绩不佳的基金投资者对代投公司变更不作出反应，也暗示着投资者可能不知道这件事。

（二）假设2：代投公司的规模收益递减效应

到目前为止，我们分析了影响共同基金活跃变更代投公司概率的因素。这些变化事后有效吗？Berk 和 Green（2004）表明，管理者在运用其与众不同的能力时有收益递减效应。如果这个假设对于代投公司成立，共同基金的业绩很可能依旧低于同行。在这一部分我们测试了该假设及其可能的结果。

1. 概述。如果代投公司在运用其与众不同的能力时有规模收益递减效应，那么流入代投公司的新资金将达到一个点，该点的预期超额收益是有竞争性的。由于共同基金理性使用代投公司历史信息，它们聘用过去的赢家而解聘输家。当代投公司的规模超出最佳容量时，可能会出现效率低下的情况。

图2展示了代投公司在被雇佣时，每月相对基准的平均超额收益率。与预测1一致的是，数据显示，代投公司的超额收益在被共同基金聘用后通常会降低。

图2中，横坐标表示围绕代投公司被共同基金雇佣后的时间，以月为单位。纵坐标记录的是目标代投公司月度平均超额收益率。代投公司的超额收益率是其每个月的超额收益率，通过为共同基金代理的平均超额收益率算得。虚线表示每月平均值的置信区间。为了纠正交叉关联，我们把在同月内被雇佣的代投公司汇总到一个投资组合里。

图3介绍了代投公司在被解雇时，每月相对基准的平均超额收益率。数据显示，在代投公司被解聘之前，其每月超额收益率显著为负值。但是，代投公司的业绩在解聘后反而改善了。该证据与预测2相一致。

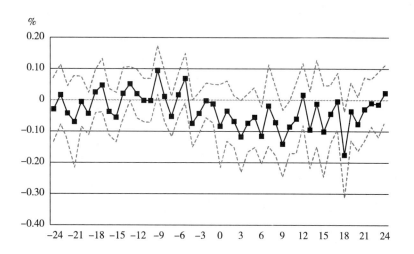

图 2　被雇佣后代投公司的平均超额收益率

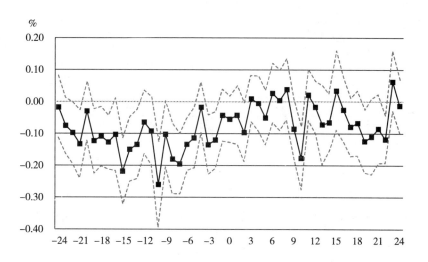

图 3　被解雇后代投公司的平均超额收益率

图 3 中，横坐标表示围绕代投公司被共同基金解雇后的时间，以月为单位。纵坐标记录的是目标代投公司月度平均超额收益率。代投公司的超额收益率是其每个月的超额收益率，以其为共同基金代理的平均超额收益率算得。虚线表示每月平均值 95% 的置信区间。为了纠正交叉关联，我们把在同月内被雇佣的代投公司汇总到一个投资组合里。

表 8 量化了代投公司在受聘和解聘事件上的累积超额收益率。列（1）表明，当控制代投公司类别时，新被聘用的代投公司在被聘用的 18 个月业绩比基准低 0.98%。在决定雇佣之前，代投公司的业绩是可与同行相比的。列（3）表明，新被解聘的代投公司在被解聘后的 18 个月业绩与基准相当。在决定解聘之前，新被解聘的代投公司的业绩却明显地落后于同行 2.00%。列（2）和（4）表明，当控制了代投公司类别、历史

业绩和资金流量等变量时，代投公司在被聘用后的 18 个月收益率比基准低 0.45% 左右，而新被解聘的代投公司在被解聘后的 18 个月收益率与基准相当。

表8 代投公司在解聘和受聘事件上的累积超额收益率

	Hired Sub - Advisor		Fired Sub - Advisor	
	(1) Cumulative RetExCat	(2) Cumulative RetExDD6	(3) Cumulative RetExCat	(4) Cumulative RetExDD6
[-18, -13]	0.05%	0.12%	-0.81% ***	-0.43% ***
	(0.45)	(1.17)	(-5.27)	(-4.10)
[-12, -7]	0.07%	0.19% *	-0.99% ***	-0.32% ***
	(0.63)	(1.79)	(-6.31)	(-3.38)
[-6, -1]	-0.05%	0.01%	-0.54% ***	-0.09%
	(-0.49)	(0.20)	(-4.12)	(-1.18)
[-18, -1]	0.06%	0.29%	-2.00% ***	-0.73% ***
	(0.25)	(1.55)	(-6.05)	(-4.10)
[1, 6]	-0.42% ***	-0.18% **	-0.14%	0.09%
	(-3.00)	(-2.12)	(-1.06)	(0.80)
[7, 12]	-0.30% **	-0.17% **	-0.19%	-0.02%
	(-2.12)	(-2.14)	(-1.55)	(-0.18)
[13, 18]	-0.39% **	-0.07% *	-0.24%	-0.21%
	(-2.01)	(-1.70)	(-1.26)	(-1.04)
[1, 18]	-0.98% ***	-0.45% ***	-0.40%	-0.04%
	(-3.25)	(-2.54)	(-1.56)	(-0.15)
[1, 18] - [-18, -1]	-1.03% ***	-0.73% ***	1.60% ***	0.69% ***
	(-2.76)	(-2.76)	(3.80)	(2.72)

表8记录了被雇佣或解雇的代投公司相较于基准的平均超额收益率。列（1）和（3）中，代投公司的平均超额收益率（*RetExCat*）是由所有代投公司代理基金的平均超额收益率 *RetExCat* 加权计算出来的。在列（2）和（4）中，*RetExDD6* 是代投公司在过去6个月同一个历史流量分位里的超额收益率。计算方法如下：步骤1，对于样本中曾经被雇佣或解雇过的基金，我们从它的"*date zero*"开始计算平均超额收益率（*RetExCat*）。步骤2，对于每个样本基金，我们在同一时段计算其基准收益率。为了计算基准收益率，首先，我们基于其过去6个月的平均超额收益率（*RetExCat*），每个月都给代投公司一个收益率五分之一分位编号（从1到5），再根据其过去6个月的流量将其归到流量类别（+，-，0）。然后，对于潜在的"*date zero*"，我们用处于同一收益率和流量分位里的代投公司组成一个投资组合作为目标。这样我们就可跟踪该资金组合每个月的业绩。步骤3，我们计算每个目标相较于基准的收益率。步骤4，对于在同一个月份内被雇佣或解雇的代投公司，我们将它们集中到一个单独的观察组里以克服交叉关联。步骤5，每个月过了"*date zero*"我们就总结超额收益率。步骤6，我们计算不同月份的累积超额收益率平均值。最后两个步骤采用了 *Jegadeesh* 和 *Titman*（1993）的方法。圆括

号里是 t 统计量的数据，*、** 和 *** 指分别在低于10%、5%和1%的统计意义上显著。

2. 回归分析。在这一部分，我们直接测试假设2：代投公司在运用其与众不同的能力时存在规模收益递减效应。对每个代投公司，我们使用两种方式来测定其规模：以百万美元来衡量的托管资产（Assets）和基金的托管数量（Counts）。

我们利用下列模型测试该假设：

$$RetExCat_{j,t} = \alpha + \beta\, Size_{j,t-1} + Control_{j,t} + \varepsilon_{j,t} \tag{5}$$

在方程中，控制变量（Control）包括代投公司上月末的超额收益（RetExCat(-1)）、代投公司从代理的共同基金得到的 Affiliation 值加权平均（Affiliation），代投公司从代理的共同基金得到的 Index 值加权平均（Index），代投公司从代理的共同基金得到的 FOF 值加权平均（FOF）。这些变量（除了 RetExCat(-1)）都是有可能影响代投公司业绩的特征。所有的估计包括了代投公司固定效应。标准差对异方差性进行调整。在列（1）和（3）中，我们纳入代投公司固定效应来控制在代投公司间不可观测的异方差性。在列（2）和（4）中，我们纳入代投公司固定效应和时间效应，以控制异方差性和不可预计的变量或特殊事件（比如金融危机），这些都可能影响收益。

我们预测的符号应该是负的。表9表示分别用托管资产和托管数量两种方式测量的结果与预测相一致。列（1）表明，控制其他因素后，代投公司的托管资产增加270万美元（即代投公司资产的自然对数增加100万美元），其年化超额收益率相对于基准减少0.84%（0.07% ×12）。这个估计值在低于1%的显著性水平下是很显著的。列（3）表明，当代投公司的托管户增加2.7个后（即代投公司数量的自然对数增加1个单位），其年化超额收益相较于基准减少1.00%（0.083% ×12），并且在低于1%的显著性水平下显著。在所有的估计中，代投公司历史业绩可预测当前业绩，并在低于1%的显著性水平下显著。这与共同基金文献里的实证结果相一致［可参阅 Chen、Goldstein 和 Jiang（2010）］。

表9　　　　　　　　　　规模对代投公司业绩的影响

规模衡量方式	Assets		Counts	
	（1）	（2）	（3）	（4）
Size	-0.072***	-0.077***	-0.083***	-0.080***
	(0.017)	(0.017)	(0.023)	(0.023)
RetExCat［-1］	0.080***	0.082***	0.080***	0.082***
	(0.016)	(0.016)	(0.016)	(0.016)
Affiliation	0.192*	0.193**	0.215**	0.221**
	(0.099)	(0.098)	(0.098)	(0.098)
Index	-0.096	-0.104	-0.117	-0.132
	(0.212)	(0.212)	(0.211)	(0.211)
FOF	-0.043	-0.026	-0.067	-0.051
	(0.095)	(0.095)	(0.095)	(0.095)
Equity	-0.103	-0.106	-0.060	-0.064
	(0.083)	(0.082)	(0.083)	(0.083)

续表

规模衡量方式	Assets		Counts	
	(1)	(2)	(3)	(4)
Observations	41454	41454	41454	41454
Sub – advisor FE	Yes	Yes	Yes	Yes
Time FE	No	Yes	No	Yes
R^2	0.046	0.055	0.045	0.055

表 9 记录了基线回归模型测得的估计值。观察值基于"代投公司—月度"层面,因变量是代投公司月底超额收益率($RetExCat$)。我们计算两个衡量标准来测量代投公司的规模:托管资产($Assets$)和托管数量($Counts$)。$RetExCat[-1]$ 是代投公司上月末的超额收益率、$Affiliation$ 代投公司从代理的共同基金得到的 $Affiliation$ 值加权平均,$Index$ 是代投公司从代理的共同基金得到的 $Index$ 值加权平均,FOF 是代投公司从代理的共同基金得到的 FOF 值加权平均,$Equity$ 是代投公司从代理的共同基金得到的 $Equity$ 值加权平均。标准差调整了异方差和集中在基金层面的集群内相关性。*、** 和 *** 指分别在低于 10% 、5% 和 1% 的统计意义上显著。

表 10 重复分析表 9 的股权代投公司的子样本。对于股权代投公司来说,规模的大小对代投公司业绩的影响更大。具体而言,当控制了其他变量后,代投公司的托管资产增加 270 万美元时,其年化超额收益率比之前降低 1.08% (−0.09% ×12)。这个估计在低于 1% 的显著性水平下是很显著的。当代投公司的托管户增加 2.7 个时,其年化超额收益率比之前降低 1.44%. (−0.12% ×12),同样在 1% 的显著性水平下显著。

表 10   规模对代投公司业绩的影响:仅限股权代投公司

规模衡量方式	Assets		Counts	
	(1)	(2)	(3)	(4)
Size	− 0.092 ***	− 0.103 ***	− 0.124 ***	− 0.122 ***
	(0.021)	(0.022)	(0.031)	(0.031)
RetExCat [−1]	0.063 ***	0.065 ***	0.062 ***	0.065 ***
	(0.018)	(0.018)	(0.018)	(0.018)
Affiliation	0.128	0.126	0.163	0.174
	(0.124)	(0.124)	(0.122)	(0.123)
Index	− 0.318	− 0.332	− 0.335	− 0.364
	(0.281)	(0.281)	(0.278)	(0.277)
FOF	− 0.005	0.024	− 0.040	− 0.018
	(0.117)	(0.116)	(0.115)	(0.115)
Observations	30451	30451	30451	30451
Sub – advisor FE	Yes	Yes	Yes	Yes
Time FE	No	Yes	No	Yes
R^2	0.046	0.059	0.045	0.058

　　除了样本是仅限股权代投公司这点以外，表10重复分析表8。观察值基于"代投公司—月度"层面。因变量是代投公司月底的超额收益率（*RetExCat*）。我们计算两个衡量标准来测量代投公司的规模：托管资产（*Assets*）和托管数量（*Counts*）。*RetExCat*[－1]是代投公司上月末的超额收益率、*Affiliation*代投公司从代理的共同基金得到的*Affiliation*值加权平均，*Index*是代投公司从代理的共同基金得到的*Index*值加权平均，*FOF*是代投公司从代理的共同基金得到的*FOF*值加权平均，*Equity*是代投公司从代理的共同基金得到的*Equity*值加权平均。标准差调整了异方差和集中在基金层面的集群内相关性。*、** 和 *** 指分别在低于10%、5%和1%的统计意义上显著。

　　3. 共同基金业绩的推论。到目前为止，我们分析了代投公司运用其能力时出现的规模收益递减效应。结果显示代投公司的超额收益率随着其代理的资产和数目而递减。这个现象是如何影响共同基金的业绩呢？本部分将解决这个问题。

　　图4面板A围绕一次活跃的代投公司变更刻画了共同基金的平均超额收益率。该图显示，在一次活跃的代投公司变更后，共同基金的超额收益率相比之前会稍微增加。我们在表11和表12检验了其显著性。

　　在面板A中，横坐标代表围绕共同基金变更代投公司这一事件的时间变化，以月为单位。在面板B中，横坐标代表围绕共同基金解雇所有代投公司并聘请全新的不同的代投公司这一事件（在本论文中指变更整个投资组合）的时间，以月为单位。纵坐标记录的是目标共同基金每月平均超额收益率，指的是基金在范畴内的超额收益率（付费前，before fees）。虚线表示每月平均值95%的置信区间。为了纠正交叉关联，我们把在进行代投公司更变的基金汇总到一个投资组合里。

面板A：活跃变更代投公司的共同基金

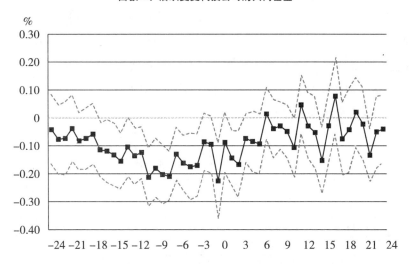

图4　共同基金在变更代投公司后随时间变化而变化的超额收益率

面板 B：变更整个投资组合的共同基金

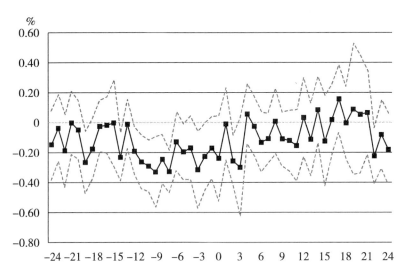

图4 共同基金在变更代投公司后随时间变化而变化的超额收益率（续图）

表11表示了共同基金在有效变更日期"date zero"前后，更换代投公司（targets）的基金相对基准的累积平均超额收益率和累积平均额外费用率。我们计算了三个基准。列（1）和（4）中的基准1是在"date zero"当天在同一个Lipper类别里的所有的基金。列（2）和（5）中的基准2是所有进行代投的基金。列（3）和（6）中的基准3是所有在同一个Lipper类别里同时还处于同一个过往收益分位里的基金。关于该计算的所有详细解释，请参阅表11。所有的标准差均进行了互相关和自相关的调整。

表11中最有趣的发现是，共同基金在更换代投公司后18个月的业绩持续低于基准0.60%到0.93%。特别是当控制了上一年度基金收益和类别时，共同基金在接下来的18个月内的业绩明显低于同行达0.93%。这与我们先前的发现相一致，即在被共同基金雇佣后，代投公司的业绩会下滑。该表格也显示了在变更代投公司之前，共同基金的业绩会低于基准0.58%到2.07%。正如表3和表4所示，更换代投公司的基金有可能是业绩不佳的基金，所以这个结果并不出人意料。同时，列（4）到列（6）表明，更换代投公司的基金相较于基准，其费用率更高。这一影响具有持久性。

表11   变更代投公司时共同基金的业绩和费用比率

	累积超额收益率			累积超额开支率		
	（1）	（2）	（3）	（4）	（5）	（6）
	RetExCat	RetExSub	RetExQtl	ExpExCat	ExpExSub	ExpExQtl
［－18，－13］	－0.64%*	－0.51%**	－0.66%*	0.19%**	0.18%***	0.16%***
	（－3.79）	（－3.03）	（－4.51）	（35.42）	（26.12）	（34.49）
［－12，－7］	－0.99%*	－0.79%**	－0.02%	0.19%**	0.19%***	0.16%***
	（－6.71）	（－5.02）	（－0.14）	（32.93）	（25.10）	（35.38）

续表

	累积超额收益率			累积超额开支率		
	（1）	（2）	（3）	（4）	（5）	（6）
	RetExCat	RetExSub	RetExQtl	ExpExCat	ExpExSub	ExpExQtl
［－6，－1］	－0.76%*	－0.57%**	0.00%	0.21%**	0.21%***	0.17%***
	（－5.16）	（－3.41）	（0.00）	（32.00）	（28.26）	（36.21）
［－18，－1］	－2.07%*	－1.61%**	－0.58%**	0.51%**	0.50%***	0.43%***
	（－6.19）	（－4.64）	（－2.24）	（24.38）	（21.44）	（24.91）
［1，6］	－0.60%*	－0.47%**	－0.46%**	0.21%**	0.22%***	0.18%***
	（－3.56）	（－2.52）	（－2.32）	（27.33）	（23.75）	（31.30）
［7，12］	－0.10%	－0.05%	－0.13%	0.22%**	0.22%***	0.18%***
	（－0.72）	（－0.31）	（－0.79）	（28.74）	（25.03）	（29.67）
［13，18］	－0.22%	－0.07%	－0.41%**	0.21%**	0.22%***	0.17%***
	（－1.30）	（－0.44）	（－2.05）	（21.87）	（19.60）	（26.21）
［1，18］	－0.85%**	－0.60%**	－0.93%**	0.52%**	0.53%***	0.42%***
	（－3.51）	（－2.80）	（－2.78）	（16.76）	（15.05）	（19.20）
［1，18］－ ［－18，－1］	1.21%*	1.01%**	－0.34%	0.01%	0.02%	0.00%
	（2.80）	（2.13）	（－0.78）	（0.24）	（0.53）	（0.08）

表11记录了变更代投公司的基金相较于基准的平均收益率和平均费用比率。计算方式如下：步骤1，对于样本中有过代投公司更换的共同基金，我们在"date zero"时计算其实际收益率和费用比率。步骤2，针对同一样本，我们计算了同一时期其基准实际收益率和费用比率。我们使用三种基准：列（1）和（4）使用的基准1是"date zero"当天在同一个 Lipper Category 里所有的基金；列（2）和（5）使用的基准2是所有进行代投的基金；列（3）和（6）使用的基准3是所有在同一个 Lipper Category 里同时还处于同一个过往收益分位里的共同基金。为了计算基准3，首先，我们根据过去12个月实际收益率给基金进行分位编号（1到5）。这样我们就能跟踪资金组合每个月的业绩和费用比率。步骤3，我们算出样本相较于基准的收益率和费用比率。步骤4，对于在同一个月份内进行代投公司变更的基金，我们将它们集中到一个单独的观察组里以克服交叉关联。步骤5，每个月过了"date zero"我们就总结超额收益率。步骤6，我们计算不同月份的累积超额收益率平均值。最后两个步骤采用了 Jegadeesh 和 Titman（1993）的方法。圆括号里是 t 统计量的数据，*、** 和 *** 指分别在低于10%、5%和1%的统计意义上显著。

现在我们尝试测试变更代投公司的基金持续业绩不佳是否是因为客户的不断流失。Coval 和 Stafford（2007）的研究结果表示，大量的资金流出会导致业绩不佳，因为基金被迫抛售股票来满足客户偿还资金，这就给价格施加了下滑压力。表3和表5显示，资金流出量可预测代投公司变更，但即便变更了代投公司，仍然会持续流出，因为流出量具有持久性。如果是这样，那后者的资金流出量将解释变更代投公司后带来的糟糕业绩现象。我们通过控制历史资金流量分位、基金类别和历史收益率分位等变量测试了这一点。

在表12中，列（1）控制基金过去12个月的资金流量、基金类别和过去12个月的收益率。列（2）控制基金过去6个月的资金流量、基金类别和过去6个月的收益率。列（3）控制基金过去1个月的资金流量、基金类别和过去1个月的收益率。所有的标准差均进行了互相关和自相关的调整。

表12　　　　变更代投公司时共同基金的业绩和费用比率：相对双分类基准

	累积超额收益率			累积超额收益率		
	(1)	(2)	(3)	(4)	(5)	(6)
	RetExDD12	RetExDD6	RetExDD1	ExpExDD12	ExpExDD6	ExpExDD1
[−18, −13]	−0.48% **	−0.42% *	−0.46% *	0.13% **	0.12% *	0.12% **
	(−2.92)	(−2.43)	(−3.23)	(27.19)	(27.08)	(31.24)
[−12, −7]	−0.11%	−0.97% **	−0.71% **	0.13% **	0.13% **	0.13% **
	(−0.76)	(−5.76)	(−4.98)	(27.80)	(28.70)	(29.65)
[−6, −1]	0.02%	0.07%	−0.44% *	0.14% **	0.14% **	0.15% **
	(0.15)	(0.61)	(−4.03)	(30.88)	(26.53)	(28.72)
[−18, −1]	−0.49% **	−1.14% *	−1.38% **	0.35% **	0.34% **	0.34% **
	(−2.87)	(−4.19)	(−5.43)	(24.46)	(25.29)	(23.91)
[1, 6]	−0.38% **	−0.32% *	−0.30% *	0.14% **	0.14% *	0.14% **
	(−2.27)	(−2.06)	(−2.14)	(28.05)	(27.83)	(27.30)
[7, 12]	−0.18%	−0.17%	−0.27% *	0.14% **	0.14% **	0.14% **
	(−1.01)	(−1.13)	(−2.43)	(26.49)	(26.91)	(25.94)
[13, 18]	−0.45% **	−0.39% *	−0.36% *	0.13% **	0.12% *	0.13% **
	(−2.05)	(−2.54)	(−2.17)	(26.54)	(25.67)	(19.62)
[1, 18]	−0.95% **	−0.81% *	−0.86% *	0.32% **	0.31% **	0.33% **
	(−2.56)	(−2.88)	(−3.25)	(21.19)	(19.73)	(18.41)
[1, 18] − [−18, −1]	−0.47%	0.33%	0.53%	−0.02%	−0.03%	0.01%
	(−1.06)	(0.83)	(1.42)	(−1.06)	(−1.32)	(0.43)

表12记录了变更代投公司的基金相对双分类基准的平均超额收益率及平均超额费用比率。计算方法如下：步骤1，对于样本中有过代投公司更换的共同基金，我们在"date zero"时计算其实际收益率和费用比率。步骤2，针对每一个样本，我们计算了同

一时期其基准实际收益率和费用比率。这些基准对处在相同过往收益率和相同历史资金流量分位的基金来说很重要。列（1）和（4）使用的基准1基于过去12个月的收益率和资金流量；列（2）和（5）基于过去6个月的收益率和资金流量；列（3）和（6）使用的基准3基于过去1个月的收益率和资金流量。为了计算基准，首先，我们根据过去12个月实际收益率给基金进行收益率分位编号（1到5），也根据历史基金流量给基金进行资金流量分位编号。对于潜在"date zero"，我们用处于同一收益率和资金流量分位里的代投公司组成一个投资组合作为目标，这样我们就可跟踪该资金组合的每月收益率和费用比率。步骤4，对于在同一个月份内进行代投公司变更的基金，我们将它们集中到一个单独的观察组里以克服交叉关联。步骤5，每个月过了"date zero"我们就总结超额收益率。步骤6，我们计算不同月份的累积超额收益率的平均值。最后两个步骤采用了 Jegadeesh 和 Titman（1993）的方法。圆括号里是 t 统计量的数据，*、** 和 *** 指分别在低于10%、5%和1%的统计意义上显著。

表12显示，即使控制了上一年的基金资金流量、收益率和资金类别，更换代投公司的共同基金在18个月内业绩仍然低于同行约0.8%~1.0%。因此，我们认为变更代投公司的共同基金的持续业绩不佳不可能是因为持续的客户流失。当然，我们认为基金业绩不佳是由于代投公司的收益规模递减效应也是合理的。表12也显示，对于变更代投公司的共同基金，相比变更之前，它们的业绩在变更后18个月内并没有提升，然而，这些基金每年的费用率相较于基准要高出0.28%（0.14%×2）。

六、结论

本文围绕一次代投公司变更事件，提供了共同基金和代投公司的实证分析。我们检验了两条假设。第一：由于共同基金董事会的管控，基金历史资金流量、历史业绩与基金变更代投公司发生率之间存在显著负相关关系。我们提供证据证实了这些观点。第二：代投公司在运用其能力时存在规模收益递减效应。我们的实证结果与这些观点相一致。

本文的贡献有三点。第一，本文以全新的视角研究了影响共同基金决定变更代投公司的因素。我们发现，除了基金业绩以外，基金资金流量和基金规模也会影响基金变更代投公司的概率。第二，本文是第一篇提供实证证明代投公司具有规模收益递减性的论文。此前的文献从共同基金和对冲基金的角度进行分析，而本文使用的数据使得我们可以从代投公司的角度来分析问题。本文指出，当被共同基金雇佣后，代投公司的规模变大但其随后的业绩则下滑。第三，本文指出，虽然共同基金在变更代投公司时做了理性决策，但由于代投公司的收益递减性，基金的业绩并不会有所改善。

参考文献

[1] Berk, Jonathan B. , Jules H. van Binsbergen: Measuring managerial skill in the mutual fund industry. Working Paper, August 2012.

[2] Berk, Jonathan B. , Richard C. Green: Mutual fund flows and performance in rationalMarkets. Journal of Political Economy, 112 (6): 1269 – 1295, 2004.

[3] Cashman, George D. , Daniel N. Deli: Locating decision rights: Evidence from the mutual fund industry. Journal of Financial Markets, 12 (4): 645 – 671, 2009.

[4] Chen, Joseph, Harrison Hong, Ming Huang, Jeffery Kubik: Does fund size erode mutual fund performance? The role of liquidity and organization. American Economic Review, 94 (5): 1276 – 1302, 2004.

[5] Chen, Joseph, Harrison Hong, Wenxi Jiang, Jeffery Kubik: Outsourcing mutual fund management: Firm boundaries, incentives and performance. Journal of Finance, 68 (2), 523 – 558, 2013.

[6] Chen, Qi, Itay Goldstein, Wei Jiang: Directors' ownership in the U. S. mutual fund industry. Journal of Finance, 63 (6), 2629 – 2677, 2008.

[7] Chen, Qi, Itay Goldstein, Wei Jiang: Payoff complementarities and financial fragility: Evidence from mutual fund outflows. Journal of Financial Economics, 97 (2), 239 – 262, 2010.

[8] Chevalier, Judith, Glenn Ellison: Risk taking by mutual funds as a response to incentives. Journal of Political Economy, 105 (6), 1167 – 1200, 1997.

[9] Chevalier, Judith, Glenn Ellison: Career concerns of mutual fund managers. Quarterly Journal of Economics, 114 (2), 389 – 432, 1999.

[10] Coval, Joshua, Erik Stafford: Asset fire sales (and purchases) in equity markets. Journal of Financial Economics, 86 (2), 479 – 512, 2007.

[11] Cremers, Martijn, Antti Petajisto, Eric Zitzewitz: Should benchmark indices have alpha? Revisiting performance evaluation. Working Paper, May 2012.

[12] Daniel, Kent, Mark Grinblatt, Sheridan Titman and Russ Wermers: Measuring mutual fund performance with characteristic – based benchmarks. Journal of Finance, 52 (3), 1035 – 1058, 1997.

[13] Del Guercio, Diane, Jonathan Reuter, Paula A. Tkac: Why do some mutual fund families pick stocks for the competition? Working Paper, April 2007.

[14] Ding, Bill, Mila Getmansky, Bing Liang, Russ Wermers: Share restrictions and investor flows in the hedge fund industry. Working Paper, November 2009.

[15] Duong, Truong X. : Outsourcing in the mutual fund industry. Working Paper, April 2010.

[16] Goyal, Amit, Sunil Wahal: The selection and termination of investment management firms by plan sponsors. Journal of Finance, 63 (4): 2008.

[17] Holmstrom, Bengt: Managerial Incentive Problems: A Dynamic Perspective. Review of Economic Studies, 66 (1), 169 – 182, 1999.

[18] Kacperczyk, Marcin, Clemens Sialm, Lu Zheng: Unobserved Actions of Mutual Funds. Review of Financial Studies, 21 (6): 2379 – 2416, 2008.

［19］Khorana, Ajay: Performance changes following top management turnover: evidence from open – end mutual funds. Journal of Financial and Quantitative Analysis, 36 (3): 371 – 393, 2001.

［20］Kostovetsky, Leonard, Jerold B. Warner: You're fired! New evidence on portfolio manager turnover and performance. Working Paper, March 2012.

［21］Sirri, Erik R. , Peter Tufano: Costly search and mutual fund flows. Journal of Finance, 53 (5), 1589 – 1622, 1998.

［22］Tufano, Peter, Matthew Sevick: Board structure and fee setting in the U. S. mutual fund industry. Journal of Financial Economics, 46: 321 – 355, 1997.

［23］Warner, Jerold B. , Joanna Shuang Wu: Why do mutual fund advisory contract change? Fund versus family influences. Working Paper, September 2006.

［24］Wermers, Russ: Mutual fund performance: An empirical decomposition into stock – picking talent, style, transactions costs, and expenses. Journal of Finance, 55 (4): 1695 – 1703, 2000.

Hiring and Firing Mutual Fund Sub – Advisors

ChenYang[1]   ZhouHongbo[2]

(1. *Columbia Business School*; 2. *Strategic Insight*)

Abstract: Using a comprehensive database of mutual funds and monthly sub – advisor information from 2006 to 2012, we document several interesting empirical regularities of mutual funds and their sub – advisors around the event of an active sub – advisor change. First, deterioration in mutual fund performance or increase in outflows predicts a higher propensity of a fund to change its sub – advisors. Second, mutual funds chase past performance of sub – advisors. Third, mutual funds continue to underperform by about 1% in the 18 – months after a change in sub – adviso·, even after controlling for fund category, past returns and past flows. We show that the continuing underperformance of mutual funds can be attributed to decreasing returnsfor sub – advisors in deploying their ability as suggested in Berk and Green (2004).

Keywords: sub – advisorchange, mutual fund performance, outflows, decreasing returns

终极控股权、政府干预与产业结构[①]

马琳　何平　王琨[②]

内容摘要：较高的最终控制权既可以激励终极控制人制约直接控股股东和管理人员行为而降低两类代理成本，也可能激励终极控制人自己采取"隧道攫取"行为而降低公司价值，但文献中仍没有定论，而且结合政府激励和公司股权结构研究政府控制的特殊作用及其对产业结构影响的文献较少。我们发现，当最终控股权较小时，公司价值随着最终控股权增加而减少，当最终控股权较大时则相反；而且，在财政和 GDP 激励下，政府会利用最终控股权的作用，偏向性地干预不同行业的企业，对工业企业给予更多支持，以成本最小的方式平衡两种激励，也影响着我国的产业结构。本文在宏观和政治制度背景下，分析政府干预在微观企业的作用机制及其对宏观经济的影响，从而更系统地解释政府激励和干预，企业的股权结构和产业结构问题。

关键词：终极控股权　政府干预　政府激励　产业结构

中图分类号：F275　**文献标识码：**A

一、引言

股权结构作为公司治理中一个很重要的指标，代表了一个公司中股东之间以及股东与管理层之间的博弈关系和制衡力量，也决定了股东与管理者在公司决策时的行为，进而会影响公司的价值和绩效。文献中一般认为公司治理中有两类代理问题：第一，股东与管理层之间由于所有权与管理权分离而产生的第一类代理问题；第二，由于控股股东攫取私人利益损害小股东利益而产生的第二类代理问题。合理的控股权结构可以有效缓解这两类代理问题，从而提高公司价值。但目前文献中关于最终控股权对公司价值影响

---

① 基金项目：对外经济贸易大学中央高校基本科研业务费专项资金（15QD21、CXTD7 - 04）。

② 作者简介：马琳，对外经济贸易大学金融学院，讲师，研究方向：公司治理和公共财政。何平，清华大学经济管理学院，副教授，研究方向：公司治理，金融机构和货币经济学。王琨，清华大学经济管理学院，副教授，公司治理、高管薪酬和盈余管理。

的研究结论差异较大，同时存在着攫取效应和协同效应。

最终控股权的性质也是文献中经常讨论的问题，有学者认为政府或国有企业作为最终控制人时，国有部门对企业利益的侵占会降低企业价值，也有学者认为政府作为大股东或者控制人，也有"援助之手"，从而起到协同作用。我们认为政府的控制问题也表现为两类代理问题，政府控股时也会面临与一般性质的大股东相同的权衡问题，同时，政府控股作为政府干预的一种方式，是与政府激励密切相关的，只是政府的激励与一般股东有所差异。

在我国现有的政治集权和财政分权的经济体制下，地方政府有财政收入和因晋升激励而产生的 GDP 激励。这两个激励在短期是矛盾的，因为追求财政最大化而多征税的行为会影响当地 GDP 的增长，为了保持较高的 GDP 就不应该对企业征税而抑制企业的投资；但在长期又是一致的，因为只有当地 GDP 较大从而税基较大时，政府的财政收入才有保障。因此，为了达到既能保持经济增长，又不损害财政收入的目标，政府的干预行为就可能在不同产业间出现偏向性。如果政府牺牲部分财政收入去正向地干预工业企业，由于工业是基础产业，工业的发展既会提高 GDP，也有利于其他产业的进一步发展，而 GDP 提高后，财政收入可以得到补充，这样，政府偏向性干预会在成本最小的情况下兼顾两种激励。当政府在这样的激励下实行差异性干预时，控股作为政府干预的一种方式也应该发挥作用。

本文就从此角度入手，试图详细分析政府利用控股权在不同产业的企业中的干预程度和方向差异，以一个新的视角解释产业结构问题。本文的贡献主要有以下几点：第一，解释了最终控股权对公司价值的作用机制和特点。第二，结合政府干预和激励，分析了政府控股这一特殊治理结构下，控股权和股权结构的作用机制在不同产业的企业中是否有特殊性及其形成原因，以及其对产业结构的影响。第三，对公司治理的研究大多只集中在企业内部的因素，较少有研究将微观企业的表现与宏观经济相联系，我们试图在宏观和政治制度背景下，分析宏观因素在微观企业的传导机制，从而在统一的框架内，更系统清晰地解释政府激励和干预，企业的股权结构和产业结构问题。

本文剩余部分的结构安排如下：第二部分是文献综述；第三部分是实证假说与模型设计；第四部分是变量和数据描述；第五部分是实证结果分析；第六部分总结全文。

二、文献综述

（一）终极控股权的作用

终极控股权在公司的股权结构和控制结构中发挥着越来越重要的作用，但文献中关于终极控股权对公司绩效和价值的作用却仍然没有定论，对其作用机制的研究也比较少。La Porta et al.（1999）发现，市场上广泛存在着金字塔结构式的公司控制权结构，最终控股人可以通过此方式对更多的企业进行控制。刘芍佳等（2003）认为公司的产权性质应该按照终极产权对控股主体重新分类，并且他们发现我国上市公司的股权结构与公司绩效密切相关。一些国外学者发现公司价值随现金流权的提高而提高，随控制权的增加而减小（Porta et al.，1998；Claessens et al.，2000），叶勇等（2005a，2005b）发现不同终极控制股东控制的上市公司的净资产收益率没有显著差异。毛世平（2009）利用2004—2006 年 A 股上市公司样本数据发现金字塔控制结构下的股权制衡效应在中国上市公司并没有得到完全发挥，股权制衡正面治理效应的发挥是有条件限制的。陈红等（2012）发现上市公司终极股东侵占行为选择与金字塔股权结构形态特征正相关，与两权分离程度负相关。唐跃军等（2014）发现终极控股权两权分离程度不利于公司创新，但对其他大股东的制衡有助于提高研发与创新投入，而政府控股的上市公司在此方面的效果较小。甄红线等（2015）发现终极控股权与市场制度环境是一种替换关系，当制度环境较差时，终极控股权可以起到监督和制约的作用，改善企业绩效和价值。一些研究发现国有持股比例与公司业绩关系是 U 形或负相关（Wei et al.，2000；Sun et al.，2002；Firth et al.，2006；Tian 和 Estrin，2008；Chen et al.，2009；Wang，2010）。但这些文章并没有分析其作用机制以及这种作用在不同企业的差异及其原因。因此，终极控股权对公司价值的作用需要进一步研究，尤其是从其作用机制上分析，并且有必要在宏观经济范围内来看待此问题。

（二）政府干预

政府干预的方式有多种，一些学者研究了税收，财政支出和财政补贴等干预方式对宏观经济的影响（郭庆旺和贾俊雪，2006；Gordon 和 Li，2009）。而控股权也是一种常见的政府干预企业的方式，我国公司广泛存在着政府控制（叶勇等，2005a），此现象会进一步使终极控制权的作用复杂化。一方面，政府作为最终控制人，也有道德风险问题的存在，会降低公司价值。Shleifer（1998）认为政府官员受到经济利益动机和政治利益动机的驱动，在现实中对国有企业拥有剩余干预权的政府官员就倾向于对国有企业进行过度干预，从而不利于企业的效率和业绩。很多学者也发现政府作为最终控股股东可以进行直接的利益侵占，从而导致投资效率低下和公司价值降低（沈艺峰等，2008；夏立军和方轶强，2005；刘星，2010；Fan et al.，2012；Shirley 和 Walsh，2000），同时，政府控制也会使管理层的代理问题进一步加剧，管理层的道德风险问题会降低公司价值（Claessens 和 Fan，2002；辛清泉等，2007；邓晓岚，2011）。但也有文献发现政府控制中有利的一面，魏卉等（2012）发现终极控制人的政府性质对管理者权力所产生的负面影响有抑制作用。另一方面，政府也会考虑宏观经济和自己的政治激励，也会有动力提高企业价值。关于政府控制的文献虽然都分析了政府控制的作用以及从微观角度看政府作为股东的利益侵占动机，但并没有进一步探索政府控制对于不同产业和宏观经济的影响，也没有明确政府行为的激励作用，不能充分揭示政府控股作用在行业间的差异问题。本文将结合政府在政治和宏观经济上的激励来进一步看政府控股的作用，试图从此角度理解政府控制的作用机制。

三、实证假说与模型设计

（一）终极控股权对公司价值的作用

在公司治理对公司价值和绩效的研究中，控股权分为直接控股权和最终控股权。由于公司的直接控股权只是表面上的股权关系，而随着金融的发展，现代社会中公司的股权结构也变得越来越复杂，在直接控股权背后，最终控股权越来越重要。第一，终极控股权可以对企业的直接控股权产生约束，当拥有较大直接控股权的股东有攫取私人利益的动机时，可能会由于公司最终控股人的约束而有所收敛，这样，终极控股权对公司的价值可以起到促进作用；第二，终极控股股东只是在控制链条上的位置与直接控股股东有差异，但其性质与直接控股股东类似，因此，也会有攫取私人利益的动机，尤其是当控股权与现金流权相差较多时，私利的动机会更大，这样，终极控股权对公司的价值会有负向作用。文献中对这两种作用都有实证支持，然而结论并不统一。我们认为终极控股权较大时才能够充分发挥监督和制约的作用，而且这时的现金流权也有可能会变大，从而最终控股人会更关心公司的利益；否则终极控股权不够大的最终控制人是没有能力制约股权较大的大股东的，这时随着股权的增大，最终控股人会有更多攫取私人利益的动机，从而降低公司的价值。因此，我们提出第一个假说：

假说 1： 终极控股权对公司价值的影响是非线性的，当最终控股权较小时，随着控股权的增加，由于攫取私利的增加，公司价值减小；当最终控股权较大时，随着终极控股权的增加，由于最终控制人对控股股东和管理层攫取私人利益的制约作用，公司价值增加。

为了检验假设 1，本文构建如下计量模型：

$$Q_i = \beta_0 + \beta_1 CONTR_i + \beta_2 CONTR_i^2 + \alpha X_i + u_i \tag{1}$$

其中，Q 代表托宾 q，用来衡量公司价值，$CONTR$ 表示最终控股权，用一个公司的最终控制人在该公司控制链条上的控制权来衡量，终极控制权的定义在下文中描述，$CONTR^2$ 表示控制权的平方。X 表示其他控制变量，参考相关文献研究，包括公司的直接股权结构、财务杠杆、公司规模、公司年龄、资产利润率，还包括企业最终控制人的性质，企业所在行业，企业所在省份，时间固定效应，即年份的虚拟变量。变量的具体解释会在下一部分中说明。

（二）终极控股权的作用在产业间的差异

不同产业中公司的股权结构特征不同，因此，我们猜测终极控股权在不同产业的企业中对公司价值的作用也是有差异的。一般认为经济中的工业属于资本密集型行业，这些行业需要的资金和资源更多，由于规模收益递增的作用而在市场结构上更容易形成垄断，相应地在公司股权结构上控股股东的股权结构会更集中，最终控股股东的股权也应该更高，从而，我们猜测工业企业的最终控股权由于更可能处在较高的水平而更容易发挥出对攫取私人利益的制约行为，从而对公司价值有更多的正向作用；相反，服务业中更多的是劳动密集型行业，形成垄断的趋势相对较少，公司控股股东的股权结构和最终控股股东的股权可能没有工业集中，从而我们猜测服务业企业的最终控股权由于更可能处于较低水平而使终极控股权的制约作用较小，甚至产生更严重的代理问题，从而对公司价值有更多负向影响。因此，我们提出第二个假设：

假设 2：终极控股权对工业企业公司价值的正向作用大于对服务业企业的正向作用。

为了检验假设 2，我们将企业区分工业和服务业，用一个虚拟变量来表示，从而构建如下计量模型：

$$Q_i = \beta_0 + \beta_1 CONTR_i + \beta_2 CONTR_i^2 + \beta_3 Ind_i + \beta_4 CONTR_i \times Ind_i + \alpha X_i + \mu_i \quad (2)$$

$$Q_i = \beta_0 + \beta_1 CONTR_i + \beta_2 CONTR_i^2 + \beta_3 Ind_i + \beta_4 CONTR_i^2 \times Ind_i + \alpha X_i + \mu_i \quad (3)$$

其中，Ind_i 为工业虚拟变量，当该企业所在行业属于工业时，其取值为 1，当该企业所在行业为服务业时，其取值为 0。$CONTR \times Ind$ 和 $CONTR^2 \times Ind$ 分别为终极控制权和其平方项与工业企业虚拟变量的交叉项，都表示终极控制权对工业企业的特殊作用。如果其系数 β_4 为正，说明相比于服务业企业，终极控股权对工业企业的正向作用更大。其他控制变量与模型（1）的相同。

（三）政府控制对不同产业企业的作用差异

最终控股权的性质也会影响对企业价值的作用。一般认为，国有企业社会性任务和代理问题使其企业绩效和价值较差。我们认为，研究政府控制的作用需要分析两个问题：第一，政府的激励问题。同样作为特殊控股股东的政府部门和国有企业，除了有一般性质股东的特点外，还会有着特殊的 GDP 激励和财政收入激励，这两个激励短期矛盾，但在长期是一致的，政府可以通过有偏向性的干预以最小成本达到从短期到长期的顺利过渡。刘骏等（2014）发现我国目前高度集权的财政体制下企业在税收返还和增值税税负上的差异。如果政府牺牲部分财政收入去正向地干预工业企业，由于工业是基础产业，工业的发展既会提高 GDP，也会有利于其他产业的进一步发展，而 GDP 提高后，财政收入可以得到补充，这样，政府偏向性的干预会在成本最小的情况下兼顾两种激励。第二，政府的干预方式问题。当政府在这样的激励下实行差异性的干预时，控股作为政府干预的一种方式，其对公司业绩的影响也应该在政府干预中发挥作用。而且，上文中我们猜测工业企业的垄断程度和股权集中度更高，最终控股权更高，从而终极控股权对企业价值有更多正向作用，而这与政府的偏向干预也是一致的。因为这些更容易垄断的工业企业的最终控制人更可能是政府部门或国有企业，政府通过最终控制这些工业企业，利用终极控股权的决策权和对其他股东的制约权，实现偏向性地正向干预工业企业，最终实现自我激励。这既可以合理解释文献中关于政府控制对企业价值和绩效影响方向不确定的问题，也可以通过微观企业理解政府干预对产业结构的作用机制。因此，我们有以下假设：

假设3：政府部门或国有企业作为最终控制人的企业，终极控股权对工业有更多正向作用的现象更明显。

为了检验假设3，我们将企业按是否由政府部门或国有企业控股，用一个虚拟变量来区分，从而构建如下计量模型：

$$Q_i = \beta_0 + \beta_1 CONTR_i + \beta_2 CONTR_i^2 + \beta_3 Ind_i + \beta_4 STATE + \beta_5 CONTR_i \times Ind_i \times STATE_i + \alpha X_i + u_i$$

$$(4)$$

$$Q_i = \beta_0 + \beta_1 CONTR_i + \beta_2 CONTR_i^2 + \beta_3 Ind_i + \beta_4 STATE + \beta_5 CONTR_i^2 \times Ind_i \times STATE_i + \alpha X_i + u_i$$

$$(5)$$

其中，$STATE_i$ 为国有控股虚拟变量，当该企业的终极控股人是政府部门和国有企业时，其取值为1，否则取值为0。$CONTR_i \times Ind_i \times STATE_i$ 和 $CONTR^2 \times Ind_i \times STATE$ 分别为终极控制权及其平方项与工业企业虚拟变量和国有控股虚拟变量的交叉项，都表示政府作为最终控股人利用终极控制权对工业企业的特殊作用。如果其系数 β_5 为正，说明相比于服务业企业，政府会利用终极控股权对工业企业给予更多的促进作用。其他控制变量与模型（1）的相同。

四、变量与数据描述

（一）数据来源与样本选取

本文的数据来自国泰安（CSMAR）金融数据库，并手动收集控制结构的披露部分，手动收集的变量包括公司最终控股人的名称、性质，以及控股链条的结构和每个环节的控股比例，并计算出最终控制人的控股权。由于国泰安数据库中上市公司的控制结构数据是从2004年开始披露，因此，本文选取的样本是2004—2014年在上海证券交易所和深圳证券交易所上市的所有A股公司，并按照下列顺序和原则进行筛选：第一，删去有缺失值的上市公司；第二，由于本文只关注政府干预对工业和服务业的差异性作用，因此删去农业上市公司；第三，按照10%的标准删去极端值数据。最终数据包含2154家上市公司，16672个观测值。

（二）变量描述

1. 被解释变量：公司价值。我们采用托宾q衡量公司价值，根据是否加入无形资产，使用了两种托宾q，分别表示为：（1）Q1 = 市值/资产总计；（2）Q1 = 市值/（资产总计 – 无形资产净额 – 商誉净额）。

2. 最终控股权。最终控股权用一个公司的最终控制人在该公司控制链条上的控制权来衡量，根据 La – Porta et al.（1999）和 Claessens et al.（2000）的研究工作，我们定义控股权为控制链条中最弱的股权部分。

3. 最终控股人的性质。最终控股人的性质被划分为以下几个大类：（1）中央政府部门；（2）地方政府部门；（3）国有独资企业；（4）个人；（5）学校、研究所、设计院和报社等事业单位；（6）其他企业。我们定义国有控制人性质虚拟变量为 STATE，如果公司的最终控股人为中央政府部门，或者地方政府部门，或者国有独资企业，则 STATE 等于 1，否则 STATE 等于 0。

4. 行业虚拟变量。国泰安数据库中关于上市公司基本信息的数据库中，提供了各企业所属行业的划分，一共有 18 个细分类别，在模型 1 中加入了区分这些行业的虚拟变量。在模型 2 和模型 3 中，本文结合国民经济行业分类（GB/T 4754 – 2011）的划分标准，将数据中所有行业重新划分为工业和服务业，并设定 1 个是否为工业企业的哑变量 IND 来区分各企业所在的行业，如果一个公司时工业企业，则 IND 取 1，否则 IND 取 0。

5. 其他控制变量。参考文献中研究影响公司价值的因素，其他控制变量包括：（1）公司的直接控股结构，我们使用第一大股东股权与第二大股东股权的比值来衡量股权集中度，定义为 SHRZ，该指数越大，则公司的股权结构越集中；（2）公司的财务杠杆，定义为总负债和总资产的比值，设为 LEV，衡量该公司的财务风险，该指标越大，则财务风险越大；（3）公司的规模，定义为该公司的总资产的自然对数，设为 SIZE；（4）公司的年龄，定义为公司自创立以来到样本取值年份的年数的对数，设为 AGE；（5）资产利润率，定义为与净利润与总资产的比值，记为 ROA，以控制盈利能力对公司价值的影响，该指标越大，则公司的盈利能力越好；（6）年份虚拟变量和地区虚拟变量，以控制不同年份和省份的影响。所有变量的符号和定义见表 1，各主要变量的描述性统计见表 2。

表1   变量名称和定义

变量名称	符号	定义
被解释变量		
托宾 q1	$Q1$	市值/资产总计
托宾 q2	$Q2$	市值/（资产总计 – 无形资产净额 – 商誉净额）
解释变量		
终极控股权	$CONTR$	控制链条中最弱的股权部分
终极控股权^2	$CONTR^2$	终极控股权的平方
控制变量		
股权集中度	$SHRZ$	第一大股东股权与第二大股东股权的比值
财务杠杆	LEV	总负债和总资产的比值
公司规模	$SIZE$	总资产的自然对数
公司年龄	AGE	公司自创立以来到样本取值年份的年数的对数
资产利润率	ROA	净利润与总资产的比值
工业虚拟变量	IND	工业企业取 1，服务业企业取 0
政府控制虚拟变量	$STATE$	政府部门或国有企业控制取 1，否则取 0

表2 主要变量的描述性统计

变量	数量	均值	中位数	最小值	最大值	标准差
Q1	16672	1.532	1.249	0.432	3.520	0.991
Q2	16672	1.636	1.318	0.449	3.808	1.077
CONTR	16672	36.411	35.450	14.640	60.330	15.044
SHRZ	16672	11.284	4.656	1.243	42.002	13.403
LEV	16672	0.487	0.495	0.191	0.770	0.188
SIZE	16672	21.736	21.630	20.345	23.489	1.002
AGE	16672	2.482	2.565	1.792	2.996	0.390
ROA	16672	0.036	0.031	-0.014	0.096	0.033
STATE	16672	0.533	1.000	0.000	1.000	0.499
IND	16672	0.740	1.000	0.000	1.000	0.439

注：其中 CONTR 是百分数。

五、实证结果

（三）终极控股权的作用

我们分别使用两种托宾q指标对终极控股权的一次项和二次项做回归，回归结果见表3，几组回归都已经控制了年份、省份和行业的影响。在回归（1）和回归（3）中，只控制了年份、地区和行业，没有控制其他变量，可以看到控股权的一次项显著为负，二次项显著为正。在回归（2）和回归（4）中，当加入公司的股权结构、终极控制人性质、财务杠杆、企业规模、年龄、资产利润率作为控制变量后，终极控股权对公司价值的负向作用减小，如回归（2）中从 -0.0126 变为 -0.0103，但变化不大，而且仍然显著为负，二次项也显著为正，正向作用大小基本不变，说明结果是稳定的。终极控股权在较小时对企业价值的作用是负向的，这个阶段由于终极控股权较小，最终控制人没有能力制约股权较大的直接控股股东，此时，终极控股股东为了追求自己利益的最大化，可能理性的做法是采取"隧道行为"以取得更多私人收益，从而随着股权的增大，最终控股人会有更多的攫取私人利益的动机，降低公司的价值；当终极控股权超过一定值时，终极控股权对公司价值的正向促进作用才可以被发挥出来，一方面是因为终极控股权较大时才能够充分发挥监督和制约的作用，另一方面，在终极控股权较大时，现金流权也有可能会变大，从而最终控股人会更关心公司的利益，他也有动力去监督和制约直接大股东或公司管理层对公司利益的侵占行为，减少代理成本，从而增加公司价值。这些结果证明假设1是正确的，终极控股权与企业价值呈现出 U 形关系。

回归（2）和回归（4）中的控制变量中，股权集中度指标的系数是显著为负的，说明第一大股东与第二大股东股权的比值越大，即股权越集中，企业价值越小，这是因为股权集中时，第二类代理问题越严重从而损害公司价值。政府控制虚拟变量的系数是显著为负的，说明国有部门作为最终控制人时，企业价值会减少，这与文献中关于国有企业的结论也是一致的。另外，企业的年龄越大，资产利润率越大，企业的价值越大，而企业的财务杠杆越大，规模越大，企业的价值越小，这与文献中的结论是一致的。

表3 终极控股权对企业价值的作用

解释变量	被解释变量：托宾q			
	（1）	（2）	（3）	（4）
	q1	q1	q2	q2
CONTR	-0.0126 ***	-0.0103 ***	-0.0132 ***	-0.0109 ***
	（-8.86）	（-8.23）	（-9.14）	（-8.32）
CONTR^2	0.0001 ***	0.0001 ***	0.0001 ***	0.0001 ***
	（6.14）	（7.12）	（5.85）	（6.38）
SHRZ		-0.0015 ***		-0.0014 ***
		（-5.90）		（-4.97）
STATE		-0.0377 ***		-0.0371 ***
		（-5.04）		（-4.72）
LEV		-0.3937 ***		-0.3469 ***
		（-17.92）		（-15.10）
SIZE		-0.1464 ***		-0.1246 ***
		（-32.50）		（-26.22）
AGE		0.0319 ***		0.0287 ***
		（3.29）		（2.81）
ROA		2.8493 ***		2.3615 ***
		（24.43）		（19.32）
Constant	1.2473 ***	4.4395 ***	3.6546 ***	5.9268 ***
	（12.05）	（34.16）	（28.41）	（40.01）
年份	是	是	是	是
省份	是	是	是	是
行业	是	是	是	是
观测值个数	16672	16672	16672	16672
调整的 R^2	0.74	0.80	0.79	0.83

注：括号中是 t 统计量，*** ，** ，和 * 分别代表在 1% ，5% 和 10% 的水平显著。

（二）终极控股权的作用在产业间的差异

我们分别考察了终极控股权及其平方项在不同行业中的作用差异，回归结果见表4。几组回归都已经控制了年份、省份的影响，由于已经加入了工业企业虚拟变量，就不再控制行业。可以看到，在回归（1）和回归（3）中，工业企业虚拟变量与最终控股权一次项的系数是显著为正的，说明在最终控制权较小的阶段，虽然随着控制权的增加，企业价值变小，但相比于服务业企业，最终控制权对企业价值的负向作用是小的，即最终控制权对企业价值的负向作用在服务业企业中会更严重。

表 4 终极控股权的作用在产业间的差异

解释变量	被解释变量：托宾 q			
	（1）	（2）	（3）	（4）
	q1	q1	q2	q2
CONTR	− 0. 0141 ***	− 0. 0112 ***	− 0. 0143 ***	− 0. 0110 ***
	（− 11. 65）	（− 9. 48）	（− 10. 80）	（− 8. 51）
CONTR^2	0. 0002 ***	0. 0001 ***	0. 0002 ***	0. 0001 ***
	（11. 67）	（8. 83）	（10. 60）	（7. 74）
SHRZ	− 0. 0025 ***	− 0. 0025 ***	− 0. 0031 ***	− 0. 0031 ***
	（− 10. 39）	（− 10. 42）	（− 11. 57）	（− 11. 59）
CONTR × IND	0. 0040 ***		0. 0045 ***	
	（8. 85）		（9. 25）	
CONTR^2 × IND		0. 0001 ***		0. 0001 ***
		（8. 54）		（8. 87）
IND	− 0. 0924 ***	− 0. 0922 ***	− 0. 0982 ***	− 0. 0980 ***
	（− 13. 05）	（− 13. 01）	（− 12. 65）	（− 12. 61）
STATE	− 0. 9017 ***	− 0. 9019 ***	− 0. 9896 ***	− 0. 9900 ***
	（− 43. 04）	（− 43. 04）	（− 42. 92）	（− 42. 93）
LEV	− 0. 4297 ***	− 0. 4295 ***	− 0. 4599 ***	− 0. 4596 ***
	（− 112. 72）	（− 112. 65）	（− 110. 45）	（− 110. 37）
SIZE	0. 1014 ***	0. 1014 ***	0. 1172 ***	0. 1172 ***
	（10. 99）	（10. 99）	（11. 55）	（11. 55）
AGE	8. 4573 ***	8. 4552 ***	9. 0561 ***	9. 0538 ***
	（77. 97）	（77. 94）	（76. 08）	（76. 04）
ROA	10. 6414 ***	10. 5875 ***	11. 3601 ***	11. 2989 ***
	（127. 97）	（128. 47）	（125. 10）	（125. 50）
Constant	− 0. 0924 ***	− 0. 0922 ***	− 0. 0982 ***	− 0. 0980 ***
	（− 13. 05）	（− 13. 01）	（− 12. 65）	（− 12. 61）
年份	是	是	是	是
省份	是	是	是	是
观测值个数	16672	16672	16672	16672
调整的 R^2	0. 85	0. 85	0. 85	0. 85

注：括号中是 t 统计量，*** ，** ，和 * 分别代表在 1% ，5% 和 10% 的水平显 6 著。

在回归（2）和回归（4）中，工业企业虚拟变量与最终控股权二次项的系数也是显著为正的，说明在最终控制权较大的阶段，随着控制权的增加，企业价值变大，而且相比于服务业企业，最终控制权对工业企业价值的提高作用是更大的。可见，两个阶段中控股权对企业价值的作用在工业企业中都是有偏向的，在"隧道效应"阶段，对工业企业价值的负向作用没那么严重，在"协同效应"阶段，对工业企业价值的正向作用更大。这是因为工业企业的股权集中度更高，终极股东更有能力来约束大股东和管理层的行为，而更容易发挥出对攫取私人利益的制约作用，从而对公司价值有相对来说更加多的正向的影响。其他控制变量的系数与上文一致。

（三）政府控制对不同产业企业的作用差异

表5展示了政府控制下的终极控股权对不同产业的企业作用效果的差异。回归（1）和回归（3）中加入了政府控制虚拟变量、工业企业虚拟变量与最终控制权一次项的交叉项，可以看到此项的系数都是显著为正的，说明在终极控股权较小的阶段，虽然股权增加会减少企业的价值，但对工业企业的负向作用比服务业企业弱，而且这个现象在政府最终控股的企业中更明显。回归（2）和回归（4）中加入了政府控制虚拟变量、工业企业虚拟变量与最终控制权平方项的交叉项，可以看到此项的系数也都是显著为正的，说明在终极控股权较大的阶段，股权增加会增加企业的价值，而且对工业企业价值的提升作用比服务业企业更大，这个现象在政府最终控股的企业中也更明显。这些结果都说明政府控制的作用是有偏向的，从而证明了假设3。总体来看，政府控制虚拟变量的系数是显著为负的，说明政府控制可能会由于代理问题和增加企业社会负担问题而降低企业价值，但政府控制中这两种问题对企业价值的降低在不同产业中是有差异的，政府通过偏向性干预，相对于服务业企业，更多地支持了工业企业，在损害企业价值的阶段，政府最终控股对工业企业的损害较小，而在提升企业价值阶段，政府最终控股权对工业企业的提升更大。交叉项的显著为正说明了政府在差异性作用中所起的作用，即这种不同产业间偏向性的作用更多是一种政府行为，政府在其财政收入和GDP激励下，相对偏向性地支持工业企业，而起到最小成本地平衡两种激励的效果。

表5 政府控制对不同产业企业的作用差异

解释变量	被解释变量：托宾q			
	（1）	（2）	（3）	（4）
	q1	q1	q2	q2
CONTR	− 0.0121 ***	− 0.0102 ***	− 0.0109 ***	− 0.0097 ***
	（− 10.33）	（− 8.54）	（− 8.49）	（− 7.42）
CONTR^2	0.0002 ***	0.0001 ***	0.0002 ***	0.0001 ***
	（11.25）	（9.12）	（9.35）	（7.82）
SHRZ	− 0.0026 ***	− 0.0027 ***	− 0.0034 ***	− 0.0034 ***
	（− 10.78）	（− 10.87）	（− 12.72）	（− 12.67）
Cross1	0.0033 ***		0.0037 ***	
	（12.31）		（12.65）	
IND	− 0.0930 ***	− 0.0685 ***	− 0.1033 ***	− 0.0793 ***
	（− 9.81）	（− 7.95）	（− 9.96）	（− 8.41）
STATE	− 0.1767 ***	− 0.1442 ***	− 0.1914 ***	− 0.1546 ***
	（− 17.86）	（− 16.90）	（− 17.73）	（− 16.52）
LEV	− 0.9020 ***	− 0.9046 ***	− 0.9935 ***	− 0.9973 ***
	（− 43.07）	（− 43.22）	（− 43.31）	（− 43.38）

续表

解释变量	被解释变量：托宾 q			
	(1)	(2)	(3)	(4)
	q1	q1	q2	q2
SIZE	− 0.4313 ***	− 0.4321 ***	− 0.4607 ***	− 0.4617 ***
	(− 113.06)	(− 113.24)	(− 110.58)	(− 110.48)
AGE	0.1010 ***	0.1047 ***	0.1184 ***	0.1218 ***
	(10.97)	(11.35)	(11.70)	(12.01)
ROA	8.5197 ***	8.4985 ***	9.1052 ***	9.1250 ***
	(78.71)	(78.57)	(76.69)	(76.73)
Cross2		0.0001 ***		0.0001 ***
		(11.33)		(11.78)
Constant	10.6571 ***	10.6185 ***	11.3349 ***	11.3140 ***
	(129.33)	(129.28)	(125.69)	(125.66)
年份	是	是	是	是
省份	是	是	是	是
观测值个数	16672	16672	16672	16672
调整的 R^2	0.85	0.85	0.85	0.85

注：括号中是 t 统计量，***，**，和 * 分别代表在 1%，5% 和 10% 的水平显著。Cross1 = CONTR × STATE × IND，Cross2 = CONTR^2 × STATE × IND

六、结论

随着金融市场的发展，公司间的控制结构变得愈加复杂，单纯的直接控股结构可能并不能反映公司的治理状况，而需要看直接控股结构背后的控制结构。较高的最终控制权既可以起到制约直接控股股东和管理人员行为而降低两类代理成本的作用，也可能会使终极控制人自己采取"隧道攫取"行为而降低公司价值，但关于最终控股权对公司价值影响的研究结论差异较大。我们的研究发现，最终控股权较大时，制约作用才更可能发生，从而最终控股权对公司价值的影响是非线性的，当最终控股权较小时，随着控股权的增加，由于控股股东攫取私利的增加，公司价值会减少；当最终控股权较大时，随着终极控股权的增加，由于最终控制人对股东和管理层攫取私人利益的制约作用增加，公司价值增加。

虽然文献中有对终极控股权性质和政府控制作用的研究，但并没有学者结合政府的激励问题分析政府控制的机制和对不同产业企业的影响。我们发现，在控股权作用的两个阶段中，终极控股权对工业企业的正向作用都大于服务业企业，而这种现象在政府作为最终控制人的时候会更明显。这是因为在财政收入和 GDP 激励下，政府会利用终极控股权的作用和特点，有偏向性地干预和控制不同产业的企业，对工业企业给予了更多支持,最终以最小的成本平衡了两种激励,也以此方式影响着我国的产业结构。本文结合政府干预和激励,分析了政府控股权的作用机制及其形成原因,以及对产业结构的影响,以一个新的视角解释产业结构问题。同时在宏观和政治制度背景下,分析宏观因素在微观企业的作用,更系统清晰地解释了政府激励和干预,企业的股权结构和产业结构的联系。

参考文献

[1] 陈红,杨凌霄. 金字塔股权结构、股权制衡与终极股东侵占 [J]. 投资研究,2012 (3): 101 – 113.

[2] 邓晓岚. 政府控制、政府干预与管理者自利——基于财务困境视角的经验研究 [J]. 南方经济,2011 (12): 54 – 69.

[3] 郭庆旺,贾俊雪. 政府公共资本投资的长期经济增长效应 [J]. 经济研究,2006 (7): 29 – 40.

[4] 刘骏,刘峰. 财政集权、政府控制与企业税负 [J]. 会计研究,2014 (1): 21 – 28.

[5] 刘芍佳,孙霈,刘乃全. 终极产权论、股权结构及公司绩效 [J]. 经济研究,2003 (4): 51 – 73.

[6] 刘星,安灵. 大股东控制、政府控制层级与公司价值创造 [J]. 会计研究,2010 (1): 69 – 79.

[7] 毛世平. 金字塔控制结构与股权制衡效应——基于中国上市公司的实证研究 [J]. 管理世界,2009 (1): 140 – 152.

[8] 沈艺峰,况学文,聂亚娟. 终极控股股东超额控制与现金持有量价值的实证研究 [J]. 南开管理评论,2008,11 (1): 15 – 23.

[9] 唐跃军,左晶晶. 所有权性质、大股东治理与公司创新 [J]. 金融研究,2014 (3): 177 – 192.

[10] 魏卉,吴昊灵,谭伟荣. 终极人控制、管理层激励与股权融资成本 [J]. 经济与管理研究,2012 (11): 37 – 48.

[11] 夏立军,方轶强. 政府控制、治理环境与公司价值 [J]. 经济研究,2005 (5): 40 – 51.

[12] 辛清泉,郑国坚,杨德明. 企业集团、政府控制与投资效率 [J]. 金融研究,2007 (10): 123 – 142.

[13] 叶勇,胡培,黄登仕. 中国上市公司终极控制权及其与东亚、西欧上市公司的比较分析 [J]. 南开管理评论,2005,8 (3): 25 – 31.

[14] 叶勇,胡培,何伟. 上市公司终极控制权、股权结构及公司绩效 [J]. 管理科学,2005 (4): 58 – 64.

[15] 甄红线,张先治,迟国泰. 制度环境、终极控股权对公司绩效的影响 [J]. 金融研究,2015 (12): 162 – 177.

[16] Chen G M, Firth M and Xu L P. Does the Type of Ownership Control Matter? Evidence from China's

Listed Companies. Journal of Banking & Finance, 2009, 33 (1): 171 - 181.

［17］ Claessens S, Djankov S, Lang L. The Separation of Ownership and Control in East Asian Corporations. Journal of financial Economics, 2000, 58 (1): 81 - 112.

［18］ Claessens S, Fan J P. Corporate Governance in Asia: A Survey. International Review of finance, 2002, 3 (2): 71 - 103.

［19］ Fan J P, Wong T J, Zhang T. Institutions and Organizational Structure: the Case of State owned Corporate Pyramids. Journal of Law, Economics, and Organization, 2012, 29 (6): 1217 - 1252.

［20］ Firth M, Fung P M Y, Rui O M. Firm Performance, Governance Structure, and Top Management Turnover in a Transitional Economy. Journal of Management Studies, 2006, 43 (6): 1289 - 1330.

［21］ Gordon R, Li W. Tax structures in developing countries: many puzzles and a possible explanation. Journal of Public Economics, 2009, 93 (7 - 8): 855 - 866.

［22］ La Porta R, Lopez de SilanesF , Shleifer A, Vishny R. Law and Finance. Journal of Political Economy, 1998, 106 (6): 1113 - 1155.

［23］ La Porta R, Lopez de Silanes F, Shleifer A. Corporate Ownership Around the World. Journal of Finance, 1999, (54): 471 - 517.

［24］ Shleifer A. State versus Private Ownership. Journal of Economic Perspectives, 1998, 12 (4): 133 - 150.

［25］ Shirley M, Walsh P. Public Vs Private Ownership: The Current State of theDebate. Working Paper, the World Bank, 2000.

［26］ Sun Q, Tong W H S, Tong J. How Does Government Ownership Affect Firm Performance? Evidence from China's Privatization Experience. Journal of Business Finance & Accounting, 2002, 29 (1): 1 - 27.

［27］ Tian L H, Estrin S. Retained state shareholding in Chinese PLCs: Does Government Ownership Always Reduce Corporate Value? Journal of Comparative Economics, 2008, 36 (1): 74 - 89.

［28］ Wang J W. A Comparison of Shareholder Identity and Governance Mechanisms in the Monitoring of Listed Companies in China. China Economic Review, 2010, 21 (1): 24 - 37.

［29］ Wei Z B, Xie F X, Zhang S R. Ownership Structure and Firm Value in China's Privatized Firms: 1991 - 2001. The Journal of Financial and Quantitative Analysis, 2005, 40 (1): 87 - 108.

Ultimate Control, Government Intervention and Industry Structure

MaLin[1]   He Ping[2]   Wang Kun[2]

(1. *School of Finance and Banking, University of International Business and Economics,*
Beijing 100029, *China*; 2. *School of Economics and Management,*
Tsinghua University, Beijing 100084, *China*)

Abstract: On the one hand, the high ultimate control can restrict the behavior of shareholder and managers and then reduce the two kinds of agency cost; on the other hand, the ultimate controllers can do tunneling themselves and reduce the value of the company. However, there is no certain conclusion about this topic. And there is little research about the special effect of government control considering the government incentive. Our research shows that (1) when the control rights is small, the value of the firm decreases when the control rights increases, while when the control rights is large enough, the value of the firm increases when the control rights increases; (2) the government as a special ultimate controller, will use this mechanism to intervene the firm from different sectors, and then intervene the industry structure, from which they can balance the fiscal and GDP incentive with the smallest cost. We analyzed the effect and mechanism of government intervention on micro firms and macro economy, and then explained the relationship among government incentive, control structure and industry structure.

Keywords: Ultimate control, Government intervention, Government incentive, Industry structure

金融素养与金融满意度[①]

吴卫星　魏晓璇　吴锟[②]

内容摘要： 本文采用清华大学中国金融研究中心 2012 年中国城市居民家庭消费金融调研数据，分析了消费者金融素养与金融满意度之间的关系，同时选取金融建议、金融教育作为调节变量。研究发现：金融满意度随着主观金融素养的提升而增加，金融建议能够显著扩大这一正面影响，金融行为也有一定促进作用，金融教育的作用相对较弱；客观金融素养在双变量分析中与金融满意度呈现正相关关系，但在多元回归分析中为负相关关系。

关键词： 金融素养　金融满意度　分位数回归

中图分类号： F830　**文献标识码：** A

一、引言

近年来，随着金融技术不断发展、投资方向不断多元化，家庭面临的金融环境也比以往更加复杂。人们对自身的金融健康状态越发看重，政府对提高国民金融满意度的研究也势在必行。金融满意度是个人整体满意度的重要组成部分[7]，已有研究关注不同收入度量、家庭特征、家庭金融环境（如持有的资产负债状况）[12]对金融满意度的影响。Xiao 等人研究了金融能力与金融满意度的关系，本文参考其研究思路，运用中国城市居民家庭消费金融调研数据，重点分析金融素养与金融满意度的关系[27]。

已有研究认为，提高国民金融素养是发生金融危机时增强风险防御能力的重要手

---

① 基金项目：国家社会科学基金（16ZDA033）。

② 作者简介：吴卫星，对外经济贸易大学金融学院，教授，博士生导师，研究方向：家庭金融，金融工程；魏晓璇，对外经济贸易大学金融学院硕士研究生，研究方向：家庭金融；吴锟，对外经济贸易大学金融学院博士研究生，研究方向：家庭金融。

段。虽然危机爆发的原因非常复杂，但消费者缺乏必要的金融素养是根本原因①。因此，对金融素养的研究有助于为政策制定者提供理论和实证依据。金融素养通常被认为是一种与消费有关的专业知识和能力，这种专业能力有助于个人更好地管理自己的财富及人力资本[27]。本文的创新点在于从另一个角度分析金融素养对投资者的影响，即金融素养是否可以提高投资者的金融满意度，并从金融建议、金融教育、金融行为三个角度分析这三个指标能否扩大金融素养对金融满意度的影响。运用分位数回归方法发现主观金融素养与金融满意度之间存在正相关的关系，以及金融建议对金融满意度有显著地促进作用，但金融教育只对高分位点满意度的样本有促进作用。

本文剩余部分的结构安排如下：第二部分是金融素养、金融满意度的相关文献综述；第三部分是数据的描述性统计，以及对重要变量的量化说明；第四部分是双变量分析以及多变量回归分析；最后针对研究结果提出政策建议。

二、文献综述

（一）金融素养及其度量

金融素养是个人对金融知识的理解以及运用这些知识的能力。Atkinson 和 Messy 将金融素养定义为个人意识、知识、技能、态度、行为的组合，这种组合可以使投资者作出稳健的金融决策，最大化个人的金融幸福水平[6]。

近年来大量研究表明金融素养对家庭投资行为有显著影响。传统的宏观模型认为消费者是理性的、信息充分的，因此能够作出最优决策并在一生的储蓄与消费中平滑个人边际效用。然而这些模型的前提假设是消费者能够准确地制订并执行财富管理计划，这就需要消费者具有对复杂经济问题的计算能力以及对金融市场丰富的实战经验。然而近年来对金融素养的调查结果却显示，投资者对金融知识储备量不足，认知水平较低。过去，家庭参与金融市场的方式有限，退休计划也由政府制订，因此人们并不关心投资计划，对投资风险也没有深入的了解。随着金融基础的发展，消费者的金融投资选择不断增加，金融市场准入门槛不断降低，储蓄、投资、退休金管理日益成为个人投资者需要面对的问题。虽然关于教育经济学的研究很早就已经开始，但是对于人们如何提高金融素养以及金融素养对投资行为的影响研究在美国次贷危机爆发后才逐渐成为一个重要的研究命题，金融知识、储蓄与投资行为之间的关系研究随即发展起来[18]。

已有研究显示金融素养是影响家庭投资决策的一个重要因素。在资本市场中，金融素养高的家庭参与股票市场进行有效投资的可能性更大[9]。随着金融知识的增加，家庭

---

① President's Advisory Committee on Financial Literacy (PACFL) (2008). Annual Report to the President: Executive Summary. www. ustreas. gov/offices/domestic - finance/financial - institution/fineducation/council/exec_sum. pdf.

参与金融市场，尤其是股票市场投资的比重也随之增加[2]。Van Rooij 等人应用荷兰中央银行居民调查（DHS）数据对此问题进行分析，结果表明金融素养提高了个人参与股市的可能性，并促使个人在股权溢价中受益[25]。金融素养高的投资者喜好复杂的或享受税收优惠政策的理财产品，诸如股票和个人退休账户[19]。而金融素养水平低的投资者，在作出金融行为前往往过度依赖亲戚和朋友的建议。更重要的是，他们甚至不会投资于类似股票的复杂理财产品[24]。曾志耕等（2015）的研究发现较低的金融知识水平是导致中国家庭资产投资多样化不足的重要原因之一[4]。

缺乏金融素养的代价不仅出现在储蓄和投资领域，它同时也影响到消费者的债务管理。Campbell 指出，金融素养低的家庭在利率下降期间，由于没有意识到对住房抵押贷款进行再融资，导致每年多支出 500 亿美元到 1000 亿美元的利息。尹志超等发现金融知识的增加可以帮助家庭改善借款渠道偏好，提高对正规信贷方式的选择并随之促进家庭自主创业[3]。

在量化投资者金融素养时，通常有两种方式：一种是被调查人的主观判断，如评价自己对某一方面知识的了解程度；另一种是与技能测试相关，主要是通过考察受访者对客观知识的掌握程度，即关于回答金融知识测试问题的正确率。Lusardi 和 Mitchell 设计了三个与此有关的问题，在美国和欧洲一些国家展开了问卷调查。结果表明只有一半的人正确回答出前两个问题，只有三分之一的人能全部答对三个问题[20]。之后的调查推广到青年人以及各个年龄段的人，但结果都显示出较低的金融素养[21]，即使题目选项改为二选一，关于风险分散化的正确率依然很低[22]。

对金融建议的研究发现，金融素养水平更高的人更可能向理财顾问咨询，而金融素养水平较低的人群则更倾向于自我决定[8]。Lusardi 和 Mitchell 发现正确回答出三个问题的人在制订退休计划时倾向于正规途径（参加研讨班；使用计算器、工作表；咨询专业人士），而仅仅与家人朋友同事讨论的投资者表现出更低的正确率[19]。理财顾问的客户集中在富人和老年人，而不是穷人和知识水平不足的人群[14]，说明人们对金融建议的需求可能只是一个锦上添花而不是作为对个人金融素养不足的替代品。GAUDECKER 的研究认为金融建议能够显著弥补金融素养不足带来的投资决策失误[13]。

（二）金融满意度

金融满意度通常是投资者对自身的主观评价，与个体的主观幸福感有关。金融满意度可以被解释为人的幸福感的重要组成部分，它描述了一种健康、快乐、不为财务状况担心的生活状态[26]。这种理想状态的实现取决于个体投资者对物质（客观）和非物质（主观）的财务状况的满意程度。金融满意度既可以用单一指标衡量也可以用多指标衡量。单一指标为直接衡量指标，通常由一个类似于"你对自己的财务状况有多满意"的问题刻画或"从金融方面考虑，你的生活舒适度如何"，回答的方式包括用李克特量表量化个人生活水平，或用一个 10 分制的阶梯选项来衡量。多指标的间接测度方式包括几类影响个人金融满意度的关键成分，包括对生活水平的满意程度、金融安全度、收入满意度、债务水平等[11]。

已有研究验证了收入及其他因素对金融满意度的影响。其中 Hsieh 用美国 GSS 数据验证了老年人收入和金融满意度的关系，发现不同的收入定义对满意度的影响不同[17]。Vera-Toscano 等人对西班牙家庭的研究发现，不仅是收入水平，人们对收入的预期同样会影响金融满意度[26]。Grable 等人的研究进一步得出投资者对现有收入是否足够的评估与其金融满意度显著正相关[15]。Hansen 等人对挪威数据的分析发现，个人的金融现状，包括资产负债水平与金融满意度相关[16]。对转型经济体阿尔巴尼亚的研究表明，在非正规部门工作的员工满意度低于在正规部门工作的员工[12]。

（三）金融素养与金融满意度

若投资者的金融素养能够使其有能力管理好自己的经济资源，提升金融幸福度（Financial Well-being），那么金融素养与金融满意度就应该是正相关的。因此本文认为，若金融素养与金融满意度正相关，那么金融素养作为一种能力指标，它对金融满意度的正效应一定与其他金融行为有关。这里，金融素养对金融满意度的影响被分配到个体投资者对金融的整体把握，包括其金融知识储备、金融建议获取、金融行为状态以及个人态度与自信心。主观、客观两种金融素养对金融行为的影响是不同的[12]，Robb 和 Woodyard 以及 Xiao 等人的研究发现两种测度均对金融行为有正向影响但程度不同[28]。因此，不同的金融知识测度对金融满意度的影响应分别给予分析。Xiao 等人的结果显示主观金融素养对满意度有正向影响，而客观金融素养对满意度的正向影响只在双变量回归中显著，在多变量回归中不显著[27]。

综上，金融素养对金融满意度的影响是与个人金融行为相关联的。本文使用中国城市居民家庭消费金融调研数据，以金融满意度为被解释变量，以金融素养为主要解释变量，选取金融建议、金融教育这两个与金融素养显著相关的因素作为调节变量，结合其他金融行为等控制变量探究金融素养与金融满意度的关系以及调节变量的作用，并给出相应的政策建议。

三、数据及描述性统计

（一）数据

本文的数据来自清华大学中国金融研究中心 2012 年中国城市居民家庭消费金融调研。本次调研涉及城市居民家庭金融的基本情况，涵盖人口统计学和社会经济学，本文从问卷提取出描述家庭金融满意度、金融素养、金融教育、金融建议以及其他金融行为的相关问题用于研究，所有数据均可从清华大学中国金融研究中心官方网站申请。有效样本均来自 25 岁以上的家庭经济活动主要参与者，问卷中自相矛盾的回答将视为无效

（如填写了家庭的股票资产数目，但在之后却回答不持有股票的，则视为前后矛盾），最终有效样本为 3122 个①。

（二）变量

本文的被解释变量为金融满意度，由两个不同维度的问题刻画，包括对满意度的打分 1—10，以及对收入、股票、负债的满意度打分。

本文的一个主要考察变量为金融素养，按照前文所述分为主观金融素养与客观金融素养。其中主观金融素养要求受访者对储蓄方式的利率差异、贷款产品、投资方式以及保险产品的了解程度打分。客观金融素养由九个问题的得分情况决定：

1. 哪个银行对金融体系负有管理职能：（a）中国银行，（b）中国工商银行，（c）中国人民银行，（d）中国建设银行，（e）不知道；

2. 如果降低商业银行的存款准备金率，您认为整个经济中的货币量会：（a）减少，（b）增加，（c）不知道；

3. 分散化投资能降低风险吗：（a）是，（b）否，（c）不知道；

4. 如果你持有了某公司股票，那么：（a）无论短期持有，还是长期持有，你实际上都是把钱借给了公司，（b）无论短期持有，还是长期持有，你实际上都是公司的股东，（c）长期持有的时候，是公司的股东，短期持有，实际上是把钱借给了公司，（d）不知道；

5. 如果利率下降了，您认为债券的价格将会：（a）下降，（b）上升，（c）不知道；

6. 银行的营业网点人民币兑美元的外汇报价显示为：6.3215—6.3220 元/美元：您认为哪个数字指的是美元的买入价：（a）6.3215，（b）6.3220，（c）不知道；

7. 以下哪种保险对被保险人终身负责，直到死亡为止，无论何时发生身故，被保险人将获得 100% 的赔付率？（a）定期寿险，（b）终身寿险，（c）不知道；

8. 下列意外伤害保险，当保险事故发生时，那个是按照保险金额的一定百分比给付？（a）死亡保险，（b）残疾保险，（c）不知道；

9. 普通的医疗保险，免赔额度越高，所要缴纳的保费（a）越多，（b）越少，（c）不变，（d）不知道。在实证研究中，一个简易的处理方法是将被调查者的每题得分加总作为计量指标[27]，本文选用该方法。

本文使用的调节变量主要刻画了被调查者的对金融的整体把握能力，包括其金融行为、金融教育、获取金融建议的途径。其中金融行为的指标包括理财规划、发现和把握投资机会的能力、投资的回报率、信用记录以及退休养老保障。金融教育指标包括是否学习过经济、金融类专业知识，家庭在金融教育上的投入占月收入比重以及每周在金融

---

① 2012 年消费金融调研问卷下载链接：http：//119.90.25.25/cms.sem.tsinghua.edu.cn/semcms/res_ base/semcms_ com_ www/upload/article/image/2013_ 4/12_ 17/851bhpaexc75.pdf。

知识方面的学习所花时间。金融建议指标分为向理财顾问寻求建议或向家人同事朋友寻求建议，以及不寻求建议三类。

表1　　　　　　　　　　　　　　控制变量描述性统计

类别	比例	类别	比例
性别		家庭收入（月）	
男性	71.0%	小于6000元	30.6%
女性	29.0%	6001—15000元	46.9%
年龄		大于15000元	22.5%
25—34	58.0%	收入稳定性	
35—64	41.8%	1—3 稳定	30.0%
65 +	0.2%	4—7 中等	42.6%
婚姻状况		8—10 不稳定	27.4%
已婚	84.0%	投资活动（多选）	
未婚	14.8%	股票	40.6%
离异或其他	1.3%	基金	38.7%
有无子女		债券	20.2%
有	43.9%	储蓄性保险	55.2%
无	56.1%	外汇	4.1%
受教育程度		其他	87.9%
初中及以下	1.5%	负债情况（多选）	
高中/中专/技校	10.8%	使用住房贷款	50.0%
大学本科/大专	76.0%	使用汽车贷款	32.6%
硕士以上	11.7%	信用卡等短期消费信贷	70.3%

数据来源：2012年中国城市居民家庭消费金融调研数据。①

（三）描述性统计

本文将首先提取金融满意度（FS）、金融素养（FLo、FLs）两个重要的综合变量。在初步分析中，应用双变量分析探讨两类金融素养、金融建议（FA1、FA2）、金融行为（FB）、金融教育（FE）与金融满意度两两之间的关系。在假设检验中，运用OLS回归模型、分位数回归模型分析金融素养对金融满意度的影响。

从表1统计数据中可以看出，71%的受访者为男性，58.0%的受访者的年龄在25岁至34岁，65岁以上的受访者比较少。84%的受访者已婚，不到一半（43.9%）的受访者有子女，76%的受访者受教育程度为大学本科/专科，另有11.7%的受访者为硕士以上。收入水平低中高分布相对均匀，30.0%的受访者收入稳定性较好。

从投资行为来看，样本中有40.6%的受访者持有股票，38.7%的受访者投资于基金，20.2%的受访者投资于债券，55.2%的受访者投资于储蓄性保险，4.1%的受访者投

---

　　① 特别说明：本文图形与表格所用数据均来自清华大学中国金融研究中心2012年中国城市居民家庭消费金融调研数据，不再一一标明。

资于外汇。从负债情况来看，50%的受访者有住房贷款，32.6%的受访者有汽车贷款，70.3%的受访者有信用卡等短期消费信贷。

表2 金融满意度描述性统计

Variable	Mean	Std. Dev.	Min	Max
FS1〔满意度，今年（2012年）〕	6.629725	2.175124	1	10
FS2（满意度，去年）	6.519872	2.218778	1	10
FS3（收入满意度）	3.618788	0.726511	1	5
FS4（股票满意度）	0.498719	0.500079	0	1
FS5（负债满意度）	3.32319	0.924393	1	5
FS（金融满意度综合指标）	2.902212	1.31969	0.8	4.4
stdFS（以FS3，FS4，FS5计算的标准化金融满意度）	9.24e−08	1	−3.86	2.53

作为本文研究的被解释变量，对于金融满意度的刻画分为直接和间接两种测度。直接测度要求受访者对满意度进行打分，FS1、FS2分别对应受访者对今年（2012年）和去年的满意度评分：2012年的满意度较2011年略有上升；而间接测度从收入满意度、股票满意度、负债满意度三个方面刻画了金融满意度。统计结果显示只有股票满意度的平均值没有过半。

表3 主观金融素养描述性统计

Variable	Mean	Std. Dev.	Min	Max
FLs1	2.774183	0.812392	1	5
FLs2	2.850043	0.570605	1	5
FLs3	3.132864	0.694319	1.2	5
FLs4	2.925691	0.388934	1.667	4.167
FLs	2.9207	0.416041	1.675	4.5

结合以上五个指标，本文计算了两个综合指标，其中金融满意度综合指标为以上五个指标的加权平均数，本文赋予FS1、FS2以10%的权重，FS3、FS5以20%的权重，FS4以40%的权重。在进行回归分析时将使用金融满意度综合指标。而在进行双变量回归分析时，用于描述金融满意度的变量为标准化金融满意度：即将FS3、FS4、FS5数据标准化后加和的指标。用间接测度的一个好处是避免了受访者对于主观问题的回答夹杂了除金融状态外的其他因素。因此在双变量分析时，除主观金融素养外，其他变量与金融满意度的分析使用标准化金融满意度更为准确。而在进行多变量分析时，由于控制变量中加入了可能影响金融满意度主观判断的其他因素，因此使用金融满意度综合指标比较准确。

表3描述了主观金融素养指标，FLs1—FLs4分别代表被调查者对个人或其家庭的储蓄利率、贷款产品、投资方式、保险产品的了解程度，1为不了解，5为非常了解。受访者认为其对投资方式的了解程度最佳，达到了3.132864；自评得分最低的是"对各种

储蓄方式的利率差异"，为 2.774183。FLs 为计算的主观金融素养综合变量，即上述四个问题的加权平均值，也是变量分析中主观金融素养的唯一代理指标。

表 4 描述了客观金融素养指标，正如前文所述，客观金融素养水平是基于受访者对一系列简单金融测试的回答正确率测度的。测试题 Q1—Q9 对应 9 道与金融知识相关的问题，涵盖银行职能、货币政策工具、投资分散化、利率、外汇、股票保险等多方面，均为单项选择。答对得 1 分，答错或不答为 0 分，满分 9 分。在满分为 9 的前提下，客观金融素养得分的平均值为 4.72，中值为 5。说明较多受访者（比例接近 21%）在 9 道测试题中成功回答对了 5 道。

表4　　　　　　　　　　　客观金融素养描述性统计

	Q1	Q2	Q3	Q4	Q5	Q6	Q7	Q8	Q9
答对人数	1623	1631	2444	1250	1559	1522	2490	1638	568
答错或不知道	1499	1491	678	1872	1563	1600	632	1484	2554
正确率（%）	52.0	52.2	78.3	40.0	49.9	48.8	79.8	52.5	18.2
FLo 得分	0	1	2	3	4	5	6	7	8	9
人数	46	89	223	412	589	652	585	392	122	12
百分比	1.47	2.85	7.14	13.20	18.87	20.88	18.74	12.56	3.91	0.38

表5　　　　　　　　　　　金融建议与金融教育描述性统计

FA 寻求金融建议	70.1%
其中：	
FA1 仅向理财顾问寻求建议	23.8%（样本量：521）
FA2 仅向家人同事或朋友寻求建议	39.7%（样本量：870）
FE1 学习过经济类知识	67.1%
FE2 学习过金融类知识	53.2%
FE3 家庭在金融教育上的投入占家庭月收入比重	
没有	19.5%
小于 5%	46.9%
大于 5%	33.6%
FE4 每周在金融知识方面学习所花时间	
小于 1 小时	40.2%
1—2 小时	39.6%
大于 2 小时	20.2%

正确率最低的为第九道题，只有不到五分之一的受访者回答正确，对于医疗保险免赔额的认知普遍较缺乏，而同样关于保险的两个问题，正确率分别为 52.5%（Q8）和 79.8%（Q7）。正确率第二低的为第四题，对于购买股票即成为公司股东概念大多数人不清楚。正确率没有过半的问题还包括第五题与第六题，其中第五题是关于利率下降对债券的价格影响的判断，只有大约一半（49.9%）的受访者正确回答出了反向关系，而第六题对外汇买入价卖出价的判断，同样只有 48.8% 的受访者正确回答出较低的报价对

应银行的外汇买入价。第一题和第二题的正确率稍稍过半，表明受访者对于中国人民银行对金融体系负有管理职能，以及货币量会随着商业银行存款准备金率的降低而增加这两个事实的认知也只达到了二分之一。大多数人正确回答出了第三题和第七题两道问题，分别是关于分散化投资能降低风险，以及终身寿险的问题。客观金融素养的最终代理指标为 FLo 得分，即每位受访者得分加总。

表 5 描述了金融建议和金融教育这两个调节变量，70%的受访者会向金融顾问、家人及朋友寻求金融建议。为了区分金融建议的来源，本文参考 GAUDECKER 拆分两类不重叠的金融建议统计量[13]，仅求助于投资顾问或仅求助于家人同事或朋友。在寻求建议的人中，有 23.8%的受访者仅向理财顾问寻求建议而不向家人朋友寻求建议，另外有39.7%的受访者仅向家人同事或朋友寻求建议，没有咨询理财顾问。

表 6   其他金融行为描述性统计

金融行为	比率		
FB1（理财规划）	64.6%（有）		
FB2（投资能力）	31.6%（提高）		
FB3（投资回报率）	31.9%（提高）	31.1%（不变）	37.0%（下降）
FB4（信用记录）	62.2%（非常重要）	33.0%（比较重要）	4.7%（一般）
FB5（养老保障）	73.7%（持有 1 个或 2 个）	26.3%（持有 3 个或 4 个）	

金融教育由四个问题刻画，统计结果显示，67.1%的受访者学习过经济类知识，53.2%的受访者学习过金融类知识。46.9%的家庭有小于 5%的金融教育投资，40.2%的家庭每周会花费不到一小时的时间用于金融知识的学习。最终的金融教育指标 FE 为四个问题得分的加总。

表 6 是关于其他金融行为的描述性统计，从统计结果来看，参与理财规划的受访者占总样本的 64.6%；31.6%的受访者认为其发现和把握投资机会的能力在逐步提升；31.9%的受访者在股票、基金、债券等金融产品上投资回报率逐渐提高；62.2%的受访者认为信用记录非常重要；在养老保障中，受访者持有保障个数的中位数为 2，表示大多数受访者在四类养老保障中一般会持有两个。

四、结果

（一）双变量分析

1. 金融满意度双变量分析。金融满意度双变量分析的方法是从样本中抽取不同类别的数据，从金融满意度在不同子样本中体现出的差距分析金融素养、金融建议、金融教育对满意度产生的联合影响。

表 7 中的数值为金融满意度算术平均值，可以发现，金融满意度水平最低的组合为

主观金融素养小于中位数且向不寻求任何金融建议的样本（金融满意度2.71）。其次，无论是哪种金融建议类型，无论金融教育水平是处在较低水平（得分最低的10%）还是较高水平（得分最高的10%），一个较高的主观金融素养（大于中位数2.9）均能带来一个较高的金融满意度。如对于向理财顾问寻求建议的样本中，主观金融素养处在中位数水平之下的样本的金融满意度算术平均值为2.87，而主观金融素养处在中位数水平之上的样本的金融满意度算术平均值为3.12。再次，金融素养小于中位数时，金融满意度在第一类金融建议和无建议两组之间的差异是0.16（2.87－2.71），而金融素养大于中位数时，金融满意度在第一类金融建议和无建议两组之间的差异缩小至0.05（3.12－3.07），说明对于主观金融素养处于中位数以下的样本来说，寻求理财顾问对其提升金融满意度的帮助更大。初步的推测是向投资顾问寻求建议能更好地弥补由于主观金融素养较低带来的满意度损失，因此在金融素养较低水平下，第一类金融建议使得金融满意度水平上升，而在金融素养较高水平上这种提升的幅度有所下降。这与前文所说的金融建议通过影响金融素养进而影响金融满意度水平的论断相符。第二类金融建议与无建议相比金融满意度的提升并不明显。纵向观察不难得出，在相同的金融素养水平下，向理财顾问寻求建议的样本的金融满意度要高于向家人同事及朋友寻求建议的金融满意度。

表7中的最后两行解释了金融教育与金融素养对金融满意度的影响。金融满意度水平最低的组合为主观金融素养小于中位数且金融教育投入处于最低水平的样本。在主观金融素养较低的分组中，金融教育水平的差异导致的金融满意度差异为0.06（2.80－2.74），而主观金融素养较高的样本中，金融教育水平不同导致的金融满意度差异缩小为－0.01（3.03－3.04）。初步的推测是金融教育同样可以在一定程度上弥补由于主观金融素养较低带来的满意度损失。但是一个与常识不符的结果是，在主观金融素养处于较高水平的样本中，较高金融教育得分组的金融满意度低于较低得分组，这或许是由于除了金融教育外的其他一些原因，如金融行为、金融建议影响了分析结果，或者是由于较高的金融素养使得教育投入对金融满意度的提高并不明显，从下一小节的回归分析中可以看到金融教育的积极影响是显著的。

表7　　　　　　　　　　　　主观金融素养与金融满意度

两类金融建议 金融教育水平	FLs < median (2.9)		FLs ≥ median (2.9)	
	Mean	(S. E.)	Mean	(S. E.)
FA1	2.87	0.60	3.12	0.59
FA2	2.72	0.63	3.09	0.60
无 FA	2.71	0.62	3.07	0.61
stdFE (< p10)	2.74	0.62	3.04	0.61
stdFE (> p90)	2.80	0.59	3.03	0.60

表8与表7的不同点有二，其一是金融素养变为了客观金融素养，其二是金融满意

度变为了标准化金融满意度算数平均值。金融满意度水平最低的组合为客观金融素养小于中位数且金融教育投入处于最低水平的样本。不同来源的金融建议也与之前一样通过对客观金融素养产生影响进而影响金融满意度。但从表中得出第二种金融素养产生的效果并没有比无建议更好，在金融素养水平极高的情况中，无建议的满意度反而更高。纵向观察发现，在相同的金融素养水平下，向理财顾问寻求建议的样本的金融满意度要高于向家人同事及朋友寻求建议的金融满意度。这可能与寻求建议后投资结果有关，GAUDECKER (2015)[13]的研究表明客观金融素养小于中位数且向家人朋友寻求金融建议的组合由于分散化不足导致的投资损失最大。

表8   客观金融素养与金融满意度

| 两类金融建议 | FLo < median（5） | | FLo ≥ median（5） | |
金融教育水平	Mean	（S. E.）	Mean	（S. E.）
FA1	0. 13	0. 92	0. 18	0. 91
FA2	− 0. 12	0. 96	0. 02	0. 90
无 FA	− 0. 13	0. 94	0. 05	0. 91
stdFE （< p10）	− 0. 43	1. 04	− 0. 19	0. 95
stdFE （> p90）	0. 47	1. 02	0. 54	0. 98

2. 金融满意度与金融建议、金融教育双变量分析。图1横坐标轴为标准化金融满意度，纵坐标为是否向理财顾问寻求金融建议。可以发现，随着金融满意度的上升，寻求建议的样本百分比在逐渐上升，反之不寻求建议的样本百分比在下降。金融建议与金融满意度呈现明显的正向关系。但在金融满意度水平最高的31个样本中，情况出现了反转，在末尾处形成倒 U 形。从图1中可以看出，金融满意度最高的样本具有最好的金融教育水平，这也许是导致这部分受访者在不寻求理财顾问建议的情况下依然满意度较高的一个原因。

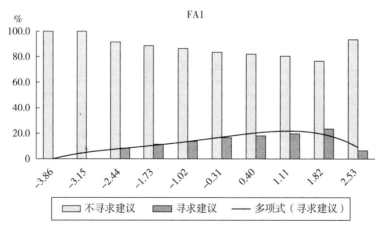

图1   金融满意度与金融建议（理财顾问）

图 2 横坐标轴为标准化金融,纵坐标为是否向家人同事及朋友寻求金融建议。在满意度最低的样本中没有人寻求建议,在满意度较低和较高水平上,寻求建议的百分比均比较小,反而在满意度水平中等的区间里寻求建议的百分比比较高,呈现比较明显的倒U形。初步判断寻求家人同事及朋友的建议对金融满意度的影响不如寻求理财顾问明显,只能对少数的投资者起到正向作用。

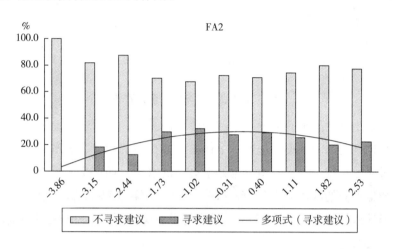

图 2　金融满意度与金融建议（家人朋友同事）

图 3 横坐标轴标准化金融满意度,纵坐标轴为标准化金融教育指标。从中可以看出,在金融满意度处于较低水平时,金融教育的得分也处于较低水平;而随着金融满意度水平由最小值 −3.86 向 0 均值逐渐提高,金融教育得分也呈现整体向右上方移动的倾向,这一倾向随着金融满意度大于均值而不再明显,说明金融教育与低水平的金融满意度呈现出更明显的正相关关系。

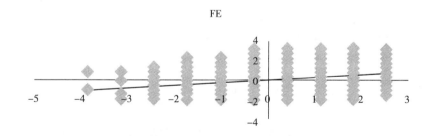

图 3　金融满意度与金融教育的关系

3. 金融满意度与金融素养双变量分析。图 4 中横坐标为客观金融素养得分,分别计算每个得分情况下对应的标准化金融满意度平均值。随着客观金融素养得分的提升,金融满意度水平出现了明显的增加。客观金融素养从 0 分到 1 分,以及从 8 分到 9 分均导致金融满意度有一个大幅跳跃式的增长。说明客观金融素养的提高确实能够增加金融满意度,且在客观金融素养极端情况下表现得更加明显。

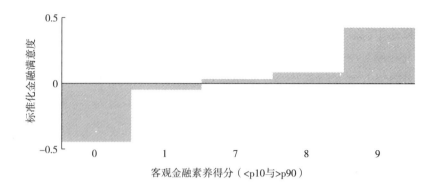

图4　金融满意度与客观金融素养

图5描述了主观金融素养得分与金融满意度的关系，随着主观金融素养的提升，金融满意度水平也随之上升。图形呈现一个往右上方扩散的趋势，表示在金融满意度的较高水平上，对应的主观金融素养得分也处于更高的水平。如在金融满意度最好的一组样本中，主观金融素养的取值介于2.45—4.45之间，而在金融满意度最低的一组样本中，主观金融素养的取值则介于1.8—2.6之间。说明主观金融素养与金融满意度呈现出比较明显的正相关关系。

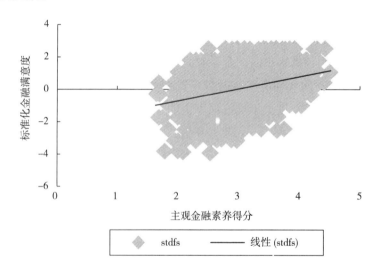

图5　金融满意度与主观金融素养

图6描述了主观金融素养与客观金融素养之间的关系，前者为心理认知，后者为客观事实。主观、客观的金融素养呈现正向关系，投资者对自己的金融素养水平的认知是符合真实情况的。在客观金融素养较低水平上（0—4分），随着客观金融素养的提升，主观金融素养认知的提升十分明显，这种快速的增长随着客观金融素养得分越来越高而降低，说明当人们的金融素养从无到有时，心里的认知十分明显，当具备一定的金融知识后，在增加更多的知识储备所带来的自我认知增加没有早期强烈。

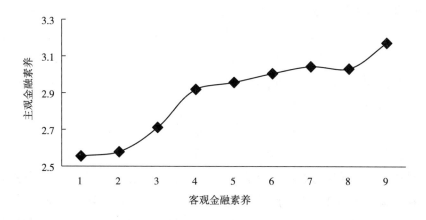

图6 客观金融素养与主观金融素养

从表9中可以看出，寻求理财顾问金融建议且金融教育水平与金融行为水平均处于平均值之上的样本平均而言有更高的主观、客观金融素养水平。

表9 金融建议、金融教育、金融行为与主观、客观金融素养

	FA1 = =0 &FE <6. 27 &FB <4. 41	FA1 = =1 &FE >6. 27 &FB >4. 41
FLo	4. 2	5
FLs	2. 7	3. 2

（二）多变量回归分析

本文对于金融满意度做了一系列回归分析，包括 OLS 回归分析和分位数回归，被解释变量为金融满意度综合指标，主要解释变量为主观金融素养或客观金融素养及其与金融建议、金融教育、金融行为的交叉项以及其他控制变量。

回归方程如下：

$$FS = \beta_0 \times CONTROL$$

$$FS = \beta_0 \times FL_0 + \beta_1 \times FL_0 \times FA_1 + \beta_2 \times FL_0 \times FA_2 \qquad (1)$$

$$+ \beta_3 \times FL_0 \times FE + \beta_4 \times FL_0 \times FB + \beta_4 \times CONTROL \qquad (2)$$

$$FS = \beta_1 \times FL_0 \times FA_1 + \beta_2 \times FL_0 \times FA_2$$

$$+ \beta_3 \times FL_0 \times FE + \beta_4 \times FL_0 \times FB + \beta_4 \times CONTROL \qquad (3)$$

$$FS = \beta_0 \times FL_s + \beta_1 \times FL_s \times FA_1 + \beta_2 \times FL_s \times FA_2$$

$$+ \beta_3 \times FL_s \times FE + \beta_4 \times FL_s \times FB + \beta_4 \times CONTROL \qquad (4)$$

$$FS = \beta_1 \times FL_s \times FA_1 + \beta_2 \times FL_s \times FA_2 + \beta_3 \times FL_s \times FE$$

$$+ \beta_4 \times FL_s \times FB + \beta_4 \times CONTROL \qquad (5)$$

$$FS = \beta_0 \times FL_0 + \beta_1 \times FA_1 + \beta_2 \times FA_2 + \beta_3 \times FL_s$$

$$+ \beta_4 \times FB + \beta_5 \times FE + \beta_6 \times CONTROL \qquad (6)$$

其中，FL_0 为客观金融素养，FL_s 为主观金融素养，FA_1 为第一类金融建议，FA_2 为第二类金融建议，FE 为金融教育投入，FB 为金融行为。在回归结果中，FLoa 为 FLo 与 FA1 的交互项，FLoa2 为 FLo 与 FA2 的交互项，FLob 为 FLo 与 FB 的交互项，FLoe 为 FLo 与 FE 的交互项，FLs 同理。随着金融素养等解释变量的加入，回归方程的 R^2 均显著提高，所有回归均通过 F 检验、怀特异方差检验。

1. OLS 回归分析。表 10 的模型一中大多数控制变量均显著，但比较重要的性别、婚姻状况并不显著，这可能是与样本中男性占比 71%、已婚占比 84% 有关。女性和未婚人群的样本量比较小，无法对被解释变量产生正面或负面的影响。汽车贷款的系数同样不显著，但在 Xiao 等人（2013）的回归中是非常显著的，这与中美汽车贷款行业的差别有关，中国汽车贷款起步较晚，贷款者通常可以享受长达一年的免息期，这就使得汽车贷款与否对于家庭负债的增加并不明显，而美国汽车贷款支付（包括融资租赁在内）是大多数家庭负债的重要来源，所以是否进行汽车贷款对一个家庭的支出而言影响很大。其他控制变量的结果显示，年龄小于 35 岁的受访者比年龄大于 35 岁的受访者有更高的金融满意度，有子女的家庭的金融满意度高于没有子女的家庭，这一情况也与美国相反。受教育程度为高中及以下会降低受访者的金融满意度；低收入水平（小于 6000）的系数为负，高收入水平（大于 15000）的系数为正，说明收入与金融满意度正相关。同时，有不同投资的家庭金融满意度也较高。

表 10 　　　　　　　　　　　　　金融满意度 OLS 回归结果

	(1)	(2)	(3)	(4)	(5)	(6)
	FS	FS	FS	FS	FS	FS
ages	0.109 ***	0.103 ***	0.114 ***	0.103 ***	0.0998 ***	0.1000 ***
	(4.69)	(4.50)	(4.97)	(4.66)	(4.48)	(4.50)
male	−0.0333	−0.0315	−0.0370	−0.0453 *	−0.0402	−0.0419
	(−1.43)	(−1.37)	(−1.60)	(−2.04)	(−1.80)	(−1.88)
married	0.0181	0.0257	0.0230	0.0167	0.0210	0.0129
	(0.57)	(0.82)	(0.73)	(0.55)	(0.69)	(0.43)
children	0.0719 **	0.0544 *	0.0609 *	0.0346	0.0383	0.0367
	(2.68)	(2.06)	(2.29)	(1.35)	(1.48)	(1.43)
hsl	−0.101 **	−0.0815 *	−0.0739 *	−0.0352	−0.0474	−0.0372
	(−3.00)	(−2.45)	(−2.21)	(−1.09)	(−1.46)	(−1.15)
incomes	−0.233 ***	−0.207 ***	−0.216 ***	−0.179 ***	−0.181 ***	−0.178 ***
	(−8.57)	(−7.73)	(−8.02)	(−6.88)	(−6.91)	(−6.85)
incomeb	0.168 ***	0.150 ***	0.161 ***	0.117 ***	0.121 ***	0.117 ***
	(5.46)	(4.95)	(5.27)	(3.96)	(4.08)	(3.97)
invest	0.144 ***	0.0607 *	0.0906 ***	0.00547	0.00448	0.00323
	(5.93)	(2.42)	(3.61)	(0.22)	(0.18)	(0.13)

续表

	（1）	（2）	（3）	（4）	（5）	（6）
	FS	FS	FS	FS	FS	FS
mortgage	0.0772 ***	0.0595 **	0.0663 **	0.0576 **	0.0542 **	0.0577 **
	(3.54)	(2.78)	(3.07)	(2.77)	(2.59)	(2.78)
autoloan	0.0393	0.0348	0.0362	0.0178	0.0262	0.0162
	(1.62)	(1.46)	(1.50)	(0.77)	(1.13)	(0.70)
creditcard	−0.0856 **	−0.0801 **	−0.0824 **	−0.0736 **	−0.0756 **	−0.0748 **
	(−3.18)	(−3.03)	(−3.09)	(−2.86)	(−2.93)	(−2.92)
FLo		−0.0833 ***				−0.0149 *
		(−7.87)				(−2.51)
FLoa		0.0174 **	0.0120 *			
		(3.08)	(2.12)			
FLoa2		−0.00499	−0.0135 **			
		(−1.04)	(−2.86)			
FLoe		0.00741 ***	0.00275 **			
		(6.66)	(2.88)			
FLob		0.00924 ***	0.00414 ***			
		(6.80)	(3.43)			
FLs				0.202 ***		0.339 ***
				(5.79)		(12.07)
FLsa				0.0312 ***	0.0351 ***	
				(3.33)	(3.74)	
FLsa2				−0.00359	0.000729	
				(−0.45)	(0.09)	
FLse				0.0103 ***	0.0149 ***	
				(5.57)	(8.97)	
FLsb				0.0124 ***	0.0175 ***	
				(5.43)	(8.24)	
FA1						0.0990 ***
						(3.52)
FA2						−0.00472
						(−0.20)
FE						0.0301 ***
						(5.47)
FB						0.0408 ***
						(6.01)

续表

	（1）	（2）	（3）	（4）	（5）	（6）
	FS	FS	FS	FS	FS	FS
_cons	2.768***	2.794***	2.640***	1.935***	2.361***	1.591***
	(56.52)	(50.75)	(50.82)	(21.35)	(44.23)	(18.15)
N	3122	3122	3122	3122	3122	3122
R^2	0.1386	0.1751	0.1586	0.2210	0.2126	0.2231

注：（1）括号内为 t 统计量；（2）*表示 p < 0.05，**表示 p < 0.01，***表示 p < 0.001。

另一个与美国数据相反的结果是，有住房贷款的家庭金融满意度高于没有住房贷款的家庭，原因之一是中国的房地产多年以来一直处于明显增值的状态，使得持有住房贷款的人群同样受益于房产增值所带来的好处，即当持有者有大额资金需求时，可以通过变卖房屋满足，而基本不必担心房屋出现大幅贬值。实证研究同样发现，与发达国家相比，中国家庭更多的投资于房产，对基金投资的参与相对较低[1]。美国的情况则与中国不同，持有住房贷款的家庭更多担心的是房屋月供所带来的生活压力。最后一项，信用卡等短期消费信贷作为一种负债对金融满意度产生负面影响。

模型二中加入了客观金融素养，以及客观金融素养与两类金融建议、金融教育和金融行为的交叉项。回归结果显示，客观金融素养的系数为负且显著，为探究这一原因，我们单独将金融满意度与两类金融素养做回归，发现结果显示两个系数均为正，当加入金融建议、金融教育与金融行变量后，客观金融素养的系数变为负值且并不显著，当加入其他一系列控制变量，如收入、受教育水平、投资、负债情况后，客观金融素养的系数为负且显著。这一结果与美国数据相同，一个解释是行家效应（Connoisseur Effect)[23]，行家效应为知识水平与幸福感呈现负相关提供了一种解释。他们的研究发现，学生获得的学分越多，他们对于所提供的学生服务满意度越低；猎鸟者的知识经验越丰富，相比于没什么经验的猎鸟者，他们从观察鸟类的活动中所感受到的满意度越低。这样结果的行家效应即是指这样一种现象，当人们知道得越多，他们的幸福感反而下降[27]。但这一现象只出现在金融满意度与客观金融素养的关系上，对于主观金融素养仍然符合双变量分析的正向结论。所以对于客观金融素养在多变量分析中产生的负面影响还需要更加深入的分析。

进一步，模型三从解释变量中剔除客观金融素养，从交互项来看，我们发现第二类金融建议与客观金融素养交互项的系数变为显著，且为负数，这一结果表明向家人同事或朋友寻求建议抵消了客观金融素养带来的金融满意度的提升。客观金融素养与第一类金融建议（理财顾问）的交叉项系数为正且显著，说明通过寻求理财顾问的建议，可以改善客观金融素养，进而提升金融满意度。客观金融素养与第二类金融建议（家人朋友和同时）的交叉项系数并不显著，说明这类金融建议对金融素养并没有显著影响。客观金融素养与金融教育的交叉项系数以及客观金融素养与金融行为的交叉项系数为正且显著，说明有经济金融相关学历或教育投入，以及一个积极的金融行为，如有理财规划、注重信用记录、养老保障可以影响客观金融素养得分，并增加金融满意度水平。

模型四中加入了主观金融素养，以及主观金融素养与两类金融建议、金融教育和金融行为的交叉项。回归结果显示，主观金融素养的系数为正且显著，与双变量分析结果一致，主观金融素养的提高可以增加金融满意度。为分析金融建议、金融教育、金融行为在其中发挥的作用，模型五剔除主观金融素养这一单一变量，仅将交互项作为解释变量，交互项的结果与客观金融素养相同。在三种途径中，金融建议的影响程度系数为0.0351，即在金融教育投入为零、没有任何积极金融行为情况下，每提高一分的主观金融素养，寻求建议的人比不寻求建议的人多获得0.035的金融满意度。说明通过获得金融建议可以最大限度地提高金融素养对金融满意度的正向影响。

模型六没有添加交互项，将几个重要的解释变量，两类金融素养、两类金融建议、金融教育与金融行为放入其中，回归结果显示，客观金融素养的系数仍然为负，第二类金融建议的系数为正但不显著，其余变量的影响均为正向且显著。其中，主观金融素养对金融满意度的影响程度最大，其次是第一类金融建议、金融行为和金融教育的影响相对较低，但也同样重要。

2. 分位数回归分析。为了分析在金融满意度水平较高和较低两个维度下，金融素养以及其他解释变量的影响有何差异，本文分别对两类金融素养进行了分位数回归。

模型七与模型九的方程与模型二一致，结果显示：第一类金融建议与客观金融素养在金融满意度处于比较低的25%时产生的作用是金融满意度处于比较高的25%时的1.3倍，表明对于金融满意度很低的家庭，通过第一类金融建议改善金融素养进而提升金融满意度是非常有效的策略。当金融满意度水平较低时，客观金融素养的负面效果要小于金融满意度水平较高时。金融教育与客观金融素养在金融满意度处于比较高的25%时产生的作用是金融满意度处于比较低的25%时的1.5倍，说明金融教育对金融满意度较高的人而言促进作用更强。

模型八与模型十的方程与模型四一致，结果显示：主观金融素养对满意度较低的人有更大作用的正面影响，是满意度较高时的1.4倍（0.221与0.163）。在寻求第一类建议的时候，金融满意度比较低的人也能够感受到更大的提升。在金融行为上，积极的金融行为能更大程度上帮助满意度较低的人群。金融教育在金融满意度不同水平下的差别并不明显，但仍然为显著的正效应，模型六中金融教育的系数为0.03，而主观金融素养的系数为0.3，两者相差10倍。表明金融教育对提升金融满意度或增加金融素养的作用很微弱，Cunha、Heckman和Schennach的研究表明，当个人的学习年龄过去后，弥补某一领域的认知水平会变得越来越困难。自我学习的激励不足以及难以通过学习成为认知高水平人群是两大障碍，对于这类人群，更好的提升方法反而是通过非认知的途径[10]，如本文所述的金融建议、金融行为等。

表11 　　　　　　　　　　　金融满意度分位数回归结果

	(7)	(8)		(9)	(10)
	FS	FS		FS	FS
q25			q75		
ages	0. 150 **	0. 117 **	ages	0. 0499	0. 0662 ***
	(3. 10)	(2. 89)		(1. 45)	(3. 39)
male	− 0. 0871 ***	− 0. 0842 *	male	0. 0190	− 0. 00363
	(− 3. 57)	(− 2. 31)		(0. 56)	(− 0. 09)
married	0. 0116	− 0. 0206	married	0. 0553	0. 0768 *
	(0. 24)	(− 0. 40)		(1. 06)	(2. 12)
children	0. 0702	0. 00577	children	0. 0256	0. 00173
	(1. 29)	(0. 13)		(0. 90)	(0. 08)
hsl	− 0. 130 *	− 0. 0970	hsl	− 0. 0283	0. 0168
	(− 2. 51)	(− 1. 55)		(− 0. 59)	(0. 58)
incomes	− 0. 185 ***	− 0. 184 **	incomes	− 0. 236 ***	− 0. 210 ***
	(− 4. 18)	(− 3. 28)		(− 6. 32)	(− 6. 12)
incomeb	0. 140 *	0. 0884	incomeb	0. 110 **	0. 0692
	(2. 44)	(1. 89)		(2. 60)	(1. 73)
invest	0. 0741 *	0. 0170	invest	0. 0709	0. 00229
	(1. 97)	(0. 28)		(1. 71)	(0. 06)
mortgage	0. 0649	0. 0735 *	mortgage	0. 0142	0. 0108
	(1. 37)	(2. 05)		(0. 46)	(0. 45)
autoloan	0. 0690	0. 0499	autoloan	0. 00418	− 0. 00473
	(1. 89)	(1. 33)		(0. 13)	(− 0. 14)
creditcard	− 0. 0983 **	− 0. 0893 *	creditcard	− 0. 0714 *	− 0. 0795 *
	(− 2. 87)	(− 2. 45)		(− 2. 43)	(− 2. 31)
FLo	− 0. 0642 **		FLo	− 0. 101 ***	
	(− 3. 03)			(− 7. 75)	
FLoa	0. 0204 **		FLoa	0. 0163 *	
	(2. 58)			(2. 09)	
FLoa2	− 0. 00175		FLoa2	− 0. 00633	
	(− 0. 28)			(− 1. 28)	
FLoe	0. 00575 ***		FLoe	0. 00843 ***	
	(4. 69)			(6. 56)	
FLob	0. 0106 ***		FLob	0. 00923 ***	
	(4. 60)			(5. 11)	
FLs		0. 221 **	FLs		0. 163 **
					(3. 26)

金融素养与金融满意度

续表

	(7)	(8)		(9)	(10)
	FS	FS		FS	FS
FLsa		0.0458 ***	FLsa		0.0300 ***
		(3.86)			(3.31)
FLsa2		0.00485	FLsa2		−0.0108
		(0.44)			(−1.18)
FLse		0.0121 ***	FLse		0.0112 ***
		(5.97)			(4.74)
FLsb		0.0334 ***	FLsb		0.0133 ***
		(4.21)			(4.54)
_ cons	2.337 ***	1.527 ***	_ cons	3.278 ***	2.437 ***
	(16.92)	(7.85)		(28.33)	(15.61)
N	3122	3122	N	3122	3122

注：（1）括号内为 t 统计量；（2）* 表示 p < 0.05，** 表示 p < 0.01，*** 表示 p < 0.001。

3. 稳健性检验。由于描述金融满意度的问题为打分制，满意度为 1—10 分，收入、负债满意度为 1—5 分，股票满意度为 0 或 1 分，因此文本也使用离散选择模型中的 Ordered logistic regression 对每一个满意度问题进行回归。结果发现，在关于满意度的直观问题中，结论与之前的回归相符，而在对满意度的子问题，如收入、股票和负债满意度回归时，主观金融素养仍然显著增加金融满意度，且除负债满意度外，第一类金融建议和金融行为仍然能够扩大金融素养对金融满意度的正向影响，金融教育的正向影响在所有满意度测度中均显著。对于客观金融满意度的负效应仍然存在，除负债满意度外，第一类金融建议能够显著扩大金融素养对金融满意度的正向影响，金融教育和金融行为的正向影响在所有满意度测度中均显著。

五、结论及建议

本文利用清华大学中国金融研究中心 2012 年中国城市居民家庭消费金融调研的数据，进行了一系列双变量分析和多变量回归分析，探讨了金融素养与金融满意度的关系，以及金融建议、金融教育、金融行为在其中发挥的作用。双变量分析结果显示，主观、客观金融素养均与金融满意度正相关，向投资顾问寻求建议能更好地弥补由于金融素养较低带来的满意度损失，且这种正向影响的范围比第二类金融建议高很多（表现在两个倒 U 形的差异之中）。主观、客观金融素养呈现正向关系，说明投资者对自己的金融素养水平的认知是符合真实情况的。

多变量分析的结果显示，主观金融素养与金融满意度正相关，金融建议、金融教育

207 2017 年第 1 辑（总第 1 辑）

与良好的金融行为可以加强这种正面的影响，使得主观金融素养的增加能带来一个更好的金融满意度。其中，第一类金融建议的影响程度最佳，对金融满意度的提升是其他两种途径的两倍。分位数回归的结果显示，当金融满意度处于较低水平时，主观金融素养、金融建议和金融行为的正效应更突出。而金融教育并不能发挥显著作用。客观金融素养与金融满意度在多变量分析中呈现负相关关系。

综上，政府机构可以通过以下途径改善金融素养进而帮助消费者提高金融满意度。其一，完善金融建议市场，为投资者提供更多的获取专业理财顾问金融建议的渠道，利用银行、证券公司等金融机构向消费者提供免费的理财咨询或个人理财建议及方案。其二，建立相关的教育机构，培养良好的金融行为，如对个人资产负债的认识、对未来可能发生的大额支出提前规划、关注养老保险、及时通过网络、电视、报纸收集相关信息等。

参考文献

［1］吴卫星，吕学梁. 中国城镇家庭资产配置及国际比较——基于微观数据的分析［J］. 国际金融研究，2013（10）：45 - 57.

［2］尹志超，宋全云，吴雨. 金融知识、投资经验与家庭资产选择［J］. 经济研究，2014（4）：62 - 75.

［3］尹志超，宋全云，吴雨，彭嫦燕. 金融知识、创业决策和创业动机［J］. 管理世界，2015（1）：87 - 98.

［4］曾志耕，何青，吴雨，尹志超. 金融知识与家庭投资组合多样性［J］. 经济学家，2015（6）：86 - 94.

［5］Alba, J. W. and Hutchinson, J. W., 1987, "Dimensions of consumer expertise", Journal of consumer research, pp. 411 - 454.

［6］Atkinson, A. and Messy, F. A., 2011, "Assessing financial literacy in 12 countries: an OECD/INFE international pilot exercise", Journal of Pension Economics and Finance, 10 (04), pp. 657 - 665.

［7］Bowling A. andWindsor J., 2001, "Towards the good life: A population survey of dimensions of quality of life", Journal of Happiness Studies, 2, pp. 55 - 81.

［8］Calcagno, R. and Monticone, C., 2015, "Financial literacy and the demand for financial advice", Journal of Banking & Finance, 50, pp. 363 - 380.

［9］Calvet, L. E., Campbell, J. Y. andSodini, P., 2006, "Down or out: Assessing the welfare costs of household investment mistakes", National Bureau of Economic Research, No. w12030.

［10］Cunha, F., Heckman, J. J. and Schennach, S. M., 2010, "Estimating the technology of cognitive and noncognitive skill formation", Econometrica, 78 (3), pp. 883 - 931.

［11］Draughn, P. S., LeBoeuf, R. C., Wozniak, P. J., Lawrence, F. C. and Welch, L. R., 1994, "Divorcees' economic well - being and financial adequacy as related to interfamily grants", Journal of Divorce & Remarriage, 22 (1 - 2), pp. 23 - 35.

[12] Ferrer – i – Carbonell, A. and Gërxhani, K. , 2011, "Financial Satisfaction and (in) formal Sector in a Transition Country", Social indicators research, 102 (2), pp. 315 – 331.

[13] Gaudecker, H. and Von, M. , 2015, "How does household portfolio diversification vary with financial literacy and financial advice?", The Journal of Finance, 70 (2), pp. 489 – 507.

[14] Gerhardt, R. and Hackethal, A. , 2009, "The influence of financial advisors on household portfolios: A study on private investors switching to financial advice", SSRN, No. 1343607.

[15] Grable, J. E. , Cupples, S. , Fernatt, F. and Anderson, N. , 2013, "Evaluating the link between perceived income adequacy and financial satisfaction: A resource deficit hypothesis approach", Social indicators research, 114 (3), pp. 1109 – 1124.

[16] Hansen, T. , Slagsvold, B. andMoum, T. , 2008, "Financial satisfaction in old age: a satisfaction paradox or a result of accumulated wealth?", Social Indicators Research, 89 (2), pp. 323 – 347.

[17] Hsieh, C. M. , 2004, "Income and financial satisfaction among older adults in the United States", Social Indicators Research, 66 (3), pp. 249 – 266.

[18] Jappelli, T. and Padula, M. , 2013, "Investment in financial literacy and saving decisions", Journal of Banking & Finance, 37 (8), pp. 2779 – 2792.

[19] Lusardi, A. and Mitchell, O. S. , 2005, "Financial literacy and planning: Implications for retirement wellbeing", Michigan Retirement Research Center Research Paper, No. WP, 108.

[20] Lusardi, A. , and Mitchell, O. S. , 2011, "Financial literacy around the world: an overview", Journal of Pension Economics and Finance, 10 (04), pp. 497 – 508.

[21] Lusardi, A. , Mitchell, O. S. and Curto, V. , 2010, "Financial literacy among the young", Journal of Consumer Affairs, 44 (2), pp. 358 – 380.

[22] Lusardi, A. , Schneider, D. J. and Tufano, P. , 2011, "Financially fragile households: Evidence and implications", National Bureau of Economic Research, No. w17072.

[23] Michalos, A. C. , 2008, "Education, happiness and wellbeing", Social Indicators Research, 87 (3), pp. 347 – 366.

[24] Van Rooij, M. , Lusardi, A. and Alessie, R. , 2011, "Financial literacy and stock market participation", Journal of Financial Economics, 101 (2), pp. 449 – 472.

[25] Van Rooij, M. C. , Lusardi, A. and Alessie, R. J. , 2011, "Financial literacy and retirement planning in the Netherlands", Journal of Economic Psychology, 32 (4), pp. 593 – 608.

[26] Vera – Toscano, E. , Ateca – Amestoy, V. and Serrano – Del – Rosal, R. , 2006, "Building financial satisfaction", Social Indicators Research, 77 (2), pp. 211 – 243.

[27] Xiao, J. J. , Chen, C. and Chen, F. , 2014, "Consumer financial capability and financial satisfaction", Social indicators research, 118 (1), pp. 415 – 432.

[28] Xiao, J. J. , Tang, C. , Serido, J. and Shim, S. , 2011, "Antecedents and consequences of risky credit behavior among college students: Application and extension of the theory of planned behavior", Journal of Public Policy & Marketing, 30 (2), pp. 239 – 245.

Financial Literacy and Financial Satisfaction

Wu Weixing   Wei Xiaoxuan   Wu Kun

(*School of Banking and Finance*, *University of International*

Business and Economics, *Beijing*, 100029, *China*)

Abstract: The purpose of this paper is to analyze the relationship between financial satisfaction and financial literacy. Financial advice and financial education are also chosen and act as moderator variables. Using data from Chinese urban household consumer finance survey 2012 provided by CCRF, the findings suggest that subjective financial literacy increases financial satisfaction, and financial advice can expand the positive effect. Other good financial behaviors and financial education investment also expand the positive effect but in a smaller degree. While objective financial literacy increases financial satisfaction in bivariate analyses, it is not the same in OLS regression and quantile regression.

Keywords: Financial satisfaction, Financial literacy, Quantile regression

JEL: G10, D12, D83

《金融科学》 征稿启事

　　《金融科学》是由对外经济贸易大学金融学院主办的学术交流平台。以兼容中西的战略思维与严谨求实的学术精神为指导,《金融科学》重点研究中西方金融理论和实践、金融改革、金融市场等领域的前沿问题。

　　本刊热忱欢迎专家、学者以及广大金融从业人员踊跃投稿。投稿文章应紧密围绕金融领域的重点、难点问题,论证严密,方法科学,并符合相关要求和学术规范。本刊欢迎基于扎实数据分析与理论模型的高质量稿件,也欢迎有较强思想性的、行文规范的高质量稿件。

作品要求:

　　1. 稿件要求选题新颖、积极健康、表述鲜明,具有一定的学术交流价值。

　　2. 作者确保稿件不涉及保密内容,署名无争议,文责自负。本刊有权对来稿进行必要的删改,如不同意删改者,请在投稿时说明。因编辑部工作量较大,请作者自留底稿,恕不退稿。

　　3. 文章标题应简明、确切、概括文章要旨,一般不超过 20 字,必要时可加副标题名。文章须标明作者单位及联系地址、邮编、电话、传真、电子邮箱。如为基金资助项目应加以注明,并提供项目编号。

　　4. 来稿最低不少于 8000 字。文内计量单位、数字和年代表示等请采用国际标准或按国家规定书写,如有引文请注明出处。

投稿方式:

　　来稿请首选 E-mail,请通过电子邮箱将论文电子版(word 格式)发送至 jinrongkexue@uibe.edu.cn,并在邮件标题上注明"投稿"字样和作者姓名及文章标题。如条件受限,可以邮寄。投稿请使用 A4 纸打印注明"《金融科学》投稿",并请注明作者姓名、联系地址、邮编、电话。

邮寄地址:

　　北京市朝阳区惠新东街 10 号对外经济贸易大学博学楼 903 室,邮编 100029。